Marco Mezzadri   Paol

Rete!2

Corso multimediale d'italiano per stranieri
guida insegnante

Guerra Edizioni

www.rete.co.it

Autori
Marco Mezzadri, Paolo E. Balboni.
Hanno curato le sezioni di Fonologia *Marco Cassandro*
e di Civiltà *Giovanna Pelizza.*

Le sezioni di valutazione e autovalutazione
sono a cura di *Mario Cardona.*

Progetto grafico
Keen s.r.l.
Silvia Bistacchia.

Copertina
Keen s.r.l.
Hibiki Sawada.

Impaginazione
Keen s.r.l.
Silvia Bistacchia, Andrea Bruni, Yuriko Damiani , Meri Di Pasquantonio.

Ricerca iconografica
Keen s.r.l.
Valentina Belia, Francesca Manfredi, Nicola Vergoni.

Disegni
Francesca Manfredi.

Fotografie
Foto Quattro s.r.l. - Perugia, Silvia Bistacchia.

Stampa
Guerra guru s.r.l. - Perugia.

In collaborazione con: *Eulogos*®

I edizione
© Copyright 2001 Guerra Edizioni - Perugia

ISBN 88-7715-528-0

I disegni della sezione fonologia sono tratti dal libro "Pronunciare l'italiano"
di Lidia Costamagna - Guerra Edizioni 1996

Guerra Edizioni
via Aldo Manna, 25 - Perugia (Italia) - tel. +39 075 5289090 - fax +39 075 5288244
e-mail: geinfo@guerra-edizioni.com - www.guerra-edizioni.com

Rete!
introduzione

CORSO MULTIMEDIALE D'ITALIANO PER STRANIERI

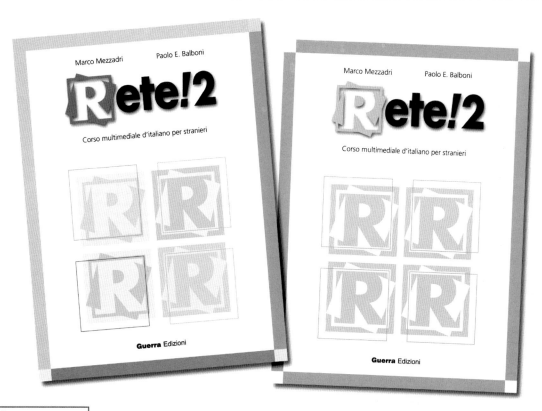

Perché una "Rete!"

Questo manuale nasce dall'intersezione tra tre forze:

a. da un lato esso nasce nell'alveo della tradizione di didattica dell'italiano: è organizzato in unità didattiche monotematiche, attribuisce un ruolo chiave alla scoperta della complessità della nostra grammatica, affianca testi della vita quotidiana e testi letterari, offre largo spazio alla cultura e civiltà del nostro variegato Paese, e così via;

b. d'altro canto esso trasporta questa tradizione su uno sfondo europeo, facendo proprie le lezioni della didattica dell'inglese, del francese e del tedesco: il curricolo è progettato con riferimento al Livello Soglia del Consiglio d'Europa ed è basato su un impianto "multisillabo", cioè sull'interazione e l'equilibrio di un sillabo grammaticale/strutturale, uno nozionale/funzionale, uno lessicale, uno relativo allo sviluppo delle abilità di ascolto, parlato, lettura e scrittura, un sillabo situazionale, uno fonetico, uno culturale; tutti questi sillabi, che l'insegnante ha a disposizione in un'ampia sinossi, richiedono circa 300 ore per condurre ad un livello intermedio/avanzato e si realizzano sul piano metodologico per mezzo di un approccio basato sulla soluzione di problemi e sul "fare con" piuttosto che "lavorare su" la lingua;

c. infine, si mettono in pratica alcune delle linee più avanzate della ricerca glottodidattica italiana: l'approccio induttivo alla grammatica, che viene scoperta dallo studente sotto la guida dell'insegnante; il fatto che l'accuratezza della forma ha pari dignità della capacità meramente pragmatica, comunicativa; l'invito a riflettere su quanto si è appreso (ogni unità si conclude con una sintesi in cui lo studente traccia un bilancio facendo preciso riferimento contrastivo con la propria lingua madre). L'autovalutazione, sebbene guidata e controllata dal docente, è ritenuta essenziale per cui ogni UD ha una scheda di autovalutazione da compilare, ritagliare, consegnare all'insegnante.

Queste tre direttrici agiscono sullo sfondo creato dal vorticoso mutare degli strumenti: se da un lato si tratta di un manuale "tradizionale", in tre volumetti per la classe e altrettanti quaderni per casa, con cassette, ecc., dall'altro si colloca nel mondo nuovo in cui è possibile fornire:

- floppy con esercizi supplementari;
- collegamenti in rete per approfondimento dei temi trattati nelle unità (indicati con un simbolo), in modo che lo studente che ha accesso a un computer possa approfondire i temi usando l'italiano in rete, oltre che studiandolo sul libro, e costruire, insieme alla propria classe, all'insegnante o autonomamente, scambi con altri studenti e classi sulla base di progetti didattici stimolati dagli argomenti trattati in **RETE!**;
- una banca dati presso il sito Guerra per l'aggiornamento dei materiali di civiltà, per ulteriori attività, esercizi, ecc., con cui integrare il libro base;
- un "luogo comune" in rete in cui gli insegnanti che usano **RETE!** possono fare commenti, suggerire alternative, fornire integrazioni, dialogare tra di loro e con gli autori.

Per queste sue caratteristiche, per il fatto di essere il risultato di una rete dei fili che hanno percorso la glottodidattica italiana ed europea in questi anni e di essere il centro di una rete di connessioni virtuali tra studenti e docenti di italiano di tutto il mondo, il titolo **RETE!** non è solo un omaggio al momento più entusiasmante dello sport preferito degli italiani (uno sport che è ambasciatore di italianità in tutto il mondo, dove anche chi non conosce Dante e Goldoni sa mormorare Baggio o Maldini), ma è l'essenza stessa del progetto, costruito sulla trama della tradizione e l'ordito dell'innovazione.

La struttura di "Rete!"

L'opera si compone di:
- libro di classe
- guida per l'insegnante
- libro di casa
- cassette audio
- applicazioni per Internet
- una serie di materiali collaterali che, anno dopo anno, allargheranno la possibilità di scelta di materiali integrativi.

Il libro dello studente è la parte principale del testo per l'utilizzo in classe. E' suddiviso in unità con ognuna un tema unificante, che permette di presentare gli elementi dei vari sillabi. Ogni unità conterrà poi pagine ben definite, dedicate ad esercizi per lo sviluppo di grammatica, lessico, quattro abilità, fonologia. Inoltre, c'è una sezione dedicata alla civiltà, presentata in chiave contrastiva. Gli argomenti trattati in questa sezione intendono fornire agli studenti strumenti idonei per capire la realtà italiana contemporanea, senza trascurare gli aspetti storici e culturali più importanti, eredità del nostro passato, che determinano la ricchezza del nostro presente.
Alla fine di ogni unità lo studente trova un riassunto grammaticale, funzionale e lessicale del materiale incontrato, impostato con riferimento alla sua lingua materna, e trova anche una sezione di autovalutazione progressiva: lo studente esegue queste attività a casa, quindi potendo recuperare nell'unità le informazioni che ancora gli sfuggono e implicitamente procede ad un'autovalutazione, poi consegna la scheda all'insegnante che rapidamente (le chiavi sono nella guida didattica) può dare allo studente un feedback che conferma il risultato o lo mette in guardia invitandolo ad approfondire l'unità appena conclusa.
Ogni unità è suddivisa tra una sezione da svolgere in classe, nel volume a colori, ed una da svolgere a casa per il lavoro autonomo di rinforzo, esercitazione, approfondimento - ma anche con cruciverba e altri giochi che mettono "in gioco" il lessico e la grammatica presentate nell'unità.
Il libro di casa si chiude con una sezione dedicata alla civiltà, strutturata per schede tematiche a colori che permettono di utilizzare **RETE!** come testo di lingua e di civiltà in quei contesti scolastici in cui la civiltà necessita di particolare spazio. Questa sezione è un ulteriore strumento a disposizione di studenti e insegnanti per partire all'esplorazione della rete Internet attraverso gli innumerevoli collegamenti indicati sul sito dedicato al testo.
La guida dell'insegnante è uno strumento pratico con note e suggerimenti per ogni unità, con idee per attività opzionali aggiuntive, con test progressivi di verifica da fotocopiare e somministrare ogni tre unità per effettuare dei "compiti in classe". Le cassette audio sono parte integrante dello sviluppo del sillabo dell'ascolto e servono per il lavoro in classe e a casa.

Questi tre volumi richiedono circa 300 ore di lavoro guidato dal docente, cui va aggiunto quello autonomo, sia di completamento (studio individuale, esercitazioni, ecc.) sia di espansione (navigazione nei siti internet consigliati, ecc.), e si giunge ad un livello "intermedio/alto", secondo la terminologia del Consiglio d'Europa, o "avanzato" secondo la nostra tradizione.

Chi lancia la rete

Questo manuale, che di anno in anno si evolverà in una costellazione di materiali didattici tra cui l'insegnante potrà scegliere, è originale per un ultimo motivo: esso non nasce da un singolo autore o da un gruppo stabile, collaudato da anni di produzione, radicato in un luogo. Al contrario, per poter trarre vantaggio dalla pluralità delle esperienze italiane, per non rischiare di ricalcare cliché localistici o di reiterare in nuove forme impianti pre-esistenti, esso è il prodotto di una nuova rete di autori e centri di progettazione:

- la progettazione glottodidattica è condotta a Ca' Foscari, cui migliaia di docenti sono ricorsi per formazione o certificazione didattica: Paolo Balboni, direttore del Progetto ItaLS, ha coordinato l'impianto di **Rete!**;
- la delicatissima fase della realizzazione delle unità didattiche è avvenuta in una città che non rientra nel canonico asse Perugia-Siena-Venezia, ma la cui Università ha istituito un prestigioso Centro Linguistico dove si insegna l'italiano a stranieri: Parma. Lì opera Marco Mezzadri, insegnante e autore di molti materiali didattici per l'italiano, che ha impostato in tandem con Paolo Balboni l'impianto glottodidattico e ha curato i sillabi; sempre a Parma lavora Giovanna Pelizza, autrice di vari prodotti multimediali per l'insegnamento dell'italiano, che ha curato le sezioni di civiltà e seguito la realizzazione delle unità;
- a uno dei poli tradizionali per l'insegnamento dell'italiano, l'Università per Stranieri di Siena, appartiene Marco Cassandro, che ha curato il sillabo e i materiali per la fonologia;
- il centro di progettazione e realizzazione operativa invece è a Perugia, dove ha sede l'altra Università italiana per Stranieri, e si avvale dell'esperienza maturata in decenni di produzione di testi d'italiano per stranieri;
- a Ca' Foscari lavora anche Mario Cardona, responsabile per il testing nel Progetto ItaLS, che ha realizzato le schede valutative di Rete!.

tavola sinottica

Unità 1 — cercando lavoro

Funzioni
Fare una richiesta in modo gentile. Accogliere la richiesta. Chiedere l'opinione di un'altra persona. Chiedere informazioni su qualcosa. Prendere tempo. Esprimere incertezza. Chiedere e dire il nome. Chiedere di ripetere. Chiedere e dire come si scrive un nome. Chiedere la provenienza. Dire la provenienza e la nazionalità. Chiedere e dire la data di nascita. Chiedere e dire se una persona è sposata. Chiedere e dire se una persona ha dei figli. Chiedere e parlare delle qualifiche scolastiche. Chiedere e dire quale lavoro fa una persona. Chiedere e dire l'indirizzo. Chiedere e dire il numero di telefono. Chiedere e parlare delle lingue conosciute e di altre abilità.

Grammatica
Ripasso dei tempi verbali e altri punti grammaticali + funzioni del primo livello: passato prossimo presente e futuro; pronomi personali e possessivi. *Le dispiace se* (chiedere il permesso). *Sapere* e *conoscere*. Formazione degli avverbi. Futuro per ipotesi: futuro con *stare* + gerundio. Periodo ipotetico della realtà.

Abilità
Inserzioni. Domanda di lavoro. Scrivere un CV. Rispondere a un annuncio.

Lessico
Ripasso e ampliamento: mestieri, domande personali, i paesi, le nazionalità. *I miei*.

Civiltà
L'Italia in un quiz. Ripasso di alcuni elementi generali di geografia fisica e amministrativa.

Fonologia
Negazione: elementi per sottolineare il contrasto (1). Suoni brevi vs suoni intensi.

Unità 2 — stili di vita, gli italiani visti da fuori

Funzioni
Chiedere la causa, esprimendo sorpresa. Chiedere un favore. Interrompere bruscamente. Esprimere sorpresa. Indicare cose o persone. Esprimere disorientamento. Altre valenze di *mamma mia!*

Grammatica
Ripasso e ampliamento dei tempi verbali e altri punti grammaticali + funzioni del primo livello: i sostantivi irregolari, i nomi/agg. in -co, -go completi. Possessivi: *un mio amico/mamma mia/casa mia. Buono*, ripasso *bello*. Preposizioni e espressioni di luogo. *Come mai?*

Abilità
Testo letterario in prosa di Andrea De Carlo. Anticipare e predire (usare le foto e l'impaginazione). Usare il dizionario bilingue.

Lessico
Ripasso e ampliamento: la routine, la casa, la famiglia, gli elettrodomestici, i lavori domestici (uomini e donne), le abilità.

Civiltà
Mammone e me ne vanto. I giovani italiani e la "famiglia lunga".

Fonologia
Un'esclamazione dai molti valori: *mamma mia!* /t/ vs /tt/. /d/ vs. /dd/.

Unità 3 — amore

Funzioni	Esprimere stati d'animo ed emozioni. Iniziare una conversazione telefonica. Chiedere come sta una persona. Dire come sta una persona. Esprimere opinione. Esprimere un'opinione positiva. Esprimere un'opinione negativa. Scusarsi. Esprimere rassegnazione.
Grammatica	Ripasso dei tempi verbali e altri punti grammaticali + funzioni del primo livello. *Ne* e *ci*. *Ogni*, e *tutti i* ... Ripasso e ampliamento del passato prossimo, con accordi. *Già, appena, non ancora, mai, ormai*.
Abilità	Leggere e scrivere versi d'amore (canzoni e poesie). Inferire. Usare il dizionario monolingue.
Lessico	Ripasso e ampliamento del lessico, situazioni e funzioni in hotel; storie d'amore.
Civiltà	Amore, amore, amore. L'amore in una canzone. Il gioco delle coppie.
Fonologia	Intonazioni per esprimere stati d'animo. Raddoppiamento sintattico (1).

Unità 4 — quando ero piccolo

Funzioni	Esprimere azioni ripetute o abituali nel passato. Parlare di un'azione in svolgimento nel passato. Descrivere luoghi, situazioni, persone al passato. Esprimere azioni contemporanee nel passato. Esprimere azioni nel passato, interrotte da altre. Confrontare il passato e il presente.
Grammatica	Imperfetto. *Stare* + gerundio. Preposizioni e espressioni di luogo.
Abilità	Testo scritto e orale su dieta mediterranea. Anticipare: ricostruire la storia oralmente attraverso le immagini. Predire da titolo, identificare la frase centrale, identificare i paragrafi, scrivere appunti.
Lessico	Ripasso e ampliamento del lessico del cibo e della cucina (i verbi della cucina) (cucina italiana ieri e oggi, dieta mediterranea).
Civiltà	Alla ricerca del negozio perduto. Negozi, professioni e giochi che scompaiono.
Fonologia	L'italiano parlato nel Nord Italia. /tʃ/ vs. /ttʃ/. /dʒ/ vs. /ddʒ/.

Unità 5 — telelavorando, in ufficio, al telefono

Funzioni	Attivare una conversazione telefonica. Offrire di prendere un messaggio. Chiedere di aspettare in linea. Offrire aiuto o disponibilità. Offrire di fare qualcosa. Dimostrare dispiacere. Chiedere di parlare con qualcuno. Dire che una persona è assente. Indicare la causa di qualcosa. Richiedere attenzione particolare.
Grammatica	Pronomi combinati. Alcuni indefiniti: *qualche, alcuni, niente/nulla, nessuno, ognuno, poco, qualcuno, qualcosa. Essere capace, essere in grado*.
Abilità	Leggere e scrivere un fax/lettera formale. Telefono per l'ufficio. Identificare i temi e le parole chiave. Prendere appunti. Sintetizzare informazioni eliminando quelle superflue. Rielaborare appunti.

Unità 8 — descrizioni

Funzioni	Chiedere e dire com'è una persona fisicamente. Chiedere e dire com'è una persona di carattere. Utilizzare un aggettivo in modo enfatizzato. Esprimere sorpresa e incredulità. Congratularsi.
Grammatica	Pronomi relativi. Superlativo per *buonissimo* = *molto buono*. Alterazione dell'aggettivo.
Abilità	Indovinare parole difficili.
Lessico	Ripasso e ampliamento: aggettivi per descrizioni fisiche e del carattere. Descrizioni di luoghi.
Civiltà	Pliccoli, grassi e scuri. L'aspetto degli italiani nell'immaginario e nella realtà.
Fonologia	*Che* esclamativo. /p/ vs /pp/. /b/ vs. /bb/.

Unità 9 — città o campagna

Funzioni	Rispondere a un ringraziamento. Fare un brindisi. Ribadire a uno starnuto. Entrare in casa di altri. Esprimere un obbligo. Esprimere un divieto. Esprimere un'opinione. Condividere un'opinione. Esprimere un'opinione contrastante. Esprimere sollievo. Esprimere impazienza. Rimarcare e spiegare un concetto appena espresso.
Grammatica	Comparativi e superlativi. *Mi sembra/no*. Ripasso: *mi piace/mi piacciono, anzi, altrimenti, invece, se no*.
Abilità	Leggere e scrivere regole. Prendere appunti in maniera guidata ascoltando.
Lessico	Lessico dell'ambiente urbano e extraurbano (flora e fauna).
Civiltà	Viaggio nell'Italia verde: i parchi nazionali. Il Gran Paradiso. I monti Sibillini.
Fonologia	*Beh!* Dittonghi/trittonghi.

Unità 10 — hai le mani bucate?

Funzioni	Fare una proposta. Decidere di comprare qualcosa. Chiedere la taglia. Esprimere un ordine. Esprimere un divieto. Esprimere un suggerimento. Esprimere un invito. Esprimere una richiesta.
Grammatica	Imperativo positivo e negativo. Imperativo pronominale. Ripasso e ampliamento: posizione dei pronomi.
Abilità	Leggere e ascoltare testi "tecnici".
Lessico	Ripasso e ampliamento: vestiti. Intimo e accessori; *da passeggio*, *da sera*. Aggettivi, ampliamento: i colori. Soldi.
Civiltà	Moda. Stilisti famosi e aspetti economici del fenomeno moda.
Fonologia	Raddoppiamento sintattico (2). /v/ vs. /vv/.

Unità 11   c'era una volta...

Funzioni   Parlare di un'azione conclusa nel passato e che non ha più continuazione nel presente. Chiedere informazioni sul passato. Parlare di azioni iniziate nel passato. Mettere in relazione avvenimenti nel passato. Esprimere delusione.

Grammatica   Passato remoto. Trapassato prossimo.

Abilità   Paratassi vs ipotassi (1). Coesione del testo.
Le congiunzioni. Leggere un brano di narrativa: da *Novecento* di Alessandro Baricco.

Lessico   L'italiano della burocrazia. Le forme. Le congiunzioni. I connettivi. Espressioni di tempo.

Civiltà   L'immigrazione in Italia. Riflessi sulla società.

Fonologia   1ª e 3ª pers. del passato remoto nei verbi in -*ire*.1ª e 3ª pers. del passato remoto nei verbi in -*ere*. /s/ vs /ss/.

Unità 12   un mondo migliore

Funzioni   Mettere in relazione due azioni nel futuro. Costringere. Esprimere la causa. Esprimere il permesso di fare qualcosa.

Grammatica   Futuro anteriore. *Appena*, *non appena* (futuro ant.). *Lasciare*, *far fare*. Ripasso condizionale: *vorrei*, *mi piacerebbe*.

Abilità   Testo narrativo: il racconto, Stefano Benni, *L'ultima lacrima*, lavorare sulla referenza (1).

Lessico   La natura e l'ambiente moderno. L'inquinamento.

Civiltà   La raccolta differenziata. La Lipu, Lega Italiana Protezione degli Uccelli.

Fonologia   L'italiano parlato nel Sud Italia. /ts/ vs /tts/. /dz/ vs. /ddz/.

Unità 13   non di solo lavoro

Funzioni   Esprimere insofferenza. Esprimere paura. Esprimere dispiacere. Esprimere speranza. Esprimere felicità. Esprimere un'opinione. Esprimere volontà. Esprimere un dubbio.

Grammatica   Congiuntivo presente.

Abilità   Leggere e analizzare articoli. Scrivere un riassunto.

Lessico   La televisione. Il tempo libero: ampliamento.

Civiltà   Una TV alternativa? L'auditel e il futuro della televisione.

Fonologia   L'accento nelle parole (1): dia vs. abbia. /k/ vs. /kk/. /g/ vs. /gg/.

Unità 14 persone famose

Funzioni   Cambiare un'opinione, un'informazione conosciuta. Esprimere una possibilità. Esprimere un desiderio difficile da realizzare o irrealizzabile. Dare adesione a qualche cosa in modo entusiastico.

Grammatica   Congiuntivo imperfetto e passato. *Magari* (ripasso con il significato di *forse*) e nuovi usi.

Abilità   Materiale autentico giornalistico. Leggere, analizzare e scrivere articoli di cronaca e commento. (Lavorare su titolo, introduzione, svolgimento, paragrafi, conclusione).

Lessico   Aggettivi, verbi e sostantivi sui valori sociali.

Civiltà   Status symbol di ieri e di oggi. La "bella figura". Il telefonino, l'opinione di un'antropologa.

Fonologia   L'italiano parlato in Toscana. L'accento nelle parole (2).

Unità 15 sogni e realtà, i valori giovanili nei vari paesi

Funzioni   Fare ipotesi possibili nel presente o nel futuro e trarre conseguenze.

Grammatica   Il periodo ipotetico della possibilità.

Abilità   Ripasso delle strategie di lettura su testo di letteratura giovane da Giuseppe Culicchia, *Tutti giù per terra*.

Lessico   Introduzione a linguaggi giovanili e gergali.

Civiltà   Under 18. Parlano ragazzi genitori ed esperti.

Fonologia   L'italiano parlato a Roma.

Questo simbolo rimanda al sito internet di **Rete!** www.rete.co.it. È un modo nuovo di intendere la civiltà, una possibilità in più per voi e i vostri studenti. Lì troverete, inoltre, collegamenti a siti relativi agli argomenti trattati nelle unità e attività didattiche per lo sviluppo della lingua attraverso gli elementi di civiltà che i siti web offrono.

 ascoltare

 parlare

 leggere

 scrivere

Nelle prime unità del secondo volume di **RETE!** riprendiamo, ampliandoli, molti degli elementi linguistici incontrati nel primo volume. Nella guida dell'insegnante facciamo a volte riferimento esplicito a concetti della glottodidattica, della psicolinguistica, ecc. che forse necessitano di uno strumento per il ripasso da parte dell'insegnante.
Le consigliamo un testo di uno degli autori di **RETE!**: P. Balboni, *Dizionario di glottodidattica*, Guerra Edizioni.

 1 Ascolta il dialogo. Le affermazioni sono vere o false?

Prima di eseguire l'attività faccia notare agli studenti il giornale che compare nella foto, e poi chieda agli studenti quali sono le parti di un giornale che solitamente leggono o semplicemente guardano. Poi chieda loro di indovinare quali parti stanno leggendo i due giovani nella foto. Se sa o pensa di avere una classe debole, oppure se ancora non conosce come sono le loro capacità d'ascolto, dia l'indicazione di ascoltare il nastro la prima volta solo per capire se le loro ipotesi erano giuste. Questo approccio permette di sottolineare l'importanza del pre-ascolto e cioè dello sfruttamento di quanto gli studenti si aspettano di ascoltare per favorire la comprensione del testo. Può fare, se crede, il seguente esempio: quando si compra un giornale sportivo non lo si fa per vedere le quotazioni delle azioni in borsa, ma magari per informarsi sui risultati della squadra o dello sportivo del cuore. Così è importante prepararsi a ogni attività linguistica di questo testo, dove possibile, utilizzando le informazioni che si possono ricavare dal titolo, dalle immagini, dal contesto extratestuale. Questo aumenta il livello di consapevolezza dello studente e anticipa possibili contenuti del testo facilitandone la comprensione. Dopo il primo ascolto, controlli le risposte degli studenti alla domanda "che parti stanno leggendo?" e poi faccia eseguire l'attività *vero/falso*. Al massimo faccia un terzo ascolto, ma solo se necessario. Già dalla prima attività d'ascolto gli studenti devono capire che non è importante comprendere tutte le parole. E di questo dovete parlare insieme. Quando si ascolta anche nella propria madrelingua si tende a concentrarsi solo sulle informazioni di cui si ha bisogno, in generale si ascolta per cogliere il senso di quanto viene detto e non per saper ripetere parola per parola. In una classe monolingue, prima di spiegare questo meccanismo può fare questa attività nella lingua degli studenti: racconti loro qualcosa di molto breve e poi chieda a due persone di ripetere quanto ha detto. Sicuramente riusciranno a ripetere i contenuti principali, ma non le singole parole. Lo faccia notare! La correzione dell'attività vero/falso avverrà con tutta la classe.

Maria: *Sandro, ti dispiace dare un'occhiata a questo annuncio?*
Sandro: *Che cos'è?*
Maria: *Cercano una segretaria part time; sai che ho bisogno di lavorare, altrimenti devo tornare a casa.*
Sandro: *Hmm, aspetta che leggo cosa dice…*
Maria: *Secondo te può andar bene per me?*
Sandro: *Forse sì, non so se… qui chiedono varie cose…*
Maria: *Vuoi vedere il mio curriculum, così poi mi dai qualche consiglio.*
Sandro: *D'accordo.*

Chiavi: 2 f; 3 f; 4 f.

 2 Leggi l'annuncio e il curriculum di Maria.

Dia un'occhiata insieme agli studenti alle informazioni dell'annuncio. Anche in questo caso non è importante capire tutte le parole! Cerchi di dissuadere chi vuole tradurre il testo parola per parola.
Se vuole può fare una serie di domande sul testo:
• Che lavoro si offre?
• Che caratteristiche deve avere la persona che cercano?
• Quanto dura il contratto?
• E poi?

 3 Ora, a coppie motivate la vostra risposta all'esercizio 2.

Incoraggi da subito a un corretto utilizzo del tempo a disposizione per parlare. Faccia riflettere su quanto tempo di lezione avete alla settimana e quanti minuti (relativamente pochi) avrebbe ogni studente se dovesse avere come interlocutore sempre ed esclusivamente l'insegnante. Invece lavorando anche a coppie o in gruppo si ha più tempo per parlare – e poi non c'è l'insegnante che viene a correggere. In effetti in questi lavori a coppia si riesce a eliminare buona parte dell'ansia che la presenza dell'insegnante spesso induce. In questo modo spesso si ottiene un miglior livello di apprendimento. E' comunque bene far attenzione a come lavorano le coppie e, sempre che non ci siano gravissimi problemi di comunicazione, correggere gli errori solo dopo che gli studenti hanno finito di parlare tra loro.

4 Ascolta la seconda parte del dialogo. Sandro ha la stessa tua opinione?

Con tutta la classe rispondete alla domanda. Se si sviluppa una discussione non la interrompa, anzi la incoraggi!

Maria: Allora, come ti sembra? Ho fatto degli errori?
Sandro: Errori? Ma va! Sei bravissima! Parli italiano perfettamente!
Maria: Smettila di farmi dei complimenti, mi fai diventare rossa!
Sandro: Per me il curriculum va benissimo. Chiaro che sei molto giovane, che non ti sei laureata…e che non hai molta esperienza…
Maria: Quindi… non gli scrivo…
Sandro: Perché? Se loro lavorano molto con i paesi di lingua spagnola… sei perfetta.
Maria: Perfetta…!! Non dire stupidate.
Sandro: Ascolta Maria, se non gli scriverai tu, lo farò io per te!

 5 Ascolta nuovamente l'intero dialogo e completalo.

E' un'attività di dettato che serve anche come controllo globale della comprensione dell'ascolto.
Inoltre permette di introdurre nuovi elementi linguistici in modo induttivo. E' il caso del post-it su "altrimenti" e sulla scoperta della formazione dell'avverbio.
Probabilmente sarà opportuno fare ascoltare un'altra volta la registrazione.

 6 ▶▶ **Alla scoperta della lingua.** L'avverbio.

Queste sezioni intitolate **Alla scoperta della lingua** sono presenti in tutto **RETE!** e costituiscono una delle caratteristiche principali dell'opera. In linea con le più moderne indicazioni metodologiche, che comunque si basano su riflessioni iniziate oltre un secolo fa, siamo convinti che l'approccio induttivo sia quello che meglio rispetta l'apprendimento naturale della lingua.
Una volta terminata questa parte di scoperta del meccanismo linguistico della formazione dell'avverbio, lei può decidere se passare direttamente alla sezione di grammatica e fare le attività sull'avverbio oppure se continuare l'ordine proposto. Pur rispettando e offrendo la possibilità di fruire del testo in modo flessibile, il percorso proposto è quello che consigliamo perché si basa sull'opposizione tra acquisizione (il processo inconscio con cui si arriva a impossessarsi della lingua e che si cerca di mettere in atto prima di arrivare all'apprendimento) e apprendimento, cioè il momento razionale di memorizzazione e controllo che proponiamo nella sezione della grammatica.

 7 Ti piace il modo in cui Maria ha scritto il suo curriculum vitae?...

Con quest'attività lo studente ha la possibilità di riflettere individualmente su quanto visto finora e di cercare di consolidare l'apprendimento attraverso la scrittura. E' proprio con il rallentamento dovuto alla scrittura che la mente ha la possibilità di riflettere con più calma e attenzione sulla lingua.

 8 A coppie, spiegate se e perché avete modificato la struttura …

Anche in questo caso il lavoro in coppia può moderare l'ansia e quindi ridurre l'effetto di quei filtri affettivi che per molti studiosi sono alla base dell'insuccesso.
Il suo intervento è comunque oltre che utile, augurabile, soprattutto se avviene dopo questa fase di produzione degli studenti. Lei potrà ritirare i cv scritti e riportarli corretti alla prossima lezione.
Tenga presente che tecniche alternative di correzione che prevedono anche una maggior presenza dell'insegnante saranno possibili nel momento in cui avrà abituato gli studenti al suo metodo e al funzionamento di **RETE!**, cioè quando gli studenti non saranno più soggetti ad ansia dovuti alla correzione o al controllo.

abilità

In questa sezione si cercano di sviluppare le conoscenze degli studenti all'insegna del "saper fare". Non solo quindi esercizi di tipo linguistico ma anche insegnamento e applicazione di varie tipologie e strumenti di comunicazione, nonché di situazioni comunicative tipiche dei nostri giorni, come in questo caso la lettera formale e l'interazione durante un colloquio di lavoro.

 1 Maria ha scritto alla ditta dell'annuncio...

La lettera è un genere comunicativo diffuso in tutte le culture e a queste pre-conoscenze può fare ricorso prima di far eseguire l'attività. Alcune varianti sono possibili, ma gli studenti devono comunque tener presente che in ogni lettera ci sarà un'intestazione (che è in alto, a destra o sinistra), un destinatario, una data (che può anche andare sotto, a destra, in fondo alla lettera), un saluto d'apertura e uno di chiusura, una firma (che può andare a destra o sinistra). Sulla base delle pre-conoscenze è possibile lavorare meglio.

Maria Caballero
Via Bontempi 21
60100 Perugia

Perugia, 7 febbraio 2001

Spett. Ditta
CP 2312
52100 Arezzo Italia

OGGETTO: risposta a annuncio.

Egr. Direttore,
Le scrivo in risposta all'annuncio che avete pubblicato sulla *Nazione* di ieri, martedì 6 febbraio.
Sono interessata al posto di lavoro che offrite e vorrei avere la possibilità di sostenere un colloquio presso la vostra ditta.
In allegato troverete una mia foto e il mio curriculum vitae.
In attesa di una vostra risposta porgo

Distinti saluti
Maria Caballero

 2 Quali domande si fanno durante un colloquio di lavoro?...

Dica agli studenti di preparare in coppia alcune domande, con classi deboli può essere necessario lasciar scrivere le domande, indicando loro di guardare il proprio cv scritto nell'attività 7.
Controlli come vanno le coppie e poi faccia fare un paio di simulazioni cambiando le coppie: due studenti provano la simulazione, il resto della classe è attenta a individuare eventuali errori. Dica allo studente che risponde alle domande di inventare i dati. In questo modo, secondo molti metodologi (Lozanov, ad esempio), con l'assunzione di un'identità diversa dalla propria gli studenti riescono almeno in parte a liberarsi di quei filtri affettivi che spesso impediscono un corretto apprendimento.

Attività supplementare

Divida la classe in due squadre.
Due studenti di una squadra in coppia simulano un colloquio di lavoro. A fa le domande, B dà le risposte. Alcune delle risposte sono vere, altre sono false. Gli studenti della squadra avversaria devono indovinare quali risposte sono vere e quali false.
Poi inverta i ruoli delle squadre. Vince chi indovina più risposte.
Cerchi di sottolineare che quando si gioca lo si fa non per stimolare e indurre negli studenti uno spirito competitivo, ma perché il gioco è piacere, il piacere motivazione e insieme sono elementi fondamentali per generare apprendimento.

3 Ascolta il testo e parla con il direttore della ditta Fiorelli. *no script!*

Questa attività serve per ripassare le domande personali.
Per non creare troppa confusione in classe si può fare questa attività in laboratorio oppure in classe facendo rispondere a uno studente alla volta. Soprattutto per classi che si sono appena formate, può essere utile fare rispondere ogni singolo studente alle domande.

Attività supplementare

E' un'attività rompighiaccio, utile soprattutto per classi che si sono appena formate, perché gli studenti possano conoscersi meglio.
A ogni studente viene dato un foglio su cui l'insegnante ha precedentemente scritto una o alcune domande e una lista con i nomi dei componenti della classe. Le domande possono essere ad esempio:

Leggi il giornale tutti i giorni?
Vivi da solo?
Hai un hobby particolare?
Hai visitato molte città italiane?
....

E' opportuno adattare le domande agli interessi e alle caratteristiche degli studenti specialmente se questo li può aiutare a conoscersi meglio e a stimolare la conversazione.
Ogni studente comincia a camminare per la classe, facendo la/e propria/e domanda/e a un compagno e segna la risposta a fianco del nome della persona sulla lista.
Dopo ca. 15 minuti, gli studenti tornano a sedersi e informano la classe su ciò che hanno scoperto, soprattutto per le risposte inaspettate. E' opportuno incoraggiare eventuali piccole discussioni attorno a una risposta o domanda.

 4 Hai mai fatto un colloquio di lavoro?

Dopo che gli studenti hanno individualmente scritto alcuni consigli, leggeteli con tutta la classe. Potrebbe suggerire agli studenti la struttura: "dovresti" e "non dovresti", senza spiegare che cos'è, dicendo solo che serve per dare consigli.

 5 Leggi il testo seguente e rispondi alle domande.

Per i problemi trattati nei due post-it grammaticali si può ricorrere anche all'unità 15 del volume 1 o a una grammatica di riferimento.

Chiavi: 1 elegante ma non troppo.
2 Ordinato e curato.
3 Molte domande personali, sulle esperienze di studio e di lavoro, sugli interessi, gli hobby e il carattere.
4 Potrà fare domande sul tipo di lavoro, sulle condizioni di lavoro e su quando diranno se è assunto o no.

Abbina le espressioni alle definizioni.

Questo post-it rappresenta un altro esempio di attività induttiva per la scoperta del lessico. Gli studenti vanno spinti a basarsi molto sulla loro intuizione: nella vita, quando dovranno parlare italiano non avranno lei di fianco a dare i suggerimenti!

Chiavi: 1 con b; 2 con c; 3 con a.

6 Ascolta il colloquio di Maria. Come se la cava?

Direttore: Buongiorno.

Maria: Buongiorno.

Direttore: Prego, può sedersi. Che puntualità!

Maria: Grazie. Sì, sono forse un po' in anticipo, mi scusi. Non conoscevo esattamente il vostro indirizzo.

Direttore: Il portacenere è lì, per spegnere la sigaretta. Dunque, come si chiama?

Maria: Ah, sì, grazie. Mi chiamo Maria Caballero.

Direttore: Piacere io sono Francesco Cirillo.

Maria: Piacere.

Direttore: Mi scusi, come si pronuncia esattamente il suo cognome?

Maria: Caballero

Direttore: Le dispiace se le faccio alcune domande?

Maria: No, anzi, faccia pure.

Direttore: Mi dica, da dove viene?

Maria: Sono argentina, di Buenos Aires.

Direttore: E' in Italia da molto tempo?

Maria: No, non moltissimo, un po' più di un anno.

Direttore: Lei parla molto bene l'italiano, dove l'ha imparato?

Maria: L'ho studiato in Argentina e poi qui all'Università per stranieri di Perugia.

Direttore: Che altri studi ha fatto?

Maria: Ho finito la scuola superiore, ho un diploma di una scuola di tipo economico.

Direttore: Conosce altre lingue straniere?

Maria: Beh, oltre all'italiano che per me è una lingua straniera, conosco l'inglese…

Direttore: Ma, lo conosce bene…

Maria: Sì, sì mi scusi, ho anche il certificato della Cambridge University, il First Certificate, che ho preso due anni fa circa…

Direttore: D'accordo, continuiamo. Ha già lavorato?

Maria: Sì, per alcuni mesi in una ditta di Buenos Aires. Facevo la segretaria.

Direttore: E sa usare il computer?

Maria: Beh, dipende, cioè sì, so usare vari programmi di scrittura e poi gli strumenti più importanti per inviare messaggi o altro per via telematica, sa, fra l'altro è molto utile per poter comunicare con i miei in Argentina senza spendere tanti soldi…

Direttore: Ah, molto bene… Mi scusi ha dei figli?

Maria: No non ho figli e sono nubile.

Direttore: Dove abita?

Maria: Vivo a Perugia. Ma forse vengo a vivere ad Arezzo, dipende se andrà bene…

Direttore: Ha la macchina?

Maria: No, mi sposto solitamente con i mezzi pubblici, però ho intenzione di comprarmi un'auto.

Direttore: Ah, bene…Ha qualche domanda da farmi sul tipo di lavoro o…?

Maria: Sì, allora, per cominciare non so nulla della vostra ditta, poi nell'annuncio si parla di un lavoro part time e a tempo determinato. Quante ore di lavoro sono alla settimana e fino a quando è il contratto? E… lo stipendio ovviamente…

Direttore: Si tratta di un contratto di un anno, quindi più o meno fino a marzo del prossimo anno e le ore sono 28 alla settimana, c'è un periodo di prova.

Ecco alcune risposte. Valuti però con attenzione le proposte degli studenti.

Pro: arriva in anticipo, è elegante ma non troppo, è gentile. Risponde in modo appropriato, conosce molto bene tre lingue, sa usare il computer e vari strumenti telematici, è piuttosto autonoma e indipendente (senza figli né marito), non ha grosse pretese, sembra si possa adattare al lavoro (disposta a stabilirsi ad Arezzo).

Contro: commette qualche errore: quando entra sta fumando, è insicura in certi momenti. Non si è informata sulla ditta. E' molto incerta, come se si vergognasse, alla domanda se è italiana. E' molto giovane e non ha tanta esperienza, non è madrelingua italiana, non vive ad Arezzo, non ha la macchina.

 7 Lavora con due compagni…

Questa attività fornisce la scusa per riascoltare la registrazione, interrompendola ogni tanto per discutere i vari aspetti.

lessico

Si segue anche per il lessico lo stesso tipo di approccio induttivo e di percorsi didattici che vanno dall'acquisizione all'apprendimento che è spesso stato seguito per altre componenti della grammatica.

 1 Indovina la parola. Scegli dal riquadro.

Molte attività nel corso del libro riprendono strutture, lessico, situazioni, funzioni, abilità già studiate. E' l'approccio a spirale che mettiamo in pratica, convinti che sia necessario ripassare costante, riutilizzare quanto fatto per consolidarne l'apprendimento. Queste attività non sono però solo di ripasso, visto che un fattore fondamentale per l'apprendimento è la motivazione e rifare cose già viste può indurre monotonia e noia e quindi demotivazione. Inoltre per avere apprendimento il livello linguistico delle attività deve essere leggermente più alto rispetto a quello degli studenti. Si impara solamente qualcosa che già non si conosce e che stimola il nostro desiderio di conoscenza. E anche in questo caso siamo debitori a un glottodidatta importantissimo dei nostri giorni: S. Krashen.

> **Chiavi: 2** disoccupato; **3** si va in pensione; **4** reclamizzare; **5** centralinista; **6** fornaio; **7** merce; **8** ragioniere; **9** sindacato; **10** licenziare; **11** postino; **12** a tempo pieno; **13** fabbrica; **14** esportazione.

2 Guarda la cartina dell'Europa e inserisci le capitali.

L'Italia fa parte dell'Unione Europea, e spesso docenti che vivono in altri continenti non apprezzano appieno come questo stia cambiando le abitudini: i voli per Parigi o Berlino o Madrid non partono più dalle sale internazionali, ma da quelle dei voli nazionali, i campionati di calcio stanno integrandosi in una Coppa dei Campioni che ormai è un supercampionato europeo; un'unica moneta viene usata in molti stati – e anche quelli vicini l'accettano senza difficoltà, spesso senza procedere al cambio in moneta locale. Conoscere l'Europa è dunque necessario per conoscere l'Italia.

> Chiavi: Portogallo Lisbona; Spagna Madrid; Francia Parigi; Italia Roma; Grecia Atene; Austria Vienna; Olanda Amsterdam; Belgio Bruxelles; Gran Bretagna Londra; Irlanda Dublino; Lussemburgo Lussemburgo; Germania Berlino; Danimarca Copenaghen; Islanda Reykjavik; Svezia Stoccolma; Norvegia Oslo; Finlandia Helsinki; Polonia Varsavia; Slovenia Lubiana; Croazia Zagabria; Ungheria Budapest.

La formazione dell'aggettivo.

Nel corso del libro gli studenti non solo sono accompagnati alla scoperta dei meccanismi della lingua, ma vengono anche indotti a utilizzarli per creare nuova lingua. Così si presta molta attenzione ad esempio alla formazione delle parole.

Attività come quella seguente hanno come scopo sì quello di presentare o ripassare il lessico, ma anche e soprattutto si prefiggono di sensibilizzare lo studente all'analisi strutturale della parola, delle sue valenze morfologiche e quindi di abituarlo a riconoscere morfologicamente le parole, fornendogli strumenti utili per sviluppare strategie intelligenti di creazione di lessico. Queste tecniche verranno presentate e utilizzate in parte in questo volume, ma soprattutto nel terzo livello.

 3 Completa la tabella seguendo gli schemi.

Chiavi:					
Francia	*...francese...*	Venezuela	*...venezuelano...*	Tunisia	*...tunisino...*
Inghilterra	Inglese	America	americano	Argentina	argentino
Portogallo	Portoghese	Australia	australiano	Marocco	marocchino
Giappone	Giapponese	Italia	italiano	Algeria	algerino
Cina	Cinese	Sudafrica	sudafricano	Filippine	filippino
Lussemburgo	Lussemburghese	India	indiano		
Norvegia	Norvegese	Messico	messicano		
Islanda	islandese	Venezuela	venezuelano	Cile	*...cileno...*
Finlandia	finlandese	Uruguay	uruguayano		....
Irlanda	irlandese	Colombia	colombiano		....
Canada	canadese	Egitto	*...egiziano...*		....
Olanda	olandese				....
Ungheria	ungherese	Brasile	*...brasiliano...*		....
Svezia	*...svedese...*	Israele	israeliano		....

4 Abbina i nomi dei paesi agli aggettivi di nazionalità.

Chiavi: Russia   russo
         Germania   tedesco
         Spagna   spagnolo
         Danimarca   danese
         Austria   austriaco
         Polonia   polacco
         Slovenia   sloveno
         Croazia   croato
         Grecia   greco
         Belgio   belga

 5 Scrivere le domande personali.

Chiavi: 2 come, scusi?
        3 Come si scrive il suo cognome?
        4 Di dov'è?
        5 Quando è nata?
        6 E' sposata?
        7 Ha dei figli?
        8 Che studi ha fatto?
        9 Che lavoro fa?
       10 Dove abita?
       11 Qual è il suo numero di telefono?
       12 Quante lingue conosce?
       13 Quali lingue conosce?
       14 Sa usare il computer?

 6 Trova la parola giusta, scegli dal riquadro.

Chiavi: 2 celibe; 3 divorziato; 4 vedova; 5 vedovo; 6 coniugato.

grammatica

Gli avverbi costituiscono una fonte notevole di difficoltà perché, pur essendo invariabili nel genere e nel numero, variano nell'eventuale uso di forme interrogative e hanno sfumature di significato spesso senza un parallelo simmetrico in altre lingue, neppure in quelle di origine latina.

 1 Completa la tabella con gli avverbi di quantità in ordine.

Chiavi:	
+++	molto, tanto
++	abbastanza
+	un po'
-	poco
--	niente

 2 Completa la tabella con gli avverbi di frequenza in ordine.

Chiavi: sempre
quasi sempre
solitamente, di solito
spesso
a volte
raramente
quasi mai
mai

 3 Qualcosa di personale! Completa le frasi con l'avverbio più adatto per te.

Chiavi: risposte personali.

Fare ipotesi.

Il futuro semplice e soprattutto la forma stare al futuro+gerundio si usano anche per fare delle ipotesi. Per maggiori informazioni sulla forma stare+gerundio, rimandare al primo volume Unità 8 oppure al libro di grammatica di riferimento. Consigliamo il testo di uno degli autori di **RETE!**: M. Mezzadri, *Grammatica essenziale della lingua italiana. Con esercizi*, Guerra Edizioni.

 4 Osserva le figure e rispondi alle domande.

Chiavi: 2 forse starà mangiando.
3 Forse staranno studiando.
4 Forse staremo dormendo.

5 Completa le domande con *sapere* o *conoscere* e da' le risposte.

Chiavi: 2 Filippo, sai dove lavora Patrizia?
No, non lo so.
3 Bambini, conoscete la storia di Cappuccetto Rosso?
Sì, la conosciamo.
4 Giovanni, sai ballare il liscio?
No, non lo so ballare; sono proprio negato!
5 I tuoi studenti sanno usare il congiuntivo?
Sì, lo sanno usare. Sono molto bravi.
6 Ci avete invitati a cena, ma sapete cucinare?
Sì, sappiamo cucinare; conosciamo molte ricette italiane.
7 Conoscete quella ragazza bionda così carina?
Sì, la conosciamo. E' nella nostra classe.
8 Sai guidare la moto?
Sì, la so guidare. Ho preso la patente due anni fa.

 6 Forma delle domande.

Chiavi: 2 Ilaria, ti dispiace battere questa lettera a computer?
3 Sig. Paissan, le dispiace rispondere al telefono?
4 Michele e Sandra, vi dispiace se Rita e io veniamo a casa vostra stasera?
5 Ragazzi, vi dispiace fare gli esercizi di pagina 28?
6 Sig.ra Forte, le dispiace passarmi la penna?
7 Completa con i pronomi personali e i possessivi.

 7 Completa con i pronomi personali e i possessivi.

Per i possessivi completi si veda l'Unità 2.

Chiavi: 1 Carla, ... *io* .... devo andare, ma tu puoi restare qui se vuoi.
2 Lei è Fiona, ma lui chi è, suo marito?
3 Ho parlato con i Marino; secondo loro non è stato Pertusi.
4 Grazia è arrivata per prima, quindi ora tocca a lei.
5 Devo parlare con mio fratello, ma non so se lo troverò a casa o al lavoro.
6 Se vedi Mario e Catia, gli puoi dire di telefonarmi?
7 Hai guardato il film che ti ho prestato?
8 Vi sbagliate. Questo cappello non è vostro; è nostro, l'abbiamo comprato a Stoccolma.
9 Guarda Maurizia, come le piace la Nutella! E' la prima volta che la mangia?
10 Ho visto Giorgia e Mattia e gli ho detto di venire alla tua/nostra festa di compleanno.
Ti dispiace?

fonologia • negazione: elementi per sottolineare il contrasto (1); • suoni brevi vs. suoni intensi

 1 Ascolta di nuovo queste due battute del dialogo iniziale tra Maria e Sandro.

Viene ripresa una battuta dal dialogo iniziale per introdurre l'obiettivo delle prime tre attività, ossia come esprimere un contrasto. Faccia riascoltare il brevissimo brano e faccia notare che *"ma va"* è usato per manifestare un contrasto con l'interlocutore, sia in modo positivo, per incoraggiare (come in questo caso) sia in modo negativo marcando maggiormente il contrasto. L'italiano parlato per tale scopo si serve di una serie molto ampia di strumenti linguistici; una parte di questi saranno descritti nell'attività successiva. In tutti questi esempi è importante far osservare la parte intonativa: fondamentale con questo tipo di contrasto. L'intonazione è di tipo conclusivo, discendente, molto accentuata. Inoltre, può far notare il suono (fonosimbolo) che abbiamo rappresentato graficamente con le lettere [tz] tra parentesi quadre. Questo suono è prodotto staccando rapidamente la lingua dal palato. È molto usato in Italia, soprattutto nel centro-sud; effettuato una sola volta esprime disappunto, due o più volte esprime disapprovazione. È comune anche ad altri paesi dell'Europa meridionale e altrove. In italiano questo suono è usato da solo, o abbinato a elementi lessicali, come nell'esempio, per rafforzare il contrasto.

 2 Ascolta le frasi.

La prima volta può far ascoltare senza leggere, successivamente può far leggere e poi ascoltare di nuovo. In questa attività vengono introdotti gli elementi per esprimere il contrasto, sono presentati in grassetto e perfettamente riconoscibili dagli studenti. Dato che nei brevi scambi comunicativi sono state utilizzate le battute del dialogo iniziale, non dovrebbero esserci problemi di comprensione. Può spiegare il significato dei nuovi elementi dopo aver effettuato il primo ascolto. Inoltre, faccia di nuovo osservare la curva intonativa di tipo discendente-conclusivo, tipica delle affermazioni e delle negazioni. Per quanto riguarda il significato degli elementi di contrasto faccia particolare attenzione a *"ma figurati!"*, *"ma dai"* e a *"ma va"* che possono risultare di più difficile comprensione, poiché non sono facilmente ricostruibili. Tenga conto che mentre *"dai"* deve essere usato sempre in coppia con *"ma"* (altrimenti cambia funzione, cfr. sezione fonologia Unità 7) gli altri elementi possono essere separati dalla congiunzione *"ma"* e usati singolarmente. Per un esempio di *"figurarsi"* con lo stesso significato, ma con registro formale, cfr. sezione fonologia Unità 6.

 3 Leggi le frasi dell'attività precedente con un compagno.

L'attività ha per scopo il riuso delle strutture precedenti. Faccia osservare che si tratta di strutture della lingua parlata: è quindi importante che gli studenti si sforzino di riprodurre i tratti tipici dell'oralità. Faccia lavorare in coppia più di una volta. Mentre la prima o la seconda volta può far leggere, la volta successiva stimoli gli studenti a "recitare" le battute senza leggere, in modo da rispettare maggiormente i ritmi del parlato.

 4 Ascolta le frasi e sottolinea la parola che viene pronunciata.

L'attività serve a introdurre i suoni intensi (o doppi, o lunghi) che saranno esaminati, parte in questo volume e parte nel sillabo successivo. L'obiettivo è distinguere quale delle parole che costituiscono le coppie riportate nel libro studente viene pronunciata nelle frasi. Cioè se la parola pronunciata contiene un suono intenso o breve. La coppia (e) zio vs. zio /t'tsio/ (frase 5) è volutamente ambigua; si basa sul fatto che quando il suono /ts/ "z" è tra due vocali è pronunciato sempre intenso. Quindi lo zio /lo t'tsio/ è diverso da zio /'tsio/ pronunciato isolatamente. Frasi complete: 1) è tardi! che sonno! 2) Giovanna alla cassa 5! 3) a Natale saremo tutti più buoni! 4) un fato che ci accomuna tutti! 5) lo zio è uscito! 6) m'ama, non m'ama, m'ama non m'ama... 7) Rachele sta giocando con la pala! 8) che bella coppia! 9) senti che eco

Chiavi: 2 cassa; 3 saremo; 4 fato; 5 lo zio /lot'tsio/; 6 m'ama; 7 pala; 8 coppia; 9 eco.

La nota fa riferimento a una suddivisione introdotta nel primo volume di **RETE!** fra suoni intensi che sono articolati allungando la durata del suono breve (/mm/; /nn/; /rr/; /ll/; /ff/; /vv/; /ss/) e suoni intensi che si articolano con maggiore intensità e forza rispetto al suono breve (/pp/ /bb/ /tt/ /kk/ /gg/ /dd/ /tts/ /ddz/ /ttʃ/ /ddʒ/).

 5 Leggi le parole dell'esercizio precedente con un compagno e scrivi le parole che contengono un suono intenso nella colonna corrispondente.

Se ritiene questa attività troppo complessa per i suoi studenti, soprattutto se non hanno usato **RETE!** per il primo livello (quindi non sono abituati a questa distinzione) può limitare l'attività alla lettura in coppia delle parole. In ogni caso, i suoni intensi saranno ripresi singolarmente in alcune unità di questo volume. Cfr. Tavola Sinottica. I suoni intensi mancanti saranno affrontati nel volume successivo. Se invece decide di svolgere questa attività, deve assicurarsi che gli studenti conoscano il significato dei due termini allungato/rafforzato. Faccia pure provare gli studenti, senza timore per eventuali errori. La suddivisione dei suoni intensi che abbiamo effettuato ricalca dei principi fisiologici di articolazione dei suoni che possono essere intuitivamente riconosciuti dagli studenti. Ulteriori indicazioni saranno date nelle unità successive.

Chiavi: suoni allungati: sonno; cassa; saremmo; mamma; carro: palla; suoni rafforzati: fatto; lo zio; coppia; ecco.

civiltà
L'ITALIA IN UN QUIZ

Il quiz di questa sezione intende fornire solo uno spunto per riprendere le principali informazioni sull'Italia che gli studenti ricordano dal corso precedente o per raccogliere quelle informazioni che già fanno parte del loro bagaglio culturale.

Dopo aver chiesto agli studenti di fare il quiz individualmente si può continuare con un'attività giocosa a gruppi in cui si chiede ad ogni gruppo di preparare una serie di domande su qualsiasi aspetto dell'Italia (a discrezione dell'insegnante) e di farsele poi sotto forma di quiz assegnando un punteggio sia per ogni domanda giusta sia per ogni risposta. (Ricordate agli studenti che devono però anche sapere le risposte alle domande che preparano!).

Potete inoltre usare le immagini come fonte di ulteriori domande sulla geografia, il clima, l'amministrazione.

 1 Quanto sai o quanto ricordi della geografia...

Chiavi: 1 b; 2 c; 3 a; 4 a; 5 B; 6 c; 7 c; 8 c; 9 a; 10 a; 11 b; 12 b.

Un elemento comune a tutte le sezioni di civiltà di questo secondo volume è la riflessione interculturale. Si vuole cioè portare gli studenti a osservare prima di tutto gli aspetti tipici della propria cultura, a riflettere su come determinate caratteristiche nazionali e culturali influenzino non solo il loro comportamento, ma anche l'opinione e il giudizio sulle altre culture e soprattutto su quella italiana. Una riflessione comune su come molti atteggiamenti e contenuti culturali si sono formati li porterà a una visione meno superficiale di tutti quei comportamenti e fenomeni sociali diversi dal proprio e impedirà quei giudizi superficiali che spesso favoriscono la formazione o la conferma degli stereotipi.

Spesso quindi si chiederà agli studenti di confrontare alcuni dati e fenomeni tipici italiani con quelli del loro paese (o paesi, nel caso di classi plurilingue/pluriculturali), non tanto per stilare una classifica di merito ma per capire meglio l'origine dei vari fenomeni.

Sarà quindi compito dell'insegnante, a seconda della cultura di appartenenza degli studenti, sottolineare quegli aspetti che, di volta in volta, saranno maggiormente significativi interessanti per gli allievi.

Per quanto riguarda le attività proposte nel libro di casa, quasi tutte possono essere riprese in classe come momento di riflessione su quanto affrontato nell'unità, per approfondire alcuni argomenti che si ritengono importanti, per stimolare discussioni e confronto tra le varie opinioni degli studenti. Spesso si può quindi promuovere una "correzione" a gruppi delle attività come momento in cui gli studenti hanno la possibilità di confrontare informazioni e opinioni sia riguardo la propria cultura che riguardo quella italiana.

sommario

Abbina le frasi o espressioni alla descrizione sotto.

> Chiavi: a con 4; b con 19; c con 20; d con 6; e con 12; f con 13; g con 7; h con 8; i con 27; j con 9;
> k con 10; l con 29; m con 11; n con 1; o con 21; p con 26; q con 3; r con 22; s con 2; t con 14;
> u con 17; v con 18; w con 5; x con 15; y con 16; z con 23; aa con 24; bb con 25; cc con 28.

TEST

1 Guarda le risposte e scrivi.

> Chiavi: varie possibilità.
> 1 Di quale nazionalità è? 2 Conosce un po' di informatica? 3 Da quando sarebbe libera?
> 4 Quali lingue parla? 5 Da quanto tempo è in Italia? 6 Come ha saputo della nostra offerta
> di lavoro? 7 Abita lontana da qui? 8 Ha figli? 9 Ha già esperienza professionale?
> 10 Preferirebbe lavorare a tempo pieno o part time?

2 In base alle descrizioni...

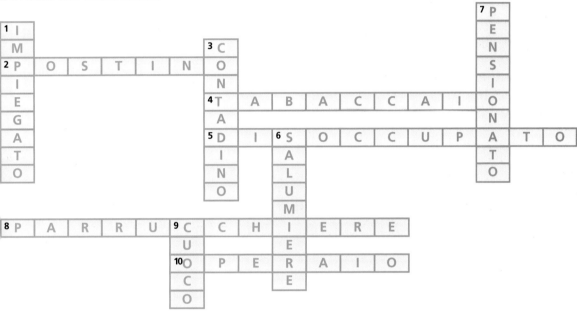

4 Completa le risposte...

> Chiavi: 1 non ti preoccupare, starà lavorando.
> 2 Sì, ma non risponde nessuno, forse starà ascoltando la musica.
> 3 No, starà dormendo da qualche parte.

5 Completa le domande...

> Chiavi: 1 sai giocare a tennis?
> 2 Sai che ore sono?
> 3 Sai dove posso trovare una banca?
> 4 Conosci un buon ristorante a Venezia?

6 Elimina le parole che non c'entrano.

> Chiavi: 1 felice.
> 2 Forse.
> 3 Suo.

1 L'italiano è una lingua che utilizza molte parole straniere.

E' opportuno invitare gli studenti a scriverne il più possibile per poter fare l'attività 2 sotto forma di gara. Nell'illustrazione ci sono *film, tennis, computer, hamburger, würstel.*

 2 Lavora con due compagni.

Sarebbe opportuno avere a disposizione un dizionario monolingue italiano in un'edizione recente.
Se è possibile il collegamento a Internet sono diversi i dizionari di lingua italiana disponibili in rete.
Se lo ritiene possibile, dopo aver dato un'occhiata alle parole che sono state trovate, chieda agli studenti se è possibile raggruppare i termini per ambito: ad esempio lessico della tecnologia, dello sport, dell'abbigliamento.
Per citare aree lessicali in cui spesso vengono introdotti acriticamente e usati termini stranieri.
Probabilmente in questo modo le sarà possibile fare riflettere gli studenti sulla forza dell'inglese e della cultura anglo-americana oggi.

 3 Quali parole italiane usi nella tua lingua?

In moltissime lingue sono utilizzate alcune parole italiane: si tratta di termini appartenenti ad ambiti specifici che a volte necessitano conoscenze culturali piuttosto elevate (ad esempio i termini musicali: adagio, andante, allegro, moderato, ecc.), altre volte invece si tratta di parole entrate nel linguaggio comune per apporti culturali del modo di vita italiano (ad esempio i termini della cucina e dell'alimentazione: pasta, spaghetti, pizza, lasagne, ecc.)

4 Che idea si ha nel tuo paese dell'Italia e degli italiani?

Alla fine del lavoro a gruppi cerchi di alimentare una discussione di classe sugli stereotipi in generale e su quelli riguardanti l'Italia e gli italiani. E' un'attività importante per la lettura che segue. Non si spaventi se ci vuole tempo e non interrompete la discussione. Scoraggi l'uso della madrelingua, ma non blocchi la comunicazione se gli studenti a volte non usano l'italiano.
Ecco alcuni stimoli per la discussione: quali stereotipi vengono associati al paese degli studenti? Gli stereotipi contengono un fondo di verità? Da dove deriva l'idea che l'immaginario collettivo ha degli italiani?
E' un'immagine ancora attuale?

6 Guarda l'immagine.

Questa attività si collega a quella sugli stereotipi. Con l'intera classe cercare di capire quali sensazioni e riflessioni suscita quest'immagine negli studenti.

 7 Ascolta l'intervista e segna i lavori di casa che senti.

Intervistatrice: Allora Robert, tu sei sposato, vero?
Robert: Sì, ormai da 3 anni...
Intervistatrice: Ti sei sposato molto giovane...
Robert: Abbastanza, avevo 24 anni. Da alcuni anni vivevo da solo e poi ho conosciuto Sheila e...
Intervistatrice: Quindi eri abituato a badare a te stesso anche prima di sposarti.
Robert: A dire la verità, le cose sono proprio cambiate, sai quando sei da solo non devi pensare che a te stesso e quindi per esempio finché i piatti non arrivavano in camera da letto non li lavavo... Il letto non lo facevo mai, tranne quando lo cambiavo.
Intervistatrice: E adesso?
Robert: Adesso, cerchiamo di aiutarci a vicenda. Diciamo al 50%.
Intervistatrice: Sei sicuro? Chi è che va a fare la spesa?
Robert: Io, naturalmente. Sheila odia dover pensare a cosa mangiare giorno per giorno, poi tutti i giorni cucino, almeno una volta, per la cena...
Intervistatrice: Ok, 2 a 0 per te. E gli altri lavori?
Robert: Dunque, stirare, pulire e riordinare la casa sono lavori che fa Sheila. Io però spesso lavo i piatti e scopo per terra dopo mangiato. E a volte faccio il bucato, o meglio faccio andare la lavatrice... le poche cose che si lavano a mano, ci pensa Sheila. Se ho un buco nella calza, beh o la butto via o Sheila me la cuce... Però pulisco le scarpe, cioè ogni tanto lucido le mie scarpe...
Intervistatrice: Se fosse una partita di calcio secondo me vincerebbe Sheila, però devo dire che per essere un uomo sei abbastanza utile...
Robert: Grazie per il complimento... Comunque lo accetto, visto che è l'8 marzo!

> Chiavi: fare il letto; cambiare il letto; fare la spesa; cucinare; riordinare la casa; pulire la casa; scopare; fare il bucato; fare andare la lavatrice; lavare a mano; cucire; lucidare le scarpe.

 8 Ascolta nuovamente l'intervista e indica se le affermazioni sono vere o false.

> Chiavi: 2 falso; 3 vero; 4 falso; 5 falso; 6 vero; 7 vero.

 10 Ascolta la conversazione e rispondi alle domande.

> Chiavi: 1 stanno vedendo il video di un matrimonio; 2 Sandro rischia di cancellare il video iniziando la registrazione; 3 "che casino!"

 11 Leggi il testo della conversazione e cerchia la parola giusta.

Vedi la guida alla pagina 26.

12 Ascolta nuovamente la conversazione e controlla le tue risposte.

> **Chiavi: le parole giuste sono quelle in grassetto.**
> *Maria: Sandro, sai usare la* **videocamera** *?*
> *Sandro: Sì, come mai me lo chiedi?*
> *Maria: Così...*
> *Sandro: Mi fai un favore? Puoi* **spegnere***? C'è troppo* **chiaro***.*
> *Maria: Sì, ma sei pronto?*
> *Sandro: Certo, basta* **premere** *questo bottone e...*
> *Maria: No, fermo! Così registri !*
> *Sandro: Ah giusto...* **Stavo scherzando***!*
> *Maria: Ti* **spengo** *la luce. E'* **a fuoco***?*
> *Sandro: Dai, non continuare! Ha la messa a fuoco automatica.*
> *Maria: Mamma mia! Ma quanta gente c'è nella tua famiglia?*
> *Sandro: Siamo molti, vero? Questa al centro la conosci, è la sorella di mia madre e quello è un suo cugino, cioè un mio zio.*
> *Maria: Tuo* **zio***?*
> *Sandro: Beh, sì o forse è mio* **cugino***. Non sono molto bravo con le parentele. Questa è la suocera di mia zia Franca con i suoi nipoti, figli del cognato di mia zia.*
> *Maria: Che* **casino***! E quelli a destra?*
> *Sandro: La ragazza è mia cugina Sandra con* **suo** *marito e i* **loro** *due figli.*
> *Maria: Che cosa sta facendo tuo nipote? Aiuto, che buffo!*
> *Sandro: Non so cosa sta facendo...*
> *Maria: Che bella famiglia che hai. Ma lì* **dove** *siete?*
> *Sandro: Al matrimonio della figlia della sorella di...*
> *Maria: Basta!*

 13 Povera Maria!

Incoraggi gli studenti a lavorare a coppie su questo esercizio che a prima vista potrebbe sembrare di difficile esecuzione. Dica loro che è un modo forse non troppo consueto di ripassare il lessico e che ha il vantaggio di permettere di creare una situazione comunicativa tra gli studenti. E poi sottolinei come certi termini potrebbero essere abbinati anche ad altre persone della foto.

lessico

 1 Rispondi alle domande.

L'esercizio serve solo per richiamare alla memoria lessico già incontrato nel primo volume.

 2 Forma delle frasi.

Chiavi:	ho	stirato	le camicie di mio nonno	perché	il suo ferro è rotto;
	ho	lavato	i piatti a mano	perché	la lavastoviglie è rotta.
	ho	pulito	la casa di Mauro	perché	mi ha chiesto di aiutarlo.
	ho	cucinato	una specialità emiliana	perché	stasera ho due amici a cena.
	ho	cucito	le calze di Carlo	perché	non sa farlo.
	ho	fatto	il bucato per Paul	perché	non ha ancora comprato una lavatrice nuova.
	ho	fatto	i letti da sola	perché	mio marito non aveva tempo.

3 Lavora con un compagno.

Dare un po' di tempo per fare la prima parte dell'esercizio.
Le parole più rilevanti sono:

Studente **A**:
frigorifero bidè coperta materasso tavolo lavatrice forbici sveglia letto pattumiera lenzuolo coltello specchio asciugamani tovagliolo lampadario scopa forno rubinetto.

Studente **B**:
fornello armadio lavastoviglie sedia lavandino piatto fondo cuscino spazzola cucchiaio forchetta water bicchiere tazza tovaglia pettine tappeto vasca rasoio riscaldamento.

Attività supplementari
L'URLO!
Si può fare questo gioco, per utilizzare creativamente il lessico visto sopra:

Professore: "Maria apre la porta del bagno e lancia un urlo: perché?"
Studenti: possono trovare tante ragioni, ma la più semplice è che è rimasto aperto il rubinetto del lavandino o della vasca o del bidè.

Su questa base si possono creare varie situazioni:

Una persona sbadiglia, si stiracchia, alza le lenzuola per mettersi a letto… e lancia l'urlo.
Può aver trovato un insetto nel letto.
Può esserci una macchia di sangue.

Una persona apre il frigorifero… e lancia l'urlo.
L'elettricità è andata via, oppure il frigorifero si è rotto e tutte le provviste si stanno deteriorando, stanno marcendo.

Una persona si stiracchia a letto, svegliandosi, sbadiglia… e lancia l'urlo.
La sveglia non ha suonato.

Su questa base, con un po' di fantasia, può creare tante situazioni.
In un secondo momento può anche chiedere agli studenti di immaginare situazioni in cui ci possa esser un urlo di sorpresa, timore, ribrezzo, paura…

unità **2**
guida per l'insegnante
stili di vita, gli italiani visti da fuori

4 Leggi l'articolo su Christine e metti le parole che mancano.

In tutti questi casi, quello che conta non è tanto la comprensione specifica parola per parola, quanto la necessità di avere una visione completa del testo, per poter inserire la parola giusta.

Ricordi agli studenti: sempre leggere tutto prima di iniziare a fare un'attività. Molte delle parole che non risultano chiare alla prima lettura risulteranno evidenti nel momento in cui è completo il contesto.

Prima di far leggere il testo, verifichi che le parole del riquadro siano comprese. Se ritiene che la sua classe possa affrontare il brano senza aver visto tutti i termini del riquadro, eviti questa parte e inviti subito a leggere il testo.

Sul testo potrà poi lavorare come desidera. Ma prima di iniziare chieda agli studenti di immaginare cosa c'è nel misterioso baule. Premi (a parole, ovvio) l'idea più originale. Le diamo alcuni esempi di come controllare la comprensione. Solo dopo questo controllo risponda alle domande degli studenti su singoli vocaboli.

Ci raccomandiamo di abituarli da subito a non usare in casi come questo il dizionario (o lei come dizionario) e invece a sforzarsi per capire il testo senza conoscere tutti i termini. Se la classe si è appena formata e non ha usato **Rete! 1** dovrà lavorare molto su questo punto!

Oralmente faccia delle affermazioni per verificare la comprensione del tipo vero/falso: ad esempio:

Christine non è italiana, è straniera;

faccia delle domande aperte: ad esempio, cosa pensa chi scrive l'articolo della casa di Christine?

> **Chiavi:** 1 cantina; 2 palazzo; 3 garage; 4 mansarda; 5 terrazza; 6 tetti; 7 moquette; 8 pavimenti; 9 camera; 10 bagno; 11 cucina; 12 tappeto.

 5 Completa la tabella.

Chiavi:						
	Accendere	Spegnere	Alzare	Abbassare	Premere	Girare
Radio	SI	SI	SI	SI	SI	SI
Televisione	SI	SI	SI	SI	NO	NO
Videocamera	SI	SI	NO	NO	NO	NO
Bottone	NO	NO	NO	NO	SI	NO
Interruttore	NO	NO	NO	NO	SI	NO
Luce	SI	SI	SI	SI	NO	NO
Manopola	NO	NO	NO	NO	NO	SI

Appunti:

_____

_____

_____

_____

_____

_____

_____

_____

_____

_____

_____

6 Completa l'albero genealogico con le parole del riquadro.

Presenti alla classe Anna e Mario. Anna ha 55 anni ed è già nonna! È casalinga mentre Mario a cui è sposata ha 57 anni e il prossimo anno andrà in pensione. Si tratta della persona con sotto segnato il termine "moglie". Da lì gli studenti possono ricostruire l'albero genealogico. A volte è possibile avere più relazioni, ad esempio: fratello e cognato, a seconda della prospettiva. Su questo seguendo l'esempio della breve presentazione di Anna e Mario, può chiedere alla classe di fare la stessa cosa con altre persone della famiglia. Può organizzare l'attività supplementare come se fosse una gara: dica a ogni singolo studente di preparare una descrizione di una persona della famiglia e poi di proporla. Gli altri dovranno indovinare di chi si tratta e chi indovina può proporre la propria presentazione.

abilità

1 Guarda le foto. Secondo te di che cosa tratta il brano che segue?

Per studenti sudamericani la risposta è più facile che per altri, comunque con un po' d'aiuto tutti possono riuscire a fare delle attività di anticipazione, di previsione, che sono fondamentali per formare il contesto e quindi facilitare la comprensione anche di un testo non facilissimo come quello di De Carlo.
D'altra parte, in questo secondo volume spesso ci sono testi che vanno letti più volte: sono stimoli per alzare il livello; si noti tuttavia che le domande sono sempre abbastanza semplici, per non demotivare lo studente in caso di mancata risposta.

Per aiutare, può anzitutto far notare la figurina con il tango.
Da lì, identificata l'Argentina, il processo è più semplice: architettura coloniale (la figura centrale è una chiesa di Buenos Aires, e questo lei può dirlo), grandi estensioni agricole, immigrati italiani.
Può anche far notare che in Argentina tre persone su quattro hanno antenati italiani.

2 Leggi il brano e rispondi alle domande usando le informazioni che hai letto e la tua immaginazione.

Appunti:

_____
_____
_____
_____
_____
_____
_____
_____
_____
_____
_____
_____
_____
_____

Unità 2
guida per l'insegnante
stili di vita, gli italiani visti da fuori

3 A piccoli gruppi confrontate le vostre risposte.

> **Chiavi: 1** Misia è una donna italiana che dopo anni tormentati (è stata restauratrice, attrice famosa, tossicodipendente, al momento della vicenda narrata ha tra i 35 e i 40 anni e da qualche anno vive in Argentina, sposata a un ricco latifondista e uomo d'affari conosciuto in Europa, da cui ha avuto un figlio.
>
> **2** La Engelhardt è una vecchia latifondista argentina, suocera di Misia, rappresentante di una società descritta in decadenza e chiusa in se stessa, nei propri riti.
>
> **3** Tra i latifondisti argentini.
>
> **4** No, è l'amico di Misia di cui si parla nel dialogo.
>
> **5** Misia lascia il marito e torna in Europa con il figlio.

▶▶▶ Gli studenti tendono a sottovalutare questi consigli, che secondo noi sono invece parte integrante di un corso di lingua: insegnano a imparare!
Si può proficuamente richiamare la loro attenzione sull'utilità di questi brevi corsivi.

 4 Tu per che cosa usi il dizionario? Pensa alla tua esperienza nell'utilizzare il dizionario bilingue e metti in ordine di importanza ciò che si può fare con un dizionario bilingue.

Lo scopo di questo esercizio è quello di far riflettere ogni studente, ma soprattutto di poter poi discutere con l'intera classe le risposte dei singoli.
La lezione precedente a questa dovrà invitare gli studenti a portare il proprio dizionario o dovrà comunque fare in modo che ce ne siano disponibili in classe alcuni.
Prima di permettere agli studenti a coppie di usare il dizionario bilingue per capire meglio il testo di De Carlo (così come richiede l'attività 5), faccia fare quest'attività con correzione finale con tutta la classe. E' un modo per dare informazioni agli studenti di ciò che si può trovare sul dizionario bilingue, cercando di valorizzare al massimo ciò che già sanno.

 5 Spesso le parole possono avere varie traduzioni possibili in un'altra lingua. Dipende dal contesto.

Cerchi nel testo qualche esempio significativo di parola con vari significati e lo mostri a tutta la classe per una riflessione finale insieme.
Non si vuole qui incoraggiare a tradurre tutto quanto si trova, ma la traduzione, strumento naturale di ogni essere umano adulto che affronta una lingua straniera, se ben utilizzata può essere molto efficace.

unità **2**
guida per l'insegnante
stili di vita, gli italiani visti da fuori

civiltà

MAMMONE E ME NE VANTO

 2 Adesso ascoltate le interviste ad alcuni ragazzi italiani...

Le persone che si ascoltano hanno tutte un accento particolare, tipico delle regioni di provenienza.

"Sono Valentina, ho 28 anni, vivo a Roma e faccio l'avvocato. Ho scelto di rimanere con papà perché preferisco risparmiare per il futuro invece di pagare un affitto. Viviamo in una bella casa grande e ho tutto lo spazio e l'autonomia che voglio. Mio padre è simpatico e giovanile e la nostra casa è sempre piena di gente. Non mi sento per niente sacrificata e non mi pesa farmi mantenere perché in casa contribuisco ai lavori. Faccio la spesa, pulisco..."

"Mi chiamo Mario, sono di Milano, ho 34 anni e lavoro come direttore tecnico di azienda. Ho uno stipendio abbastanza alto e potrei vivere anche da solo in un bell'appartamento. Ma, diciamo la verità, sto con i miei per comodo. La casa per me è come un hotel. Dormo, mi lavo e faccio colazione e poi esco per tutta la giornata. passo molto più tempo in ufficio e in macchina che con i miei. Mia madre mi chiede spesso quando andrò a vivere da solo, ma io non ci penso proprio."

"Vivo a Vigevano, mi chiamo Lorella e ho 36 anni. Sono laureata in giurisprudenza e faccio la giornalista. Sono una single felice, naturalmente se incontro un uomo che mi interessa non ho paura di una relazione importante. Ma non ho nessuna intenzione di uscire dalla mia camera da letto e lasciare la cucina di mia madre. E' troppo bello trovare tutto pronto e vivere con persone che ti vogliono bene e che non ti tradiranno mai. Lo so, vivere ancora con i genitori alla mia età si rimane eterni adolescenti e poi c'è la paura di rimanere soli quando loro non ci saranno più..."

"Mi chiamo Gaspare, sono avvocato, vivo a Firenze e ho 30 anni. Andare a vivere da solo? Non ci penso proprio, amo troppo la mia famiglia! Il mio lavoro è molto faticoso, senza mamma e papà che mi aiutano, non riuscirei a fare tutto, come potrei occuparmi di una casa mia? Adesso guadagno troppo poco per pagare anche un affitto, poi voglio risparmiare un po' di soldi per il futuro. Senza soldi come posso offrire sicurezza alla mia futura donna? E' che in Italia si cresce tardi."

fonologia • un'esclamazione dai molti valori: • /t/ vs. /tt/ • /d/ vs. /dd/
mamma mia!

 1 Ascolta di nuovo questa battuta tratta dal dialogo dell'attività 10.

L'attività vuole richiamare l'attenzione degli studenti nei confronti dell'espressione italiana *Mamma mia* che è conosciuta anche all'estero come una tipica esclamazione italiana. Si tratta di un'espressione neutra che può essere usata come commento in situazioni molto diverse: dalla paura alla sorpresa. Prima di iniziare l'attività successiva si assicuri che gli studenti conoscano o capiscano il significato delle seguenti parole: *disgusto, sorpresa, rabbia, disappunto, paura, preoccupazione.*

Maria: Mamma mia! Ma quanta gente c'è nella tua famiglia?

 2 Ascolta l'espressione *"mamma mia!"* ripetuta più volte...

Si ascolterà l'espressione *mamma mia* pronunciata con diverse intonazioni. Gli studenti devono abbinare a ogni espressione la giusta intonazione. Faccia ascoltare più di una volta, fino a un massimo di tre. Tenga presente che possono esserci opinioni contrastanti tra gli studenti, sfrutti queste eventuali divergenze di opinioni come occasioni di discussione in L2.

Chiavi: a 5; b 3; c 2; d 4; e 1.

 3 Con un compagno prova a ripetere le espressioni dell'attività precedente.

Faccia ripetere in coppia le espressioni dell'attività precedente cercando di rispettare il tipo di intonazione descritto. Quest'attività può essere particolarmente utile per gli studenti di madrelingua orientale che hanno spesso difficoltà a individuare l'intonazione corretta. Se vuole può introdurre anche nuove espressioni analoghe come *porca miseria, mannaggia* ecc. o invitare gli studenti a comunicare alla classe le espressioni che conoscono. È possibile che gli studenti conoscano espressioni volgari, o "parolacce"; è opportuno in questo caso segnalare qual è l'ambito d'uso (cioè in quale situazione sociale) può essere udito o usato questo tipo di espressioni.

4 Giochiamo un po'. Trova le parole…

Lo scopo di quest'attività è introdurre la distinzione tra suono breve /t/ e suono intenso /tt/ già visto nel primo volume (cfr. post-it). Le consigliamo di dare un tempo limite di due o tre minuti per vivacizzare il gioco. Lo scopo del gioco è trovare le dodici parole contenute nello schema. Per facilitare il compito degli studenti le parole sono anche riportate accanto al riquadro. Ricordi agli studenti che non è importante trovare tutte le parole perché l'attività prosegue nell'esercizio successivo. Se crede, fra le due attività può effettuare un controllo intermedio tra studenti.

 5 Ora ascolta le parole dell'attività precedente…

Faccia ascoltare le parole agli studenti per completare e/o correggere l'attività precedente. È probabile che saranno necessari almeno due ascolti per completare la correzione. Dopo richiami l'attenzione degli studenti sul fatto che queste parole contengono il suono /t/, o il suono /tt/, faccia leggere le parole in coppia.

> **Chiavi: orizzontali: cravatta; sete; note; sette; fata; fatta.**
> **Verticali: canto; attesa; dato; intesa; notte; attimo.**

6 Sottolinea le parole che ascolti nelle frasi.

Si ascoltano le seguenti frasi:
1 Aveva addosso un maglione giallo;
2 Una ridda di voci confuse;
3 Sì, ha dormito per un'ora;
4 Hai lasciato una ditata;
5 Adda è il nome di un fiume;
6 Vietata l'entrata ai non addetti ai lavori!

L'obiettivo di quest'attività è la distinzione tra i suoni /d/ e /dd/. Le consigliamo di far ascoltare le frasi tre volte. La prima volta faccia solo ascoltare, dalla seconda chieda agli studenti di sottolineare le parole che riconosceranno nelle frasi. Dopo il secondo ascolto faccia correggere gli studenti tra loro. Utilizzi il terzo ascolto come correzione collettiva. Rimandiamo al post-it per le spiegazioni di carattere tecnico; tuttavia, se dovesse riscontrare difficoltà di carattere articolatorio, le consigliamo di riprendere le attività, relative a questi suoni, svolte in Rete1. Infine, faccia leggere il post-it.

Post-it: i suoni /td/ e /dd/ sono due suoni, rispettivamente sordi e sonori, che si producono appoggiando la punta della lingua sui denti (cfr. RETE! 1). Entrambi sono pronunciati con più forza e intensità rispetto ai corrispondenti suoni scempi /t/ e /d/. Se alcuni studenti hanno difficoltà a pronunciare i suoni intensi /tt/ e /dd/ faccia pronunciare delle parole inventate con dei suoni esageratamente intensi: *ga-ttto; se-ttte; fre-dddo; adddome* ecc. Faccia notare come è naturale aumentare la pausa prima della pronuncia di questo suono. Dopo faccia leggere le parole delle attività 5 e 6 insieme a un compagno.

grammatica

La soluzione del piccolo cruciverba è la seguente:

Chiavi:					
					B
					E
			B	E	L
			U		L
	B	U	O	N	O
			N		

Per un corretto percorso di apprendimento/insegnamento della grammatica italiana consigliamo di servirsi di strumenti di supporto quale una grammatica di riferimento.

 1 Completa le frasi con i nomi del riquadro.

Chiavi: 1 ieri sera mia nonna è stata male e i miei zii hanno dovuto chiamare il dottore.
2 Secondo molta gente gli psicologi sono indispensabili nella società d'oggi.
3 Il sistema scolastico italiano sta subendo grandi trasformazioni.
4 La settimana scorsa in tv è iniziata una nuova serie di film polizieschi.
5 Non mi piacciono le nuove targhe italiane.
6 Adoro le spiagge della Sardegna.

 2 Metti i verbi al tempo giusto.

Chiavi: 2 ieri sera ho visto mia cugina. Siamo andati a mangiare una pizza.
3 Mamma, mi compri un gelato?
4 Non è possibile, anche oggi piove.
5 Lunedì scorso il Presidente del Consiglio ricevuto la visita del Presidente francese.
6 Quest'estate Sonia e Patricia forse tornano/torneranno in Inghilterra.
7 L'anno scorso ho fatto un incidente in moto e mi sono rotto un braccio.
8 Cristina non si alza mai tardi, ma questa mattina si è alzata alle 11.

sommario

Abbina le frasi o espressioni alla descrizione sotto.

Chiavi: 1 con d; 2 con c; 3 con e; 4 con a; 5 con b; 6 con f.

TEST

1 Completa le frasi seguenti con *bello, bene, buono* secondo il senso.

Chiavi: 2 bene; 3 buona; 4 bene; 5 buon, buoni; 6 bello; 7 bei.

2 La tua segreteria telefonica non funziona molto bene. Completa i messaggi.

Chiavi: ciao Anna, sono tornato dalla Cina. Ti ho portato un sacco di regali. Delle camiCIE di seta per te e dei gioCHI cinesi per i bambini. ChiamaMI quando torni. Ciao.

Ciao Mary. VoleVO informarti che per cambiare i soldi in Italia, il sabato le banCHE sono chiuSE, ma gli uffiCI di cambio sono sempre aperti. Ti aspetto, ciao.

Ciao Francesca, sono Marta. Senti, ti ringraZIO per la camiCIA che mi hai regalato, ma purtroppo per me è un po' troppo larGA e ha le maniche troppo lunGHE. Potrei cambiarLA con una taglia più piccola? Sappimi dire. Ti abbraccio, a presto.

Ciao Francesca, sono io, Mario. Allora senti, per arrivare a casa mia, devi prendere da piazza Dante, guardando la chiesa, la strada a destra. Devi passare deGLI alberGHI e due farmaCIE. Quando arrivi all'uffiCIO postale giri a sinistra e trovi subito casa mia. Ti aspetto alle otto, ciao.

3 Riordina le frasi.

Chiavi: 1 A Parigi ho incontrato dei buoni amici dei miei.
2 In Grecia abbiamo passato dei bei momenti e visto posti molto belli.
3 Un amico mi ha dato un'idea molto bella.

Appunti:

_____
_____
_____
_____
_____
_____
_____
_____
_____
_____
_____
_____
_____
_____

4 Leggi le istruzioni nella tabella e associale all'elettrodomestico corrispondente. Osserva l'esempio.

Chiavi:	Ferro da stiro	Gas	Lavatrice	Pentola a pressione	Frigorifero
Pulire…			X		
Dopo…	X				
Dopo…				X	
Il filo…	X				
Non…			X		
Non…			X		
Prima…				X	
Quando…				X	
Ricordarsi…			X		
Togliere…	X				

5 Metti le frasi al plurale.

Chiavi: Maria ha invitato a cena dei suoi vecchi amici di scuola.
Dalla mia finestra vedo degli alberi molto belli.
Gli zii di Paola sono medici.
Luisa mi ha mostrato delle sue foto da piccola.
A Parigi ci sono dei bei parchi per passeggiare.

6 Trova e sottolinea la parola che non c'entra.

Chiavi: radio; dentista; bene; foto.

Appunti:

_____
_____
_____
_____
_____
_____
_____
_____
_____
_____
_____
_____
_____
_____
_____
_____
_____
_____
_____
_____

Unità 2
guida per l'insegnante
stili di vita, gli italiani visti da fuori

Le prime attività di questa lezione hanno vari obiettivi e non solo puramente linguistici. Da un punto di vista lessicale propongono un numero rilevante di aggettivi, di cui vari sono già stati acquisiti dagli studenti, altri sono facilmente intuibili attraverso le somiglianze con altre lingue, altri ancora vengono introdotti per la prima volta, ma verranno spesso ripresi nel corso delle unità di questo volume e del prossimo. Ma queste attività permettono anche di conoscere meglio i propri studenti. Uno dei dati più rilevanti che lei può cogliere riguarda il carattere di ogni persona: analizzando in maniera molto empirica i risultati degli esercizi, risulta abbastanza semplice stabilire se una persona è molto o poco emotiva, se è una persona fredda e razionale oppure no. Altro dato interessante può venire dal modo in cui gli studenti lavorano come classe e singoli se sottoposti a esercizi di questo genere in cui l'emisfero destro del cervello (che governa l'attività emozionale, intuitiva) viene sollecitato in modo particolare; cerchi di capire se la classe e i singoli si trovano a proprio agio maggiormente rilassati rispetto a situazioni più abituali. Potrebbe essere utile per modificare l'inizio delle sue lezioni con quel gruppo, magari facendo ascoltare qualche volta come attività iniziale un brano di musica rilassante, al posto o oltre ad altre attività il cui scopo è quello di motivare e "riscaldare" gli studenti. Per chi volesse conoscere meglio aspetti legati a un approccio metodologico in cui elementi come quelli presentati sopra vengono presi in più seria considerazione, vi consigliamo un testo introduttivo alla Programmazione neuro-linguistica: O'Connor e Seymour, NLP, *The Aquarian Press* (Harper Collins), 1993.

 Sei una persona che si emoziona facilmente?...

Non traduca ora le parole del riquadro. Se proprio vede che gli studenti non ne capiscono molte, cerchi di mimare lo stato d'animo o lo faccia fare a chi tra gli studenti conosce la parola, dando loro l'indicazione che non si può parlare, né in italiano, né nella lingua degli studenti. Dica poi agli studenti che farete le due prime attività una dopo l'altra e ognuno dovrà scrivere alcuni aggettivi sotto i quadri o a fianco delle istruzioni della due.

 1 Quali aggettivi associ a questi quadri?

 2 Come ti senti quando ascolti questi brani musicali?

Alla fine dell'esercizio a coppie gli studenti confrontano gli aggettivi che hanno utilizzato e poi con l'intera classe controlli se ci sono ancora problemi per la comprensione dei termini.

 3 Come ti senti quando fa caldo e c'è il sole?...

Mentre gli studenti lavorano in coppia facendo quest'attività, ascolti con discrezione quello che dicono e dia un'occhiata a quanto hanno scritto per le prime due attività, cercando conferme (o smentite!) alla sua idea riguardo al carattere di ogni persona.

 4 Ascolta il dialogo. Come ti sembrano le persone?

Faccia ascoltare il dialogo una sola volta. Gli studenti devono cercare di completare la tabella. Dica loro di dare un'ultima occhiata agli aggettivi del riquadro iniziale prima di cominciare.

Sandro: Pronto?
Maria: Sandro, ciao sono Maria. Come va?
Sandro: Ciao Maria, bene e tu?
Maria: Sto bene, grazie. Oggi è San Valentino!
Sandro: Ah, già..., ma sai, in Italia non è una festa così importante, è un modo per far spendere dei soldi alla gente e basta.
Maria: Allora non sei stato tu...
Sandro: Io? A fare?
Maria: Mi è arrivato uno splendido mazzo di rose e credevo che...ma no scusa.
Sandro: Te l'ho già detto: in Italia San Valentino...in realtà non me ne ricordo mai...
Maria: Allora, vai a Venezia o no?
Sandro: Penso di sì; ci vado domenica,... ma non cambiare discorso...
Maria: C'è anche una cartolina. Ne hai spedita una simile a tua cugina quando eravamo a Firenze...
Sandro: Scusami di nuovo, non ne so nulla!
Maria: Va bene, se non ne sai nulla, non te ne parlo.
Sandro: Ogni volta mi metto nei guai con te! Non sono un vero italiano!! Forse ne hai appena incontrato uno che ha tutte le carte in regola...con tutti i fiori e le belle parole che sa scrivere!
Maria: Le hai anche tu e non dire stupidate sugli uomini italiani, non sono così ingenua...

Chiavi: **Sandro:** calmo, tranquillo, sorpreso, imbarazzato; **Maria:** agitata, indifferente, arrabbiata.

5 Ora ascolta e leggi il dialogo.

Ora faccia riascoltare e leggere il dialogo allo stesso tempo: gli studenti devono cercare di capire se le proprie risposte sullo stato d'animo dei personaggi date nell'attività 4 erano giuste.

Alla fine controlli le risposte con tutta la classe.

Prima di utilizzare il dialogo per lavorare sui post-it gialli alla scoperta della lingua, chieda a vari studenti di recitare il dialogo, leggendolo. Devono cercare di riprodurre le emozioni espresse dai personaggi. Lo faccia riascoltare ancora una volta, se crede, dopo che almeno due coppie di studenti hanno provato a recitare. Fermi il nastro dopo ogni espressione che gli studenti-attori hanno sbagliato. Non è facile riprodurre le emozioni in una lingua straniera, ma attribuisca il giusto peso quando gli studenti recitano a fattori non verbali, quali al mimica facciale o la gestualità, spiegando che comunicare non significa solo parlare, anzi!

Con tutta la classe controlli la comprensione di tutte le parole del dialogo. Ci sono molti metodi per dare i significati delle parole nuove e non sempre la traduzione è il migliore. Provi a stimolare atteggiamenti di tipo induttivo: ad esempio, quando la parola assomiglia a una di significato uguale o simile nella lingua dello studente, chieda di indovinare la parola.

Ora se vuole può passare alla prima attività della sezione dedicata alla fonologia.

Poi faccia fare individualmente le attività **Alla scoperta della lingua**.

Appunti:

_____

_____

_____

_____

_____

_____

_____

_____

_____

_____

_____

_____

_____

_____

_____

_____

_____

_____

_____

_____

_____

_____

_____

6 Secondo te, quale biglietto ha trovato Maria nelle rose?

In questa unità si sviluppa una piccola storia tra Maria e un italiano. Alcuni elementi possono sembrare troppo stereotipati e forse forzati, ma è voluto. Usare gli stereotipi è utile per far uscire le conoscenze degli studenti, utilizzandone per migliorare l'apprendimento linguistico e culturale. Ovviamente alla fine lo scopo culturale è quello di riformulare le loro conoscenze dell'Italia, pur sapendo che in questo ambito la percezione è molto soggettiva e basata sull'esperienza del singolo. Ciò che può apparire uno stereotipo privo di senso per una persona, per un'altra invece è frutto di un'esperienza vissuta. L'Italia è grande, ci sono oltre 57 milioni di abitanti…! L'importante è aumentare il livello di consapevolezza culturale degli studenti.
Inoltre il confronto, spesso il contrasto, tra l'Italia e la sua cultura e il paese degli studenti genera riflessioni che portano a migliorare le conoscenze sull'altro da sé (l'italiano) ma anche l'austoconoscenza, quella della propria cultura, vista dall'esterno, con occhi italiani.

 7 Hai appena conosciuto una delle persone nelle foto e te ne sei innamorato/a…

Inviti gli studenti alla massima spontaneità, anticipando che nell'attività successiva si sceglierà il biglietto più bello. Se alcuni studenti sono in difficoltà, cambi la loro identità. Dica loro per esempio che sono dei giovani italiani! Ovviamente quando li leggerete insieme cerchi di contestare, riprendendo quanto detto prima, impostazioni troppo stereotipate (quale l'italiano romantico e seduttore).

 8 Chi ha scritto il biglietto più bello?…

Attività supplementare.
Se alla classe piace questo tema: dia indicazione a tutti di scrivere un biglietto d'amore a uno studente della classe, scegliendone uno particolarmente carismatico e non permaloso. Poi raccolga i biglietti, li legga ad alta voce e inviti a indovinare chi li ha scritti.

 9 Sei una persona romantica o un tipo pratico?…

Quest'attività di scrittura è ancora di tipo creativo, non di riflessione sulla lingua, serve per introdurre la successiva.

 10 Ora ascolta il dialogo…

Receptionist: *Buongiorno, Signorina. Posso esserle utile?*
Maria: *Mi chiamo Maria Caballero. Dovrebbe esserci una prenotazione a mio nome per una stanza singola.*
Receptionist: *Mi faccia guardare… sì, eccola qui. Una singola con bagno per tre notti.*
Maria: *Esatto, con colazione.*
Receptionist: *Qui però c'è indicato: trattamento di mezza pensione, quindi ha anche la cena.*
Maria: *A dir la verità, io ho chiesto pernottamento e prima colazione, anche perché non so che cosa farò di sera…*
Receptionist: *Possiamo cambiare, non ci sono problemi, visto che è una ragazza così carina… però le spiego: per questo mese abbiamo un'offerta promozionale per la pensione completa e la mezza pensione. Le facciamo risparmiare un po' di soldi…*
Maria: *Beh, posso pensarci?*
Receptionist: *Sì certo, e se ha dei dubbi, sono sempre qui a sua disposizione. Intanto ecco la sua chiave. Tutte le nostre camere hanno il bagno o la doccia… Stanza 341… Anzi, no, le do*

questa. Ha una vista insuperabile. E' la 332.
Maria: *Oh, grazie, molto gentile.*
Receptionist: *Mi dà il suo passaporto o carta d'identità, per favore?*
Maria: *Sì certo eccolo.*
Receptionist: *Ora chiamo un facchino per il suo bagaglio e per farle vedere la stanza.*
Maria: *Non si preoccupi per il bagaglio; è leggero, posso portarlo io. Una domanda: c'è il telefono in stanza?*
Receptionist: *Sì, guardi ogni nostra stanza ha il telefono, la radio, la televisione e naturalmente il frigobar e l'aria condizionata. Comunque, prenda questo opuscolo per saperne di più sui nostri servizi.*
Maria: *Grazie. Di notte c'è sempre qualcuno qui… è sempre aperto?*
Receptionist: *Sì certo. Ma mi tolga una curiosità? Lei conosce la nostra città?*
Maria: *No, non ci sono mai stata prima…*
Receptionist: *Non le piacerebbe che la portassi a scoprire le cose più belle, come si vive qui, cosa fa la gente di sera…*

 11 Insieme a un compagno, parlate delle differenze che avete trovato tra la vostra storia…

Con quest'attività gli studenti hanno modo di controllare insieme la comprensione del dialogo e perché no, se lei lo ritiene opportuno, per correggere quanto scritto dal compagno.

12 Ascolta nuovamente il dialogo. Quali servizi senti?

Chiavi: ristorante; bagno o doccia in ogni camera; televisione; radio; frigobar; aria condizionata; facchino; portiere di notte.

13 Leggi l'opuscolo sull'hotel che ha ricevuto Maria, poi decidi se le affermazioni sono vere o false e correggi le false.

Chiavi: 2 le tariffe per chi chiama dall'hotel sono diverse da quelle dei telefoni pubblici.
3 In hotel è possibile far colazione, pranzare e anche cenare.
4 Alla reception è possibile richiedere tutti i giornali.
5 Ogni giorno il personale addetto pulisce la stanza, ma cambia gli asciugamani solo quando gli ospiti lo desiderano.
6 Il giorno della partenza bisogna lasciare la stanza entro le 12, altrimenti si paga un giorno di soggiorno in più.
7 Ci sono altri servizi a disposizione. La sauna, il bagno turco e l'idromassaggio sono gratuiti.

Appunti:

fonologia • Intonazioni per esprimere stati d'animo; • Raddoppiamento sintattico (1)

 1 Ascolterai la stessa frase pronunciata con sei diverse intonazioni. Scrivi accanto ad ogni intonazione il numero corrispondente.

Obiettivo dell'attività è il riconoscimento di curve intonative diverse che esprimono corrispondenti stati d'animo, il riferimento è al dialogo di apertura tra Sandro e Maria. Una delle difficoltà che a volte incontrano alcuni studenti (specialmente coloro che appartengono a una madrelingua e a una cultura molto distante dall'italiano) è il riconoscimento delle strutture intonative e del relativo significato emotivo. Per questa ragione l'attività potrebbe rivelarsi più complessa del previsto. Le consigliamo di fare più ascolti, almeno tre. Le suggeriamo inoltre di proporre un primo ascolto globale, senza far svolgere nessuna attività, in modo che lo studente ascolti tutte le intonazioni prima di rispondere e si renda conoto delle differenze. L'attività di ripetizione di queste intonazioni è stata inserita fra le attività per casa. Infatti, dato il carattere "emotivo" di questa attività abbiamo preferito non rischiare di inibire gli studenti con attività di ripetizione collettive.

 2 Ascolta le frasi.

L'ascolto serve a introdurre il *rafforzamento sintattico*, fenomeno per il quale alcune parole (generalmente monosillabi) provocano la pronuncia intensa delle consonanti iniziali nelle parole successive. Maggiori dettagli saranno dati più avanti. Per ora è sufficiente che gli studenti ascoltino le frasi leggendole. Se vuole evitare problemi di comprensione può far leggere le frasi prima dell'ascolto e può chiedere in quali situazioni si possono ascoltare queste frasi. Comunque tenga conto che il significato delle frasi non è fra gli obiettivi principali di questa attività. Faccia presente agli studenti che il raddoppiamento sintattico incide sul ritmo del parlato collegando le parole tra di loro e contribuendo a formare la catena dei suoni. Non si parla per parole isolate! Tuttavia faccia anche presente che il raddoppiamento non è realizzato da tutti i parlanti. Infatti è pressoché sconosciuto nelle varietà settentrionali. Ciò nonostante e benché non sia determinante ai fini della comprensione, è un tratto che la maggior parte dei parlanti italiani (Italia del centro e del sud) realizza e riconosce come normale e può aiutare gli studenti ad avvicinarsi a una pronuncia sentita dai nativi come meno "straniera". Se lei appartiene a una varietà di italiano settentrionale (emiliano-romagnolo, piemontese, lombardo, veneto ecc.) può far notare che una parte consistente degli italiani non realizza il raddoppiamento, oppure non lo realizza in ogni contesto. Se crede può anche fare degli esempi concreti di confronto con le frasi ascoltate. Ad esempio, è più facile che un parlante settentrionale realizzi il raddoppiamento sintattico in contesti di maggiore espressività come nei profili intonativi visti nell'attività 1.

 3 Ascolta di nuovo le frasi dell'attività precedente come sono pronunciate da un parlante italiano e sottolinea i suoni iniziali che sono pronunciati intensi.

L'obiettivo è individuare le consonanti iniziali che vengono pronunciate intense. Faccia ascoltare più di una volta e tra un ascolto e l'altro faccia confrontare gli studenti tra di loro. Non si pretende ovviamente che gli studenti individuino tutte le parole, ma dovrebbero essere in grado di percepire la maggior parte dei suoni intensi non segnalati graficamente.

> Chiavi: 1 come mai? 2 Domani vado a Roma! 3 Se non stai fermo ti farà male! 4 Può darsi che venga anch'io domani! 5 Certo che qualche volta la vita è bella! 6 Ma dove è andata? 7 Ma guarda! è qui sotto! 8 L'ha già fatto?

 4 Leggi le frasi dell'attività 1. Fa' attenzione al raddoppiamento sintattico.

L'obiettivo è verificare che gli studenti abbiano capito come e quando si realizza il raddoppiamento sintattico. Se lavora nel laboratorio linguistico faccia registrare la pronuncia degli studenti in modo che essi possano riascoltarsi e autovalutarsi. A tal fine stimoli gli studenti a lavorare autonomamente senza aspettare le sue indicazioni. Se lo ritiene utile può dare un tempo limite di 5 -7 minuti in cui gli studenti possono a loro piacere registrare la propria pronuncia, confrontarla con il modello e riprovare per tutte le volte che lo ritengono opportuno. Se invece lavora in classe, faccia lavorare in coppia provando sempre più volte. In ogni caso ricordi agli studenti che devono cercare di pronunciare come intense le consonanti che hanno sottolineato nell'attività precedente. Se crede può può far individuare anche le parole che hanno provocato il raddoppiamento sintattico, ossia quelle immediatamente preceedenti le consonanti sottolineate. Il raddoppiamento sintattico sarà ripreso nell'Unità 10.

lessico

 1 Forma delle coppie di contrari con gli aggettivi del riquadro.

Spesso non c'è una risposta sicura, ma dipende dalla sensibilità di ciascun parlante. Così come viene indicato nell'esercizio seguente. Tuttavia in alcuni casi è possibile e vedere gli aggettivi (ma anche altri vocaboli) in coppia permette una più facile memorizzazione.

3 Guarda le figure dei due hotel...

Si può spiegare agli studenti che in Italia ci sono molti alberghi "normali", costruiti cioè come alberghi, ma in molti casi (come anche in queste foto) ci sono hotel che sono stati ricavati da palazzi antichi oppure da vecchie case di campagna. Non visogna lasciarsi attrarre o respingere dall'aspetto esterno: spesso in case che sembrano ancora stalle o rifugi di contadini si trovano stanze stupende, con strutture moderne, mentre in palazzi Sette-Ottocenteschi ci sono spesso stanze brutte, con bagni ricavati alla bell'e meglio.

4 Quali servizi vorresti trovare in un hotel di lusso?

abilità
STEREOTIPI, STEREOTIPI, STEREOTIPI!

Nuovamente gli stereotipi come mezzo da cui iniziare per riformulare le conoscenze degli studenti sull'Italia, utilizzando tuttavia quanto già sanno o pensano di sapere. La teoria che per insegnare agli studenti bisogna fare tabula rasa di quanto già sanno, ci trova profondamente in disaccordo. Al contrario crediamo che le loro pre-conoscenze vadano utilizzate per migliorare il livello di apprendimento. Sarà compito dell'insegnante non limitare la discussione sugli stereotipi a quanto essi propongono. L'Italia è un paese che ha subito e sta subendo enormi cambiamenti in moltissimi campi e spesso invece gli stereotipi rimandano e si soffermano su aspetti troppo limitanti. Dunque, lo stereotipo come punto di partenza ma non di arrivo della riflessione sull'Italia.

1 E voi cosa ne pensate? In gruppi di tre, commentate queste frasi.

In questo caso forse gli studenti vorranno o si troveranno a dover esprimere concetti troppo complessi per il loro livello di italiano. Non tema l'uso della madrelingua in classi monolingue. E non blocchi neppure l'uso veicolare di una terza lingua. Sempre più spesso avviene in classi multilingue che gli studenti conducano attività di questo tipo con l'ausilio dell'inglese.

2 Leggi il testo e fa' l'attività.

Chiavi: 1; 2; 3; 6.

3 Ascolta le interviste e rispondi alle domande.

	Prima donna	Uomo	Seconda donna
L'uomo italiano è un eterno bambino?	Forse, perché molto legato alla famiglia.	Sì.	Sì. A causa della dipendenza verso la famiglia.
L'italiano è un amante perfetto e un marito insopportabile?	Non sa rispondere sul marito italiano. Come amante ha lati positivi e negativi come tutti.	Non sa se sia un buon marito. Come amanti ci tengono alla propria donna e sono gelosi.	Non è vero. Come amante l'italiano forse è più romanico di altri.
E' romantico?	Meno di quanto si pensi. Forse una volta.	Sì.	Forse più di altri.
E' tenero e affettuoso?	Sì.	Sì.	Dipende dalla persona.
E' mammone?	Sì.	Sì.	Sì.
Non ti aiuta nemmeno se lo paghi.	Non è vero.	Si. Dipende anche dalla persona.	Forse si, ma con delle eccezioni.

1 *L'uomo italiano è un eterno bambino?*
Non lo so, penso che l'uomo italiano rimarrà per sempre un eterno bambino perché lui è molto legato alla sua famiglia specialmente a sua madre.
L'Italiano è un amante perfetto e un marito insopportabile?
Non posso rispondere per quello che riguarda un marito italiano perché non sono sposata ma come amante posso dire che ha lati positivi e negativi come tutti gli uomini.
E' romantico?
Beh, io credo che è meno romantico di quello che si pensa, forse una volta, ma ora credo di no.
E' tenero e affettuoso?
Questo credo di sì, è affettuoso e ha molti pensieri per la propria donna, però è più tenero quando è da solo che quando è in compagnia.
E' mammone?
Sì, direi che è un gran mammone!
Non ti aiuta nemmeno se lo paghi?
Non è vero, ho avuto spesso bisogno di aiuto e l'ho trovato sempre molto disponibile.

2 *Allora, l'uomo italiano è un eterno bambino.*
Sì, credo che che sia vero perché… perché rimane per troppo tempo in famiglia ed è abituato a prendere le sue decisioni… sulla sua vita insieme alla mamma e alla moglie.
L'italiano è un amante perfetto e un marito insopportabile?
Chiaramente non posso… non posso saperlo se… se è un buon marito, però avendo avendo molti amici italiani vedo che… come… come amanti… sono… ci tengono… ci ci tiene troppo alla… alla alla propria donna ed è anche molto geloso.
E' romantico?
Sì, credo… credo che sia romantico perché come… come tutti… tutti uomini mediterranei è molto molto passionale…
E' tenero e affettuoso?
Sì, come… come uomo romantico è anche… anche tenero e affettuoso. Cioè dico così conoscendo… conoscendo

degli amici… avendo avendo degli amici.
E' mammone?
Eh, sì, questo senz'altro anche perché… perché è abituato abituato a vivere con la mamma… finché finché non si sposa poi… poi la moglie diventa… diventa la seconda mamma.
Non ti aiuta nemmeno se lo paghi?
Sì, dipende… dipende dalla dalla persona però comunque comunque in generale qualcosa di vero sì, c'è.

3 *L'uomo italiano è un eterno bambino.*
Direi che molti adulti non crescono mai completamente nella… nella vita e… l'italiano forse ancor di meno perché è portato a non crescere grazie al modo di fare nella famiglia italiana, cioè la dipendenza sia economica che… proprio fisica, dove ha… fatto che abitano ancora a casa. Questo, tutto ciò fa sì che sì l'uomo italiano cresce in modo molto lentamente.
L'italiano è un amante perfetto e un marito insopportabile?
Non è stata questa la mia esperienza con l'uomo italiano. Penso che… in un rapporto di coppia è… più le persone sono mature più è facile che le cose vadano bene quindi come marito… non che sia insopportabile però questa immaturità creerà sicuramente dei problemi. Per quanto riguarda l'amante perfetto penso che l'italiano può essere forse… sì più romantico magari e… tenero che magari l'uomo di altri paesi tipo… Nord Europa.
Eh… se è romantico. L'abbiamo già detto che forse lo è più di altre nazioni. Se è tenero e affettuoso penso che questo più o meno dipende dal carattere di ogni persona non… la nazione c'entri poco.
Se è mammone… questo penso assolutamente di sì. L'uomo italiano tende molto a rimanere in stretti contatti con la madre finché la madre non c'è più praticamente. Penso che questo capiti qui in Italia molto più che in altri paesi. Se l'uomo italiano non ti aiuta nemmeno se lo paghi forse… può essere… vero visto che è comunque abituato al fatto che la mamma fa tutto per lui, fortunatamente ci sono delle eccezioni.

▶▶▶▶ **Anticipare e inferire.**

E' importante che lei sottolinei agli studenti come Rete! sia un testo "reticolare", estremamente complesso da un punto di vista dell'impianto metodologico. Ad esempio qui si lavora sull'inferenza, collegandosi a quanto fatto prima sull'utilizzo delle pre-conoscenze degli studenti attraverso gli stereotipi, ma anche riprendendo a spirale e ampliando strategie e tecniche sviluppate nel corso del primo volume e delle prime due unità del secondo. Questa osservazione non deve servire a spaventare gli studenti che potrebbero pensare di avere un testo troppo difficile, ma al contrario a rassicurarli rispetto ai percorsi didattici che vengono loro proposti. In più, queste riflessioni servono a renderli più consapevoli dei propri processi d'apprendimento.

 4 Leggi il titolo della canzone. Secondo te di cosa parlerà?

 5 Ora leggi la canzone. Avevi indovinato?

Dia un paio di minuti di tempo permettendo a tutta la classe di lavorare insieme raccogliendo idee. In classi numerose, suddividere gli studenti in gruppi di max. 6 persone. Come per l'attività sul libro di casa, le consigliamo di cercare la registrazione delle canzoni, che sono molto famose, e le faccia ascoltare. Se vuole può creare un percorso didattico alternativo: anziché far leggere subito il testo della canzone, faccia ascoltare la registrazione, chiedendo di capire se le idee nate dal titolo sono giuste. Poi prendendo il testo della canzone riprodotto nell'attività seguente e fotocopiandolo, può preparare un cloze, togliendo alcune parole a sua scelta e sostituendole con degli spazi tratteggiati. Tenga presente che solitamente si elimina circa il 15% delle parole, quindi una ogni sei o sette. In questo modo avrà un tipo di dettato da far fare prima di leggere il testo completo. E poi li incoraggi a cantare la canzone seguendo il nastro!

>>>> **Il dizionario.**

Per quest'attività è importante avere a disposizione vari dizionari monolingue. Se questo non fosse possibile, perché gli studenti o la sua istituzione non possiedono un dizionario monolingue e non lo avranno in futuro, lei potrebbe liberamente decidere di non fare le prossime attività (6, 7, 8), dato che non sarebbe in alcun modo rilevante ai fini della sua didattica. Per la comprensione del testo della canzone di Paoli, si sostituisca al dizionario, ma faccia in modo che tutto il testo venga compreso.

 6 Analizza come è fatto il dizionario, rispondendo alle domande...

Per la conduzione di questa attività è necessario che lei conosca il dizionario che gli studenti stanno utilizzando. Oppure usi alcune fotocopie dal suo.

 7 Rileggi la canzone...

 8 A coppie cercate un'altra parola della canzone...

 9 Scriviamo una "poesia" d'amore insieme!...

Inviti ogni studente a prendere un foglio e a cominciare a scrivere con la prima parola che l'insegnante detterà sulla parte alta del foglio. Poi il foglio viene piegato e passato a un altro studente. Faccia attenzione che vi sia un ordine che rimane tale, ad esempio lo studente "b" riceve sempre il foglio da "a" e lo dà sempre a "c". Usi queste parole o altre che vengono dettate a una a una in questo o altro ordine: fiore, sogno, ragazzi, cielo, addormentato, voce, vita, amore, occhi.
Alla fine raccolga i fogli e legga i testi che sono stati scritti. La classe sceglierà il più bello.
Se l'attività piace e/o funziona bene, rifatela con altre parole.

grammatica
Alcuni punti grammaticali proposti in questa unità (ad esempio "ne") sono piuttosto difficili per molti studenti, soprattutto se nella loro lingua non esistono.
All'insegnante d'italiano per stranieri si pongono così inevitabilmente dei problemi non solo di valutazione, ma anche di selezione degli obiettivi didattici. Crediamo che si debba cercare un certo equilibrio tra competenza linguistica e comunicativa, dettato dalle esigenze degli studenti e dai fini del corso. Valutando la rilevanza dell'accuratezza nel contesto d'insegnamento in cui opera, lei dovrà cercare di raggiungere questo equilibrio in sede di programmazione, prima ancora che nella prassi didattica quotidiana.
Fatto questo, risulterà spesso non troppo importante raggiungere una perfetta acquisizione di certi punti ostici quale il "ne"). Perseguire la perfezione, attraverso decine e decine di esercizi mirati, potrebbe portare a non raggiungere la meta prefissa (è solo attraverso la pratica e l'uso consapevole che certi meccanismi diventano automatici) e ad avere come unico risultato, negativo, un'enorme perdita di tempo; tempo che si potrebbe dedicare ad altri aspetti dell'apprendimento linguistico.
Anche attraverso questa riflessione, per certi versi semplicistica, crediamo di poter incoraggiare un processo di cambiamento negli atteggiamenti didattici di molti insegnanti di italiano per stranieri che continuano ad attribuire troppo peso e spazio alla grammatica.

Indefiniti usati solo come **aggettivi**:

 1 Trasforma le frasi come nell'esempio.

Chiavi: 2 ho già visto tutti i film con Tom Cruise.
3 Per Pasqua ho visto tutti e tre i miei fratelli.
4 Tutti parlano volentieri del proprio passato.
5 Mi ricordo ancora tutto di quello che ho studiato a scuola.
6 Conosco già tutti i tuoi amici.

 2 Trasforma le frasi usando *ogni*.

Chiavi: 2 ogni sera mangio almeno 100 grammi di pasta.
3 Ogni volta che vedo tua nonna, mi ricordo del regalo che mi ha fatto.
4 E' vero che ogni italiano conosce qualcosa del calcio?
5 Domani ogni studente deve arrivare a scuola prima delle 9 per fare il test d'ingresso.
6 Ogni italiano di età superiore ai 18 anni può votare.

 3 Rispondi alle domande con *ne* o *ci*.

Chiavi: 2 no, non ne so nulla.
3 Sì, cI ho pensato.
4 Sì, ci ho parlato.
5 Sì, ci credo.
6 Sì, ci puoi contare.
7 No, non ne abbiamo parlato.
8 No, non ne sono sicuro.
9 Sì, ne ho bisogno.
10 No, non ci sono mai stato.

 4 Rispondi alle domande.

Chiavi: 2 ne conosco molte.
3 Non ne compro nessuna.
4 Ne leggo sei.
5 Sì, ne guardo alcuni.
6 Sì, li spendo tutti.
7 No, non ne ho nessuno.
8 Le conosco tutte.

5 Metti le frasi dell'esercizio 4 al passato prossimo.

Chiavi: **2** quante persone hai conosciuto in Italia?
   Ne ho conosciute molte.
3 Quante riviste hai comprato la settimana scorsa?
   Non ne ho comprata nessuna.
4 Quanti libri hai già letto quest'anno?
   Ne ho già letti sei.
5 Hai guardato molti programmi sportivi in televisione la settimana scorsa?
   Sì, ne ho guardati alcuni.
6 Hai speso molti soldi il mese scorso?
   Sì, li ho spesi tutti.
7 Hai avuto molti amici stranieri?
   No, non ne ho avuto nessuno.
8 Quali città della Toscana hai visitato?
   Le ho visitate tutte.

 **6** Leggi la lettera che ha ricevuto Maria...

Chiavi: **2** ho preso
   3 è stata
   4 è successo
   5 credo
   6 sei partita
   7 ho bisogno
   8 ho cercato
   9 sei uscita
   10 sono sicuro
   11 me ne andrò
   12 abituerò
   13 contare

Appunti:

_____
_____
_____
_____
_____
_____
_____
_____
_____
_____
_____
_____
_____
_____
_____
_____

civiltà

 1 Il gioco delle coppie.

Anche in questo caso, come buona norma in Rete! dove le immagini non sono solamente un elemento decorativo, si consiglia di partire dagli elementi iconici.

Probabilmente qualche studente riconoscerà il quadro di Francesco Hayez *Il bacio* e sarà forse in grado di riconoscere anche Giulietta e Romeo. Le altre immagini suggeriscono altre coppie di innamorati.

Quindi, senza aver letto ancora i testi si può fare riferimento alle conoscenze pregresse degli studenti che saranno invitati a menzionare le coppie famose che già conoscono, anche del presente, sarà infatti utile raccontare le storie che già conoscono per rivedere e/o fornire il lessico necessario per capire i testi dell'attività che segue.

E' possibile fare riferimento alle coppie famose delle diverse nazionalità degli studenti.

Chiavi: 1\a; 2\c; 3\e; 4\d; 5\b.

 2 Abbina a ogni coppia la propria storia.

Chiavi: 1 Paolo e Francesca; 2 Giacomo Leopardi e Silvia; 3 Renzo e Lucia; 4 Dante e Beatrice;
5 Giulietta e Romeo.

Appunti:

_____
_____
_____
_____
_____
_____
_____
_____
_____
_____
_____
_____
_____
_____
_____
_____
_____
_____
_____
_____

sommario

Abbina le frasi o espressioni alla descrizione sotto.

In questa unità abbiamo imparato a…

Chiavi: 1 con b; 2 con e; 3 con a; 4 con h; 5 con g; 6 con d; 7 con c; 8 con f; 9 con i.

TEST

1 Nel diagramma si nascondono sei aggettivi…

```
M  A  N  D  E  O  P  D  D  T  N  U  S
E  N  E  R  U  L  R  E  C  I  F  N  P
N  I  C  H  I  A  E  P  A  T  R  L  A
U  I  N  N  A  M  O  R  A  T  A  P  V
F  A  B  O  L  R  C  E  N  A  A  O  E
C  H  E  D  R  A  C  S  M  A  L  O  N
O  N  D  S  A  U  U  S  R  T  O  F  T
O  L  A  S  F  E  P  A  V  P  R  O  A
L  A  A  V  A  R  A  O  L  T  F  S  T
M  L  L  A  C  H  T  L  O  D  I  R  O
N  L  L  M  E  I  A  I  R  D  Z  T  U
N  E  E  C  U  L  I  O  R  E  A  N  O
S  G  G  E  R  A  C  L  O  R  D  R  A
A  R  R  A  B  B  I  A  T  O  E  S  O
M  O  O  G  L  I  N  C  D  U  N  A  S
```

Chiavi: 1 allegro; 2 arrabbiato; 3 innamorata; 4 depressa; 5 preoccupata; 6 spaventato.

2 Sottolinea la risposta corretta.

Chiavi: 1b; 2a; 3c; 4b; 5c; 6b.

3 Mettere in ordine le frasi.

Chiavi: 1 per andare da Venezia a Milano (o viceversa) ci vogliono circa tre ore.
2 Paola abita di fronte a un cinema ma non ci va mai.
3 Se ce la faccio prendo il treno delle cinque.
4 Se non trovo lavoro me ne vado all'estero.

4 Completa il testo con *ci* o *ne*.

Chiavi: ci; ce; ne; ne ci; ne; ne; ne.

Unità 4
guida per l'insegnante
quando ero piccolo

 1 Leggi il testo e completalo.

Chiavi: 2 erano; 3 era; 4 mangiava; 5 consisteva; 6 cenava; 7 cominciava; 8 continuava; 9 finiva; 10 beveva; 11 c'erano.

Post-it: ▶▶ Alla scoperta della lingua.

Chiavi: mangiavano; consisteva; finiva; erano.

2 Cosa mangeresti per uno spuntino?

Per poter eseguire proficuamente questa attività lei può eventualmente aiutare i suoi studenti, in quanto non tutti possono essere già pronti; d'altro canto la "sfida" in questo caso è voluta e programmata: proprio la combinazione tra lo sforzo per recuperare il lessico e la presenza di icone visive fa sì che poi la memorizzazione sia molto più accentuata.

Per permettere di scoprire il nome di tutti i cibi e le bevande, tenuto presente che le figure sono abbastanza piccole, gliele indichiamo qui di seguito:

riso, burro e pane, bottiglia di vino con un pollo arrosto e patate fritte, arance, piatto di spaghetti, pesce, frittata, succo di frutta, panino, brioche.

In molti casi si può aiutare con delle perifrasi, ad esempio, sul riso, si può dire che è un cereale, che cresce in Cina e in India, che cresce nell'acqua...

Appunti:

_____

_____

_____

_____

_____

_____

_____

_____

_____

_____

_____

_____

_____

_____

_____

_____

_____

_____

Unità 4
guida per l'insegnante
quando ero piccolo

 3 A quale genere appartengono i seguenti prodotti? Completa la tabella.

FRUTTA	CEREALI	LEGUMI	CARNE	LATTICINI
arance	grano	fagioli	fettina	mozzarella
mele	riso	piselli	cotoletta	yogurt
pere			pollo	
uva				
fragole				

Chiavi:

 4 Ascolta l'intervista e rispondi brevemente alle domande.

 5 Ascolta nuovamente l'intervista e decidi se le affermazioni sono vere o false.

Chiavi: 2 falso; 3 vero; 4 vero; 5 vero; 6 falso.

Giornalista: Allora Professore, ecco la prima domanda. Ci sono differenze tra il modo di nutrirsi degli Italiani oggi e nel passato?

Prof. Artoni: Senza dubbio. Pensi solamente a cosa è stato il contributo dell'America alla dieta italiana ed europea. Lo sa che noi europei non conoscevamo né il mais, né i pomodori, né il cacao, e nemmeno la patata?! Pensi quanti piatti di oggi sono a base di questi ingredienti.

G: Interessante, ma in un passato più recente?...

P: Certo, quando io ero giovane, ad esempio, erano gli anni del boom economico del dopoguerra, la gente si avvicinava per la prima volta a un'alimentazione "ricca"; essere grassi, "ciccioni" era allora bello e gli Italiani mangiavano e ingrassavano, ma soprattutto mangiavano male.

G: In che senso mangiavano male?

P: Sì, mi sono espresso in modo inesatto. Il problema è che in Italia si mangia ancora male e troppo. Un tempo si pensava che mangiare carne facesse bene sempre, ma non è così... Dobbiamo stare attenti a non abusare dei grassi, soprattutto di quelli animali contenuti in molti alimenti.

G: Sì, nella carne, nel formaggio, nel latte...

P: Esatto, pensi ad esempio alla carne: agli inizi degli anni '50, in Italia si consumava 1/4 della carne che si vendeva alla metà degli anni '80. Di latte e formaggi se ne utilizzava la metà. E invece allora si mangiavano più legumi, più cereali, si consumava il doppio di riso, cioè di quelle sostanze che mancano alla dieta di oggi.

G: Vuole dire che c'è un problema di mancanza di alcune sostanze?

P: Sì, non esiste solamente un problema di abuso, ma anche di cattivo uso dei prodotti alimentari. Dovremmo equilibrare meglio la nostra dieta, ad esempio mangiando più legumi e cereali e meno carne e latticini, così diminuirebbero molte malattie, e poi bisogna mangiare meno. Ma le pare giusto che nei paesi industrializzati dell'Occidente così tanta gente soffra di obesità... mentre nel Sud del mondo ogni anno muoiono di fame milioni di persone?

 6 A ciascuna delle seguenti frasi corrisponde una foto in bianco e nero. Abbinale.

Chiavi: 1 seconda fila, prima da sinistra; 2 seconda fila, ultima da sinistra; 3 prima fila, terza da sinistra.

 7 E nel tuo paese? E' cambiata la dieta delle persone?

8 E oggi cosa è cambiato? Scrivi una frase per ogni foto che rappresenta il mondo di oggi.

Il tema principale dell'unità sono i cambiamenti nella vita dell'uomo. Come il cibo è cambiato così molti altri aspetti della vita quotidiana sono stati modificati. Da questo punto in poi il fuoco si sposta dai cibi, intesi come frutto della tradizione, alla differenza tra la vita tradizionale e quella di oggi.

Queste foto possono essere molto utili per far sì che gli studenti possano attivare loro ricordi e conoscenze. L'esercizio scritto permette di riflettere più attentamente su questi aspetti culturali e allo stesso tempo mette lo studente di fronte alla necessità di pensare al nuovo tempo verbale che stanno apprendendo: l'imperfetto.

 9 Ora lavorate in piccoli gruppi. Pensate al vostro paese e trovate 5 aspetti della vita che sono cambiati negli ultimi 100 anni.

Non dovrebbe essere molto difficile trovare 5 aspetti che sono mutati nel tempo. In caso di necessità dia qualche stimolo: il lavoro, i trasporti, i rapporti umani, il tempo libero, i mass media, l'abbigliamento, ecc.

 11 Ascolta i ricordi della Signora Porta e controlla quello che hai scritto.

Io sono cresciuta in città, ma come molti bambini della mia epoca, sono nata in campagna dove ho vissuto fino ai 4 anni di età. Poi mio padre ha trovato un lavoro in città e siamo venuti a vivere in questa casa, qui in mezzo, la vede nella foto?
I miei fratelli erano più grandi di me e andavano già a scuola… La scuola!… Hanno avuto tanti problemi, soprattutto perché in casa parlavamo sempre in dialetto e invece a scuola dovevano parlare, scrivere, ascoltare e leggere tutto in italiano. Nelle scuole di campagna i maestri erano più tolleranti.
Ho tanti ricordi d'infanzia… guardi questa foto. E' quando mia zia si è sposata, vede non c'erano macchine per strada; qui di fianco a mia zia ce n'è una, è quella del matrimonio.
Noi bambini potevamo giocare tranquillamente in strada o lì dietro, nel cortile… Non avevamo tutti i giocattoli che hanno i bambini di oggi: solo una palla e non sempre, un po' di gesso, pezzi di legno e tappi di bottiglie, quelli di metallo… C'erano moltissimi bambini, ogni famiglia ne aveva almeno tre o quattro. Sopra di noi vivevano cinque fratelli, tutti piccoli e non le dico la fatica per abituarsi a sentire tutto quel rumore sopra le nostre teste.
La cosa che più mi mancava della campagna erano gli animali: vivevo tra loro, in mezzo a galline e conigli. In città avevo solo un gatto! E poi il mangiare: le uova fresche, il latte appena munto! L'unico momento di festa in città era quando, in estate, mia mamma mi lasciava comprare un gelato: pensi una volta ogni due settimane: eravamo molto poveri allora.

 14 Cosa è successo a Filippo ieri sera?

Chiavi: 2 mentre faceva la doccia, è suonato il telefono.
        3 Mentre guardava la televisione, è arrivato Michele.
        4 Mentre ascoltava la radio, la trasmissione si è interrotta.

abilità

 1 Leggi il titolo. Secondo te, di cosa parla la storia?

Non ci stanchiamo di ripetere che l'attività di previsione è fondamentale per consentire alla memoria di recuperare i campi semantici, i "copioni" di comportamento che si possono avere in una data situazione. In questo modo, quando una parola, un'espressione, una battuta giunge alla mente, essa non deve andare "a casaccio" a cercare i significati corrispondenti, ma ha già individuato e messo a disposizione i significati più probabili.

 2 Guarda le immagini e scrivi sotto forma di appunti la storia che rappresentano.

 3 Ora prova a raccontare a un compagno la tua storia.

In questi casi di solito come insegnanti veniamo presi da un cruccio: cosa succede se mentre parlano commettono errori? Si fisseranno? Come intervenire?
Senza dubbio si commettono errori: qualcuno forse lo correggerà il compagno, ma non illudiamoci.
Ebbene, ci saranno errori: ma è meglio parlare con qualche errore, come abbiamo fatto tutti per i primi dieci anni (almeno!) della nostra vita imparando la nostra lingua materna, oppure stare zitti in attesa di poter raccontare una storiella con la grammatica e la pronuncia giusta?
E come potrà mai imparare a parlare correttamente chi, intanto, tace? Il verbo nella frase precedente è "parlare", l'avverbio è "correttamente": diamo al verbo il ruolo primario che gli compete!
Comunque, per poter correggere qualche errore, può anche chiedere a uno o due studenti di raccontare la loro versione della storia: in tal caso, uno o due errori, dopo che ha finito, possono essere individuati; se poi si registra la performance di uno studente, si può anche riascoltare il tutto analizzandolo, cercando di scoprire non tanto l'errore, ma il processo mentale che ha portato a quell'errore.

 4 Leggi i paragrafi della storia scritta da Gianni Rodari e mettili in ordine.

Alcune informazioni su Gianni Rodari.
Nacque ad Omegna (Novara) il 23 ottobre 1920, da genitori lombardi. Si diplomò maestro nel '37 e si iscrisse ai corsi di lingue dell'Università Cattolica di Milano. Insegnò qualche anno alle elementari e nel '39 fece l'istitutore in una famiglia ebrea fuggita dalla Germania nazista. Qui perfezionò la conoscenza del tedesco e soprattutto visse di persona il dramma del razzismo.
Dopo la guerra, collaborò con diverse riviste e giornali, sia come responsabile della cronaca che come inviato speciale, ma nel frattempo sviluppò la sua passione per le novelle e le filastrocche. La sua produzione, negli anni Cinquanta, fu tenuta in scarsa considerazione. Nel frattempo si incrementò il suo interesse per la scuola e partecipò al Movimento di Cooperazione Educativa.
Nel '61, col libro *"Filastrocche in cielo e in terra"* ricevette il premio letterario Prato con questa motivazione: libro apparentemente destinato ai bambini, ma originale ed estroso, nel quale alla fantasia e allo spirito necessari ad interessare i ragazzi, si aggiunge, poeticamente espressa, la realtà di istanze sociali che di regola la letteratura per fanciulli ignora o trascura.
Dal '68 al '77 tenne la direzione de *"Il giornale dei genitori"*.
Nel 1970 vinse il massimo premio di letteratura infantile, il premio Andersen.
Il nome e l'opera di Gianni Rodari diventarono famosi in tutto il mondo. Morì a Roma, il 14 aprile 1980.
Per l'infanzia scrisse: *Il libro delle filastrocche* (1950), *Il romanzo di Cipollino* (1951), *Gelsomino nel Paese dei Bugiardi* (1958), *Filastrocche in cielo e in terra* (1960), Premio Prato, *Favole al telefono* (1962), *Il libro degli errori* (1964), Premio Rubino, *La torta in cielo* (1966), Premio Europa Dralon, *Gli affari del signor gatto* (1972), *Novelle fatte a macchina* (1974), *Marionette in libertà* (1974), *Piccoli vagabondi* (1981).
A questi bisogna aggiungere la *Grammatica della fantasia* (1974), opera indirizzata a *"chi crede nella necessità che l'immaginazione abbia il suo posto nell'educazione"*.

[Da *http://kidslink.bo.cnr.it/udine/info/info11.html*]

Chiavi: 4; 7; 1; 6; 9; 2; 8; 5; 10; 3.

lessico

 1 Completa gli schemi.

Tra gli strumenti di consultazione necessari per un moderno percorso d'apprendimento della lingua italiana riteniamo che oltre a un buon vocabolario bilingue e/o monolingue, a una grammatica di riferimento, ci sia anche il dizionario illustrato. Questi testi hanno la caratteristica di presentare attraverso le figure, le immagini, il significato delle parole di più alta frequenza d'uso suddivise per argomenti (ad esempio: il cibo, la casa, la famiglia, ecc.). Se ritiene che i suoi studenti abbiano la possibilità di acquistarne uno, glielo consigli!

 3 Abbina i verbi del riquadro ai disegni.

Chiavi: 1 friggere; 2 assaggiare; 3 bollire; 4 arrostire; 5 tagliare; 6 mescolare; 7 cuocere al forno.

 4 Ascolta un cuoco italiano che spiega come si cucina *un pollo arrosto* e completa la ricetta.

Chiavi: 1 tagliare; 2 metterlo; 3 cuocere; 4 mettere; 5 friggere; 6 arrostirle; 7mescolarle.

Attività supplementare

Di seguito proponiamo uno schema, che può fotocopiare per i suoi studenti o sintetizzare alla lavagna, per utilizzarlo magari verso la fine dell'unità 4. E' un modo un po' particolare di esercitare il lessico.

ANCHE I RUMORI PARLANO

Ascolta, con la fantasia, questi rumori: forchette che toccano leggermente il piatto; una bottiglia viene stappata; si versa un liquido nel bicchiere; dopo aver bevuto una persona sospira…
Siamo a tavola, naturalmente. Scrivi le tue scelte nella colonna a destra:

a. tavola dove? *A casa, al ristorante, in un vagone - ristorante, ecc.*	
b. Com'è la tavola? *Tonda, quadrata, rettangolare,…* *La tovaglia è di plastica, di stoffa, a fiori,…* *Il servizio di piatti è raffinato, normale, in porcellana,…* *Le posate (cucchiaio, forchette, coltello) sono d'argento, d'acciaio,…*	
c. Quante persone ci sono a tavola? *Uno, due, tre, quattro…* *Maschi, femmine* *Bambini, ragazzini, ragazzi, giovani, adulti, anziani, vecchietti* *Parenti (padre, madre…), amici, colleghi, conoscenti casuali, amanti…*	
d. Perché sono lì? *È un pasto in famiglia, tra colleghi, di lavoro, di piacere, una festa per…*	
e. Cosa stanno mangiando? *Antipasto composto di…* *Primo piatto composto di…* *Secondo piatto composto di…* *Contorno composto di…* *Dolce, frutta, dessert, composti di…* *Bevande: acqua gassata o naturale, vino bianco, rosato rosso,…*	
f. Adesso succede un finimondo: piatti rotti, urla, pianti: perché?	

Sulla base di quello che hai scelto, descrivi la situazione poi racconta che cosa è avvenuto d'improvviso; confronta il tuo "finimondo" con quello scelto da altri compagni e alla fine votate l'idea migliore.

civiltà

2 E in Italia? La situazione è simile o diversa rispetto a tutti gli altri paesi?
Leggete le definizioni che seguono e trovate il negozio o il mestiere giusto tra quelli elencati.

Come sempre si consiglia di partire dall'elemento iconografico, può rivelarsi utile per un ripasso di alcuni elementi lessicali e può facilitare gli studenti nello svolgimento dell'attività. Il confronto con la situazione in altri paesi può essere un importante spunto di discussione per discutere delle differenze culturali.

Chiavi. 1\G; 2\E; 3\F; 4\A; 5\C; 6\B; 7\D.

Appunti:

grammatica

Le proponiamo un paio di esercizi che è libera di fotocopiare per i suoi studenti. Sono presi dal testo Mezzadri, M., *Grammatica essenziale della lingua italiana. Con esercizi*, II edizione, Guerra Edizioni, Perugia 2001.

Metti il verbo all'imperfetto. Scegli uno dei verbi del riquadro.

1 Quando ....*avevo*............... 12 anni, ... in una squadra di baseball.
2 All'età di 28 anni Nicola .... ancora all'università.
3 Da piccoli mio fratello ed io .... spesso le vacanze sul Lago di Garda.
4 La mia famiglia tanti anni fa .... una casetta in collina.
5 Giulio .... così innamorato di Elena che le .... sempre lettere lunghissime.
6 Questa mattina quando mi sono alzato, ...
7 Da bambino .... in centro.
8 Camilla .... 20 sigarette al giorno; poi improvvisamente ha smesso.

> *passare, nevicare, fumare, avere, bitare, giocare, andare, essere, avere, scrivere.*

> **Chiavi: 1** giocavo; **2** andava; **3** passavamo; **4** aveva; **5** era, scriveva; **6** nevicava; **7** abitavo; **8** fumava.

Riordina le frasi.

1 Mentre tornavo a casa,   **a** e noi bambini andavamo al mare.
2 Quando era bambina   **b** è arrivato Amilcare.
3 Mentre facevo la doccia,   **c** arrivavo spesso in ritardo.
4 In estate mio padre lavorava   **d** ho incontrato Francesco e suo padre.
5 Ieri sera mentre leggevo il giornale, **e** Fernando andava subito in bar.
6 Quando andavo a scuola,   **f** è andata via la luce.
7 Quando il film è cominciato,   **g** Cristina andava spesso in piscina.
8 Appena smetteva di lavorare,   **h** c'erano poche persone nel cinema.

> **Chiavi: 2** g; **3** f/b; **4** a; **5** b/f; **6** c; **7** h; **8** e.

1 Completa il testo con un verbo all'imperfetto.

Chiavi: 2 capivo
3 vedevo
4 c'era
5 cantavano
6 sembrava
7 continuavo
8 avvicinavo
9 dovevo
10 aspettavano
11 faceva
12 avevo
13 era
14 sembravano
15 erano
16 stava
17 ero

 2 Cos'è cambiato nella vostra vita? Lavora con un compagno.
Fatevi delle domande e date le risposte.

Chiavi:	OGGI	DA BAMBINO
Cosa/piacere/mangiare?	Cosa ti piace…	Cosa ti piaceva…
Cosa/fare/nel tempo libero?	Cosa fai…	Cosa facevi…
Cosa/fare/in estate?	Cosa fai…	Cosa facevi…
Quali sport/praticare?	Quali sport pratichi?	Quali sport praticavi?
Quali programmi televisivi/guardare?	Quali… guardi?	Quali… guardavi?
Quali libri o giornali/leggere?	Quali… leggi?	Quali… leggevi?
A che ora/alzarsi/e/cosa /fare/al mattino?	A che ora ti alzi e cosa fai…	A che ore ti alzavi e cosa facevi…

3 Scegli tra passato prossimo e imperfetto, cerchiando la forma corretta.

Chiavi: 1 sono saltato
2 andavo
3 siamo arrivati
4 ho comprato
5 ho parlato
6 ho aperto, ho visto

 4 Completa le frasi con il passato prossimo o l'imperfetto.

Chiavi: 2 vedeva
3 mi ricordava
4 ero
5 andavo
6 sono andato
7 aspettavo/stavo aspettando
8 ho guardato
9 ero
10 capivo

 5 Fa' delle frasi come nell'esempio.

Chiavi: 2 quando sono uscito, stava piovendo.
3 Quando sono arrivato a teatro, l'opera stava iniziando.
4 Quando sono entrato nella mia camera, mia madre stava leggendo il mio diario.

Ripasso e ampliamento delle espressioni di luogo.

Si tratta di una ripresa a spirale di espressioni già trovate nel volume 1 e nelle unità precedenti.
Spesso, in questo volume, avremo delle riprese di questo tipo, che servono anche un po' per staccare dal tema dell'unità didattica in corso; quindi lei può decidere di svolgere questa attività in un momento diverso da quello previsto da noi.

 6 Metti la preposizione o espressione di luogo sotto la figura giusta.

Può anche stimolare gli studenti a prendere nota delle preposizioni che alcune di queste espressioni richiedono.

Chiavi: 2 sotto
3 dietro
4 davanti
5 tra
6 dentro
7 fuori
8 di fianco
9 attraverso
10 vicino
11 lontano

7 Completa la tabella con i contrari.

Chiavi: davanti; dentro; lontano; fuori.

 8 Completa le frasi con un'espressione di luogo.

Chiavi: 2 dietro l'
3 sulla/sopra la
4 lontano da
5 tra
6 vicino a, lontano da
7 sotto il
8 davanti allo

fonologia • L'italiano parlato nel Nord Italia   • /tʃ/ vs. /ttʃ/   • /dʒ/ vs. /ddʒ/

 1 Nell'attività 11 hai ascoltato la signora Porta parlare del cibo e della sua infanzia. La signora Porta è un parlante dell'Italia del nord, più precisamente di Milano. Vediamo alcune caratteristiche di questa varietà di italiano.

Si assicuri di aver già ascoltato il dialogo dell'attività 11 a cui la consegna di quest'attività si riferisce. Da quest'unità, iniziamo a descrivere le caratteristiche dell'italiano regionale. Può far leggere il post-it per introdurre il tema dell'Unità. È importante distinguere tra italiano regionale e dialetto, noi ci occuperemo solo del primo, ossia dell'italiano parlato nelle diverse zone d'Italia, caratterizzato in misura minore, o maggiore, da fenomeni locali. Ovviamente, queste descrizioni non possono essere complete ed esaustive e da sole non sono sufficienti per "riconoscere" un parlante regionale, ma vogliono dare agli studenti un'idea dei diversi italiani che possono ascoltare in Italia. Si assicuri inoltre che gli studenti capiscano il significato degli aggettivi *settentrionale, centrale, meridionale*. Il primo punto riguarda la pronuncia dei suoni vocalici [e/ɛ] (chiusa/aperta) che tendenzialmente (ma è solo una tendenza, non una regola!) sono pronunciati diversamente da un parlante centrale. In particolare si ha /ɛ/ come in *freddo* /'frɛd-do/ quando la vocale è in sillaba tonica ed è chiusa da una consonante diversa da «n», oppure quando è in finale di parola. Altri esempi sono: *quello, dentro, tre, professoressa* che un parlante settentrionale potrebbe pronunciare con /ɛ/ invece di /e/ come farebbe un parlante centrale, cioè: /'kwɛllo/, /'trɛ/, /professo'rɛssa/. Al contrario, quando la «e» è in sillaba tonica, non seguita da consonante si ha di solito una /e/ chiusa come in *be-ne, ge-lo, ze-ro* /'bene/, /'dʒelo/ /'dzero/. Mentre un parlante centrale pronuncerebbe /'dʒɛlo/ /'dzɛro/ ecc. Servendosi della cartina mostri in quali regioni si osserva questo fenomeno, ossia grosso modo in buona parte della Pianura Padana: Lombardia, Emilia Romagna, parte del Veneto. Un altro fenomeno tipico delle varietà di italiano del nord è la mancata realizzazione del raddoppiamento sintattico che abbiamo visto nell'Unità 3. Può far osservare la cartina geografica nella sezione fonologia dell'Unità 10 per vedere meglio in quali parti d'Italia si può ascoltare questa caratteristica, ossia nell'Italia centro-meridionale. In generale oltre al raddoppiamento sintattico, c'è la tendenza a non pronunciare intensi i suoni che non sono trascritti come doppi dall'ortografia. Ad esempio il suono /ʎ/ «-gl-» intenso quando si trova tra due vocali come in figlio /'fiʎʎo/ e che un parlante settentrionale, specialmente veneto, pronuncerebbe /'fiʎo/. Faccia presente agli studenti che nonostante queste caratteristiche e anche se un italiano centrale (o viceversa un settentrionale) nota subito una pronuncia diversa dalla propria, non ha nessuna difficoltà a comprendere il significato della parole e probabilmente non si sognerebbe mai di farlo notare al suo interlocutore, se non per scherzare.

 2 Ascolta questi brevi monologhi pronunciati da persone provenienti da diverse città del nord, del centro e del sud.

L'attività ha lo scopo di far ascoltare agli studenti degli altri esempi di italiano regionale. Le consigliamo uno o due ascolti. Se crede dopo il primo ascolto può chiedere agli studenti se hanno riconosciuto qualche caratteristica fra quelle descritte in precedenza. Inoltre, può chiedere agli studenti se hanno mai notato delle caratteristiche diverse nelle pronunce degli italiani e, se si tratta di una classe plurilingue, se anche nei loro paesi, oltre a una pronuncia "standard", ci sono pronunce regionali. Se la classe si dimostra interessata al tema delle varietà di italiano può proporre la visione di brevi spezzoni cinematografici in cui sia riportata la varietà di italiano esaminata. Per il milanese potrebbe andare bene anche qualche vecchio film con protagonista l'attore Renato Pozzetto. Bisogna tuttavia essere molto chiari con gli studenti: quello che noi cerchiamo di insegnar loro in un corso di italiano è una forma standard, generale, neutra di italiano, che sia comprensibile in ogni regione; le varietà interessano non sul piano della produzione futura dei nostri studenti, ma su quello della comprensione. Abituarsi alle diverse parlate regionali può quindi essere non solo un "vezzo" sociolinguistico, ma un contributo fondamentale all'approccio comunicativo.

3 Ascolta le parole e fa' un segno accanto alla parola che riconosci.

L'obiettivo di questa attività è la distinzione tra i suoni brevi /tʃ/ vs. /ttʃ/ e /dʒ/ vs. /ddʒ/. Questi suoni per essere pronunciati intensi presuppongono una maggiore forza articolatoria rispetto ai corrispondenti suoni brevi (cfr. Post-it). Inoltre, l'attività ha lo scopo di verificare anche la resa ortografica di questo gruppo di suoni, perciò un'attenzione particolare va data anche all'uso della lettera "i" come con le vocali "a", "o" e "u" che altrimenti sarebbero prounciate /ka/, /ko/, /ku/. Proponga due o tre ascolti ed eventualmente dei controlli intermedi in coppia, tra studenti.

> **Chiavi:** passeggero; goccia; viaggiare; villaggio; Sergio; lacci; posteggi; salsicce; agiato; annunci; carciofo; capace; abbraccio; proteggere; congelare; agitare; seggiola.

Il post-it fa riferimento alle caratteristiche articolatorie dei due suoni intensi. Faccia notare come la pausa che precede l'articolazione del suono intenso è tanto più lunga, quanto più è intenso il suono. In questo senso, può essere d'aiuto provare a pronunciare parole inventate come *go-ccia, ra-gggio* ecc. per sottolineare la pausa che precede l'articolazione di questi tipi di suoni intensi.

4 Insieme a un compagno leggi le parole dell'esercizio precedente.

Faccia leggere in coppia le parole dell'attività precedente, prestando attenzione alla distinzione tra suoni brevi e intensi.

sommario
Abbina le frasi o espressioni alla descrizione sotto.

> **Chiavi:** a con 4; b con 2; c con 6; d con 1; e con 3; f con 5.

UN CRUCIVERBA IMPERFETTO…

TEST

1 Trova le 6 espressioni di luogo nascoste nella tabella.

A	D	F	U	T	D	U	A	S	O	F
N	U	T	S	A	C	O	V	S	I	O
B	L	M	*D*	*I*	*E*	*T*	*R*	*O*	A	C
C	O	L	F	D	H	E	R	T	N	U
E	O	V	*D*	*A*	*V*	*A*	*N*	*T*	I	P
S	*O*	*P*	*R*	*A*	I	B	U	O	Z	A
P	B	R	R	A	C	A	S	D	G	P
A	C	T	E	A	I	M	D	A	U	B
E	T	Z	D	A	N	M	T	C	I	O
A	I	S	A	I	O	*F*	*U*	*O*	*R*	*I*

2 Associa a ogni alimento le caratteristiche più corrispondenti.

	Pane	Formaggio	Frutto	Vino	Latte	Caffè	Prosciutto	Uovo
maturo			x					
crudo							x	x
intero				x				
Invecchiato		x		x				
secco	x		x	x				
dolce		x	x	x			x	
piccante		x						
forte		x		x		x		
aspro				x				
scremato					x			
marcio		x						x

3 Associa il verbo alla definizione.

Chiavi: D 1; A 2; C 3; B 4.

4 Associa i verbi agli alimenti corrispondenti. Osserva l'esempio.

	Latte	Carne	Burro	Zuppa	Cipolla	Pane	Pomodoro
tagliare		x					
versare	x			x			
fondere			x				
pelare					x		x
tritare		x			x		

5 Completa il testo con l'imperfetto, *stare* più gerundio o il passato prossimo dei verbi tra parentesi.

Chiavi: stavo guardando; aspettavo; ha chiamato; ho riconosciuta; ho visto; era; è venuta; ha telefonato; aveva; ha detto; stava cercando; ho invitata; hai dato; ha chiesto; mangiavamo; abbiamo deciso.

1 Osserva le foto. Secondo te che mestiere fa Cinzia Preite?

 2 Pensi di aver avuto una buona idea? Lavora con due compagni.
Confrontate le vostre idee e scegliete la più originale.

Come sempre queste attività sono fondamentali per aprire la mente al testo che segue.

 3 Leggi velocemente il testo e completa le frasi che lo riassumono.

Chiavi: **1 pubblicitario di una ditta.**
2 Sulle colline nella Provincia di Lucca.
3 Prodotti derivati dal lavoro delle api: miele, propoli, pappa reale, cera.
4 In tutto il mondo.

Approfondimento culturale

In questi anni in Italia abbiamo assistito a un incredibile e imprevedibile aumento dell'interesse per i prodotti naturali, per la difesa ambientale, per lo stile di vita "tradizionale" – anche se questa nuova tendenza si sposa con un consumismo sempre più sfrenato, con la percentuale più alta al mondo di cellulari in rapporto alla popolazione, e così via.

Il segnale di inizio va trovato negli anni Ottanta, con la rinuncia all'energia nucleare; negli anni Novanta è partita la campagna contro gli "ecomostri", costruzioni abusive spesso enormi, con centinaia e centinaia di appartamenti: alla fine degli anni Novanta sono iniziate le prime demolizioni.

Poi, è esplosa la vicenda della "mucca pazza", che ha segnato un punto di non ritorno: se possono, gli italiani sono disponibili a spendere di più per avere carne proveniente da animali nutriti in maniera naturale, cioè con vegetali; nei mercati si trova sempre più spesso frutta "biologica", cioè cresciuta senza concimi chimici e senza pesticidi; anche le cantine offrono vino biologico e la domenica bisogna prenotare per trovare un posto in un agriturismo, cioè ristoranti legati a una fattoria e in cui almeno il 20% sia prodotto dalla fattoria stessa.

Il testo sulle api va collocato in questa prospettiva, che sta a metà tra il maniacale, il preoccupato, l'ecologismo convinto, il semplice rincorrere una moda "radical chic", come si suol dire.

4 Leggi attentamente la parte di testo che si intitola *L'ape* e se necessario correggi le affermazioni.

Chiavi: 2 le api operaie e le api esploratrici lavorano per procurare il cibo per tutto l'alveare.
  3 Nell'alveare vi sono diversi compiti.
  4 La cera che le api producono serve per creare le celle per gli individui giovani.
  5 Quando l'alveare diventa troppo numeroso si divide.
  6 Va bene.

5 Leggi il testo che riguarda i prodotti della ditta *Le nostre api* e rispondi alle domande.

Chiavi: 2 miele; 3 propoli; 4 cera; 5 miele; 6 pappa reale.

6 Cinzia parla del proprio lavoro. Ascolta quello che dice e indica se le affermazioni sono vere o false.

Presentatore: Per la nostra trasmissione Domani è un altro giorno… oggi abbiamo Cinzia come ospite che ci racconterà della sua vita e di come è arrivata a essere…scopriamolo insieme.
Cinzia a te. Riesci a riassumerci qualcosa della tua vita?
Cinzia: Eccomi qua… Cercherò di essere rapida! Quando ho finito l'università non sapevo cosa fare…
Tutti me lo dicevano che era un momento difficile e che non sarebbe stato facile crearsi un futuro. E infatti…
Io ho due grandi passioni: la natura e le api, ma ho studiato economia e commercio. I miei genitori hanno una ditta e pensavano che io sarei andata lì a lavorare.
Io glielo ripetevo sempre che non mi interessava. Non volevo vivere in città… e così, grazie a mia nonna che mi ha lasciato la sua casa di campagna e a mio marito, ho detto basta e me ne sono andata.
Mio marito adora l'informatica e me ne ha insegnato un po', giusto quanto basta per far funzionare il computer, la rete, la posta elettronica.
E adesso vivo qui tra api e computer, vendendo miele, pappa reale, ecc. in tutto il mondo attraverso la rete…

Chiavi: 2 falso
  3 falso
  4 falso
  5 falso
  6 vero

7 Ascolta nuovamente la registrazione e completa le nuvolette.

Chiavi: 1 tutti me lo dicevano che era un momento difficile.
  2 Lo glielo ripetevo sempre che non mi interessava.
  3 Ho detto basta e me ne sono andata.

8 Cinzia sta lavorando con la sua segretaria. Completa il dialogo.

Cinzia: Allora, Francesca, c'erano varie cose da fare oggi. Hai parlato al Sig. Ferraro dell'ultima spedizione?
Francesca: Sì, gliene ho parlato questa mattina.
Cinzia: Hai mandato il fax con l'offerta alla Ditta Antonioli?
Francesca: No, non gliel'ho ancora mandato.
Cinzia: E quando lo farai?
Francesca: Lo sto scrivendo. Glielo spedisco tra dieci minuti.
Cinzia: Ah, devi telefonare a quelli dell'assistenza dei computer per dirgli che il server è rotto.
Francesca: Guardi che gliel'ho già detto ieri. Vengono oggi verso le 6.
Cinzia: E quando ce lo riportano?
Francesca: Dicono che ce lo possono riportare fra tre giorni.

abilità

All'uso del telefono bisognerebbe dedicare molto tempo. E' un sistema di comunicazione piuttosto difficile da utilizzare come tutte le volte che la comunicazione verbale non può avvalersi di altri canali che la facilitano: ad esempio la mimica facciale, la gestualità, la lettura delle labbra, ecc. In **Rete!** sono varie le occasioni dedicate all'uso del telefono, ma è in un testo di italiano per il commercio, che consigliamo, che il sillabo del telefono acquista un ruolo più importante: Pelizza, G., Mezzadri, M., *L'italiano in azienda*, Guerra Edizioni.

 1 Ascolta la conversazione telefonica tra il Sig. Del Re e la segretaria del Dott. Aloisio.

Segretaria: Pronto, studio del Dott. Aloisio, buongiorno.
Silvano: Pronto. Buongiorno, sono Silvano Del Re, vorrei parlare con il Dott. Aloisio, per favore.
Segretaria: Mi dispiace, in questo momento non c'è. Posso esserle utile?
Silvano: Ho urgente bisogno di vederlo per un problema piuttosto grave di cui non vorrei parlare per telefono.
Segretaria: Posso fissarle un appuntamento se desidera. Il dottore ha tempo martedì alle 15. Può andarle bene.
Silvano: No, no, è troppo tardi. Non è possibile raggiungere il dottore per telefono? Preferirei parlare con lui direttamente.
Segretaria: Guardi, il dottore è fuori tutto il giorno, lo troverà domani. Se vuole può lasciare un messaggio.
Silvano: A che ora pensa che tornerà?
Segretaria: Non lo so, se vuole può darmi il suo numero di telefono e la faccio richiamare appena ritorna.
Silvano: Sì, le lascio il numero del cellulare: 335/5676858.
Segretaria: Un attimo per favore… me lo può ripetere?
Silvano: Certamente: 335/5676858.
Segretaria: Mi scusi come ha detto che si chiama?
Silvano: Silvano Del Re.
Segretaria: Perfetto Sig. Del Re, darò il suo messaggio al Dott. Aloisio appena possibile.
Silvano: Ora che mi ricordo… non c'è anche un altro medico nel vostro studio?
Segretaria: Sì, la Dott.ssa Ferraro.
Silvano: Me la può passare, per favore?
Segretaria: Attenda in linea, vedo se è disponibile.
Mi dispiace ha l'interno occupato. Vuole aspettare in linea o richiama.
Silvano: Aspetto in linea, grazie.
Segretaria: D'accordo.

Segretaria: L'interno della dottoressa è libero, gliela passo. Arrivederci.
Silvano: Meno male, grazie per la sua disponibilità, arrivederci.
Segretaria: Arrivederci

Chiavi: queste sono le espressioni da sottolineare:	
Pronto. Vorrei parlare con…, per favore.	**Le lascio il numero del cellulare.**
Mi dispiace, in questo momento non c'è.	**Un attimo per favore… me lo può ripetere?**
Posso esserle utile?	**Me la può passare, per favore?**
Posso fissarle un appuntamento se desidera.	**Attenda in linea, vedo se è disponibile.**
Se vuole può lasciare un messaggio.	**Mi dispiace ha l'interno occupato.**
A che ora pensa che tornerà?	**Vuole aspettare in linea o richiama?**
La faccio richiamare appena ritorna.	**Arrivederci.**

2 Il Sig. Del Re riesce a risolvere…

Chiavi: sì, almeno in parte. Parla con un altro medico.

 3 Ora tocca a voi.

 4 Ripetete la conversazione invertendo i ruoli.

Per far bene questo roleplay sarebbe bene invitare gli studenti a sedersi schiena contro schiena.

 5 Ascolta i messaggi e scrivili.

Una tipica situazione al telefono è quella di prendere messaggi. In sostanza è una trasposizione di quanto gli studenti già sanno fare quando devono prendere appunti da un testo orale. Glielo dica per rassicurarli e renderli consapevoli di quanto stanno facendo.

1
Diego: Pronto?
Antonella: Pronto, sono Antonella. Vorrei parlare con Francesca per favore.
Diego: Ciao Antonella, sono Diego. Francesca non c'è, mi dispiace.
Antonella: A che ora posso trovarla?
Diego: Dunque adesso sono le 6, sarà a casa fra un paio d'ore.
Antonella: Non riesco a richiamarla, potresti lasciarle un messaggio?
Diego: Certo, dimmi.
Antonella: Ho bisogno di parlarle, perché stanno arrivando i nostri amici francesi. Mi hanno detto che arrivano domani, che è sabato e io lavoro. Dille di chiamarmi domattina molto presto.
Diego: Va bene, glielo dirò.
Antonella: Ok, grazie, ciao.
Diego: Ciao.

2
Segretaria: Ditta Freschi, buongiorno.
Cliente: Pronto? Buongiorno, mi chiamo Piola, vorrei parlare con un addetto al commerciale per favore.
Segretaria: Il nostro responsabile, il Sig. Serena non è in ufficio in questo momento.
Cliente: E' una cosa un po' urgente. Vorrei lasciare un messaggio se possibile.
Segretaria: Prego, faccia pure.
Cliente: Allora, sono Piola, avrei bisogno di una fotocopiatrice digitale per sostituire la vecchia che non va più. Mi occorre un preventivo al più presto. Entro dopodomani, il 4 di aprile.
Segretaria: Benissimo. Abbiamo il suo numero di telefono?
Cliente: No, glielo do subito: 06 75433445.
Segretaria: Allora, 06 75433445. A posto.
Cliente: Grazie, arrivederci.
Segretaria: Grazie a lei, arrivederci.

Segreteria telefonica:
Risponde la segreteria telefonica della Ditta Orsini. I nostri uffici sono aperti dal lunedì al venerdì dalle 9 alle 12.30 e dalle 14.30 alle 18.30.
Se desiderate lasciare un messaggio, parlate dopo il segnale acustico. Se volete inviare un fax potete cominciare la comunicazione.
In caso d'emergenza chiamate il numero 335 44987602.

Sono della Cooperativa facchini I giovani. E' venerdì 3, sono le 12.45. I nostri incaricati verranno da voi questo pomeriggio alle 16. Se ci sono problemi, per favore chiamate il Sig. Sergio al numero 051 8675556. Grazie, arrivederci.

📖 **6 Leggi il fax che segue e completa la tabella.**

> Chiavi: 2 gent.; 3 come da accordi; 4 ringraziando anticipatamente e in attesa di una sua pronta risposta, porgo; 5 distinti saluti.

Approfondimento culturale

Una volta si diceva che l'Italia era il paese degli scrittori: "e se non sanno di Lettere, almeno scrivono lettere", proseguiva il gioco di parole. Oggi le lettere sono praticamente scomparse, se non quelle ufficiali, gli inviti e così via. Nel 2000 il servizio postale ha iniziato una fase di privatizzazione e di risistemazione, per cui in effetti oggi le lettere arrivano entro 24 ore (si tratta della cosiddetta "posta prioritaria", il cui francobollo costa più di quello normale) e i proverbiali ritardi della posta non sono più all'ordine del giorno. Ciò nonostante, gli italiani non scrivono più lettere. Per un certo periodo il fax ha preso il posto della lettera tradizionale e ancora oggi se la comunicazione ha una certa urgenza si usa il fax, che è abbastanza diffuso anche presso le famiglie, non solo negli uffici. Oggi la comunicazione scritta interpersonale ha preso due strade:

a. la posta elettronica, che in realtà non usa proprio l'italiano "scritto", quanto piuttosto una trascrizione dell'orale,

b. gli SMS, cioè i messaggi inviati attraverso il telefono cellulare. I ragazzi sono continuamente impegnati a scrivere messaggi (cosa complicatissima, visto che ogni tastino numerico corrisponde a tre o quattro lettere!... ma i ragazzi sono abilissimi e veloci). Una delle ragioni sta nel fatto che anche quando la scheda ricaricabile del cellulare è vuota, per cui non si possono fare telefonate, a volte i messaggi SMS possono essere inviati comunque. E poi alcune compagnie telefoniche operanti in Italia concedono un buon numero mensile di messaggi gratuiti.
Per una ragione o per l'altra, resta il fatto che se aspettate una lettera da un italiano, soprattutto da un giovane… be', buona attesa!

lessico

 1 Abbina le foto alle parole del riquadro.

Le immagini sono in questo ordine:
segreteria telefonica, fax, dischetto, telefonino, fotocopiatrice, stampante, tastiera.

 4 Lavora con un compagno.

> **Chiavi per studente A:**
> **Preventivo** = documento che contiene i costi e le condizioni per la vendita di un oggetto.
> **Richiesta** = domanda.
> **Consegna** = l'azione del consegnare, ad esempio quando si portano le merci dal posto di produzione al cliente.
> **Trasporto** = l'azione del trasportare, ad esempio quando si portano le merci da un posto a un altro.
> **Interno** = un numero di telefono secondario che si raggiunge passando attraverso un centralino o direttamente. Molte ditte hanno più interni che corrispondono a diversi uffici.
> **Riunione** = un incontro con altre persone per questioni ad esempio di lavoro.
> **Segreteria telefonica** = macchina che risponde al telefono al posto delle persone e che permette di registrare messaggi.
> **Garanzia** = condizione che permette l'assistenza gratuita che riceve un prodotto in caso di problemi di funzionamento di solito per un anno dopo l'acquisto.

> **Chiavi per studente B:**
> **Assistenza** = la possibilità di riparare un oggetto che si rompe o di ricevere aiuto per il suo funzionamento da parte di chi l'ha prodotto o venduto.
> **Contratto** = un accordo che permette ad esempio di stabilire le regole per la vendita di qualcosa.
> **Quotazione** = determinazione del prezzo di un oggetto.
> **Accordo** = quando due o più persone hanno la stessa opinione o decidono di fare qualcosa che va bene a tutti.
> **Pagamento** = azione del pagare.
> **Gratis** = senza pagare.
> **Montaggio** = l'operazione che permette di mettere al loro posto i componenti di una macchina o altro.
> **Bonifico bancario** = operazione che una banca fa per dare a una persona (ditta, ecc.) una somma di denaro su richiesta di un'altra persona (ditta, ecc.).

Trova qui le chiavi della civiltà e un ulteriore lavoro di gioco sul lessico; se crede, può fotocopiare lo schema e darlo ai suoi allievi.

civiltà
ASPETTI DEL LAVORO

 1 Il nuovo millennio si apre...

Chiave: 1 in tutta l'Italia, mezzogiorno, centro e nord.
2 Nel mezzogiorno.
3 Le donne e soprattutto i giovani sono le categorie che hanno il più alto grado di disoccupazione.

lessico
Attività supplementare

ANCHE I RUMORI PARLANO
Ascolta, con la fantasia, questo rumore: una mano compone un numero sulla tastiera di un telefono...

È telefono fisso o cellulare? Dove si trova? *A casa, al ristorante, in un vagone-ristorante, per strada?*	
Com'è la persona? Con chi parla? *Maschi, femmine* *Bambini, ragazzini, ragazzi, giovani, adulti, anziani, vecchietti* *Parenti (padre, madre...), amici, colleghi, conoscenti casuali, amanti...*	
Com'è la voce della persona che ha chiamato? *Dura, dolce; calda, gelida; calma, tranquilla, agitata, arrabbiata; serena, preoccupata...*	
Perché ha chiamato? *È una chiamata di lavoro, di piacere, d'amore, di lite...*	
Adesso succede un finimondo: urla, pianto, il telefono viene buttato via: perché?	

Sulla base di quello che hai scelto, descrivi la telefonata, poi racconta che cosa è avvenuto d'improvviso; confronta il tuo "finimondo" con quello scelto da altri compagni e alla fine votate l'idea migliore.

grammatica

 1 Completa la conversazione con le risposte della segretaria.

> **Chiavi: 2** glielo mando tra un paio d'ore.
>
> **3** Gliel'ho già consegnata.
>
> **4** Glielo dirò/dico quando arriva.
>
> **5** Gliele mostrerò/mostro quando torna dalle ferie.
>
> **6** Glielo chiederò/chiedo domani.
>
> **7** Glielo dirò/dico sicuramente.

 2 Rispondi alle domande.

> **Chiavi: 2** sì, ce l'ha spiegata.
>
> **3** Sì, ce l'hanno consegnata alle 9.
>
> **4** Sì, te la presento subito.
>
> **5** Sì, gliel'ho detto.
>
> **6** Sì, ve l'ho detto ieri.

 3 Completa le frasi.

> **Chiavi: 2** visto che a mia moglie piacciono i fiori, oggi gliene compro/comprerò un mazzo.
>
> **3** Siccome Pablo non ricorda come si usa il futuro in italiano, domani glielo spiego/spiegherò.
>
> **4** Dato che Vittorio non ricorda il mio numero di telefono, l'ho chiamato e gliel'ho ripetuto.
>
> **5** Dato che Michela adora i libri di Camilleri*, la settimana scorsa gliene ho regalato uno.
>
> **6** Visto che non so usare il computer ho chiesto a Matteo di scrivere la lettera e gliel'ho dettata.

* Andrea Camilleri

E' fenomeno letterario degli ultimi anni del XX° secolo: regista televisivo (è suo l'adattamento delle storie di Maigret, recitate da Gino Cervi in una mitica edizione in bianco e nero degli anni Sessanta), docente di regia all'Accademia Cinematografica di Roma, aveva pubblicato qualcosa in edizioni limitate negli anni settanta.

Negli anni Novanta l'editore siciliano Sellerio ha iniziato a pubblicare i suoi romanzi, spesso ambientati nella Sicilia dell'Ottocento, alternandoli con romanzi polizieschi (molto calcati su quelli di Simenon e del catalano Montalbán) in cui il Commissario Montalbano scopre la vera natura dell'anima sicula.

La grande invenzione di Camilleri è la lingua: un italiano con interferenze sicule, che alla fine diventa un vero e proprio linguaggio di culto per i suoi appassionati lettori.

A un certo punto, nell'estate del 1999, i primi sei libri nella classifica dei libri più venduti in Italia erano tutti di Camilleri. Questo non aiuta i critici sofisticati ad amarlo… ma provate a leggerne uno, soprattutto di quelli ambientati nell'Ottocento e comprenderete sulla mafia e il suo ruolo molto, forse più di quanto potreste cogliere con un'intera collezione di saggi sociologici sul fenomeno.

Camilleri svolge anche attività di critico e storico, sempre interessato però alla Sicilia.

4 Completa le frasi con *niente/nulla* o *nessuno*.

Chiavi: 2 nessun; 3 niente/nulla; 4 niente/nulla; 5 nessuno; 6 niente/nulla.

5 Completa le frasi con *ogni, ognuno, qualcosa, qualcuno, qualche o alcuni*.

Chiavi: 1 qualcosa; 2 ognuno, qualcosa; 3 qualche; 4 qualcuno; 5 alcuni; 6 alcuni.

Proponiamo alcuni esercizi aggiuntivi che lei potrà liberamente fotocopiare per usare con i suoi studenti. Sono tratti da Pederzani, L., Mezzadri, M., *Grammatica essenziale della lingua italiana. Esercizi supplementari e test*, Guerra Edizioni, Perugia 2001.

Metti i pronomi.

1. Se vuoi le mie chiavi di casa, ...*te le*........ posso dare domani.
2. Ho finito la birra. .... puoi andare a comprare tu?
3. Vi presterei dei soldi, ma .... servono troppi.
4. Dove avete preso questi orologi? .... ha comprati Antonio in Svizzera.
5. A Rinaldo piacciono i cioccolatini al latte. Voglio comprar................ una scatola.
6. Ho saputo che sei stato ammalato. .... ha detto tua sorella.
7. Vorrei dei fogli di carta per prendere appunti. Certo, quanti .... occorrono?
8. Abbiamo mangiato al ristorante "da Vanna" perché................... ha consigliato un amico fidato.
9. Se non avete ancora preso il cellulare .... regalo io.
10. È morto il cane di Gianni. Chi .... dice adesso?
11. Non conosciamo ancora le tue amiche. .... puoi descrivere un poco?
12. So già di che cosa si tratta perché .... ha parlato ieri il mio collega.
13. Mi piacciono molto i vostri guanti. Chi .... ha regalati?
14. Signora Antelmi, se Le interessa questa gonna .... posso vendere a basso prezzo.
15. Bella questa penna! Prendila, ... regalo.

Chiavi: 2 me la; 3 ve ne; 4 ce li; 5 gliene; 6 me l'; 7 te ne; 8 ce lo; 9 ve lo; 10 glielo; 11 ce le; 12 me ne; 13 ve li; 14 gliela; 15 te la.

Rispondi alle domande.

1. Chi ha scritto tutte quelle lettere a Roberta?
   ....*Gliele ha scritte*......... il suo fidanzato.
2. Chi vi ha detto di venire a quest'ora?
   .... la sua segretaria.
3. Mi avete spedito voi la cartolina da Parigi?
   No, ... nostra cugina.
4. Ci fate conoscere, per favore, le vostre intenzioni?
   No, ... perché non vi riguardano.
5. Sei stata tu a dare le mie cassette a Pierluigi?
   No, ... tuo fratello.
6. Chi vi ha preparato le lasagne?
   .... nostra madre.

Chiavi: 2 ce l'ha detto; 3 te l'ha spedita; 4 non ve le facciamo conoscere; 5 gliele ha date; 6 ce le ha preparate.

6 Scegli la parola corretta.

Chiavi: 2 poco; 3 nessuno; 4 niente; 5 qualche 6 poche.

fonologia • Come rispondere al telefono • /r/ vs. /rr/; • /l/ vs. /ll/

1 Ascolta come rispondono al telefono e di' se l'intonazione è interrogativa (ascendente) o...

In quest'attività è ripresa la distinzione tra intonazione ascendente e discendente. I due tipi di intonazione sono realizzati attraverso i diversi modi in cui si può rispondere al telefono. Un paio di ascolti dovrebbero essere sufficienti, ma eventualmente può proporne un terzo. Gli studenti debbono distinguere quale delle due intonazioni caratterizza i parlanti. L'attività continua anche nell'esercizio seguente nel quale si possono leggere anche le frasi ascoltate. Faccia attenzione alla frase *d)* che nella prima parte utilizza un modulo di risposta tipicamente interrogativo (*pronto?*) mentre la seconda parte impiega un'intonazione di tipo conclusivo (*qui casa Noto*, cfr. le chiavi). Sfrutti l'eventuale incertezza degli studenti rispetto a questa frase come occasione di confronto in gruppo, stimolando gli studenti a esprimere la loro opinione a riguardo. Come preparazione alla prossima attività, può chiedere agli studenti quali sono i possibili contesti d'uso di queste risposte, ossia chi potrebbe utilizzare questi moduli comunicativi. Faccia notare come le cinque risposte telefoniche sono caratterizzate da un diverso grado di formalità e si riferiscono a contesti d'uso diversi. Le frasi *a), b)* e *d)* sono le tipiche risposte a disposizione di un parlante italiano, benché *a)* e soprattutto *d)* siano più marcate in senso formale. La frase *c)* è tipicamente la risposta di una segretaria in un ufficio, o comunque in un luogo pubblico, mentre *e)* è un disco registrato che precede la comunicazione vera e propria con un operatore telefonico.

Chiavi: intonazioni: ascendenti/interrogative a; b; d. Discendenti/conclusive c; d; e.

 2 Nella prima colonna ci sono le frasi dell'attività precedente.

Prosegue l'attività precedente. Agli studenti è richiesto di formare dei brevi dialoghi scegliendo una continuazione per le frasi dell'attività precedente. Naturalmente, in questo caso, non esistono delle risposte univoche e vi è più di un possibile abbinamento. Tuttavia, le caratteristiche di formalità che erano state individuate in precedenza, sono rispecchiate anche nelle battute del possibile interlocutore. Inoltre, certe parole contenute nelle frasi della seconda colonna, richiamano i contesti d'uso espressi dalle frasi della prima colonna. Ad esempio, in *1)* la parola *direttore* si associa a un ipotetico *Istituto Gamma* e così via. Infine, faccia notare che in *e)* l'espressione *numero verde* indica quei numeri telefonici che possono essere chiamati gratuitamente, di solito questi numeri hanno il prefisso 800.

Chiavi: b 3; c 1; d 2; e 4.

 3 Leggi i dialoghi dell'attività precedente con un compagno.

Faccia leggere i dialoghi in coppia, faccia prestare attenzione all'intonazione delle frasi nella prima colonna.

 4 Ascolta le parole e fa' un segno nella colonna corrispondente.

Si ascoltano le seguenti parole: 1 pelle; 2 sorriso; 3 blusa; 4 bere; 5 vele; 6 terrazza; 7 sviluppo; 8 berrò; 9 talento; 10 fallito; 11 brutto; 12 molto; 13 condurre; 14 bollito; 15 farò; 16 morto.

L'obiettivo di quest'attività è la distinzione dei suoni brevi /l/ e /r/ dai rispettivi suoni intensi /ll/ /rr/. Tuttavia, la stessa distinzione dei suoni /l/ e /r/ può costituire di per sé un ulteriore motivo di difficoltà per alcune lingue madri. Consigliamo tre ascolti, il primo soltanto ascoltando e gli altri due invece risolvendo l'esercizio. Dopo aver corretto dando le chiavi, le suggeriamo di scrivere sulla lavagna le parole, oppure dettarle facendole scrivere agli studenti.

Chiavi: /l/: 3; 5; 7; 9; 12. /ll/: 1; 10; 14. /r/: 4; 11; 15; 16. /rr/: 2; 6; 8; 13.

Il post-it si riferisce alle caratteristiche dei suoni /l/ e /r/ che appartengono al gruppo dei suoni continui; quindi, la differenza tra il suono breve e il corrispettivo intenso è data dalla maggiore lunghezza di quest'ultimo e non da una maggiore intensità articolatoria. Faccia leggere in coppia le parole dell'esercizio precedente.

sommario

Abbina le frasi o espressioni alla descrizione sotto.

> Chiavi: a con 9; b con 2; c con 6; d con 7; e con 4; f con 10; g con 3; h con 5; i con 1; j con 8.

TEST

1 Completa i brevi dialoghi delle vignette con i pronomi combinati.

> Chiavi: glielo; me le; glieli; te lo; ve la; te la.

2 In questi brevi dialoghi ci sono 5 errori.

> Chiavi: 1 me lo ha regalato la Sara...
> 2 gliel'ho detto altrimenti...
> 3 l'ha fatto scoprire...
> 4 te lo scrivo su un foglietto...
> 5 gliela mando subito...

3 Riordina la conversazione telefonica numerando le frasi nella colonna a destra come nell'esempio.

Segretaria:	Buongiorno studio legale Merlino.	1
Lenzi:	Buongiorno, mi chiamo Lenza, c'è l'avvocato per favore?	2
S:	Glielo dirò senz'altro, vuole fissare già un appuntamento?	5
L:	Glielo do immediatamente. È lo 03491630665, mi raccomando...	10
L:	Me lo immaginavo. Senta, può dirgli quando rientra di chiamare subito Lenza? Lui mi conosce. Gli dica che è per un problema urgente.	4
L:	No, ho bisogno di un consiglio urgente, devo sentirlo prima. Senta, non a mica il numero del cellulare?	8
L:	Per quando me lo darebbe?	6
S:	L'avvocato riceve domani dalle 15 alle 18.	7
S:	Mi dispiace, l'avvocato in questo momento è fuori studio.	3
S:	Non si preoccupi, glielo metto subito sulla sua scrivania. Appena torna La chiamerà subito.	11
S:	Se vuole glielo do, ma quando è in udienza lo spegne e non è possibile raggiungerlo, se mi lascia un recapito telefonico la faccio richiamare appena rientra.	9
L:	La ringrazio molto.	12
S:	Si figuri, arrivederci.	13
L:	Arrivederci.	14

4 Trova i sette aggettivi o pronomi indefiniti che si nascondono nella tabella.

Q	S	A	U	N	P	O'	C	O		E	E
U	F	B	O	M	O	N	B	G	T	O	P
A	E	Q	U	I	C	G	C	N	S	R	A
L	E	U	C	E	O	R	E	U	S	A	N
C	L	A	O	F	D	I	A	N	E	A	T
O	A	L	C	U	N	I	D	O	L	E	A
S	A	C	E	N	S	A	V	L	U	O	T
A	C	H	A	R	I	C	U	L	T	E	N
N	N	E	S	S	U	N	O	A	U	S	P

5 Completa i seguenti messaggi di segreteria telefonica...

> Chiavi: qualche; alcuni; nessuna; qualcuno; qualcuno; qualcosa; nessuno; niente; qualche; ognuno; alcuni.

1 Cosa è successo alle persone?

Passando tra i banchi ascolti le supposizioni che fanno gli studenti e alla fine con tutta la classe scelga le più originali. Faccia attenzione all'uso dell'imperfetto e del passato prossimo. In particolare cerchi di far riaffiorare i ricordi riguardo all'accordo del participio passato nelle forme del passato prossimo. Per studenti la cui madre lingua non conosce la distinzione tra perfetto e imperfetto questa è una nuova occasione di praticare la struttura.

Faccia notare la struttura e la costruzione dei due verbi: *farsi male* è riflessivo, quindi al passato prossimo vuole *essere* come ausiliare. La costruzione: *farsi male a* una parte del corpo. *Fare male* è con il verbo avere al passato prossimo. Può essere usato nel senso ti far male a qualcuno: - Marcello ha fatto male al suo fratellino, dandogli un calcio. Oppure in un altro senso: - Dopo tanta ginnastica <u>mi</u> fanno male i muscoli. E <u>a te</u> no? I due esempi: Giorgio è caduto e si è fatto male a una gamba. Ieri mi ha fatto male la testa tutto il giorno.

 2 Ascolta le conversazioni e individua le persone che parlano nella figura.

Prima di fare l'attività 2, torni alle ipotesi formulate per l'attività 1. L'uomo ha preso un pugno dalla moglie, perché è tornato troppo tardi. La donna ha mangiato funghi velenosi.

1
Dottore: Buongiorno, mi dica cosa è successo?
Paziente (uomo): Guardi, non lo so. Stavo entrando in casa e appena ho aperto la porta ho sentito molto male alla faccia, forse all'occhio e poi più niente.
Dottore: Quando è successo?
Paziente: Quando sono tornato a casa, verso le cinque questa mattina.
Dottore: Lei è sposato?
Paziente: Sì, mia moglie era in casa, ma dice che non ha visto nessuno…
Dottore: Lei lavora di notte?
Paziente: No, ero fuori con alcuni amici…
Dottore: Ho capito… Mi faccia vedere l'occhio… Dunque non mi sembra ci sia niente di grave, per il momento dovrebbe tenerlo coperto con una fascia e…

2
Paziente (donna): Mi fa malissimo, non so dove stare?
Dottore: Cosa le fa male? Che cosa è successo?
Paziente: Non lo so. Ero a letto e di colpo ho cominciato a stare così.
Dottore: Dove le fa male? Qui?
Paziente: Ahi! Per carità non mi tocchi! Mi fa male dappertutto, davanti, dietro. Lo stomaco, la pancia, la testa, tutto!
Dottore: Ha preso qualche pillola per dormire o altre medicine?
Paziente: Ma no, si figuri, con quattro figli appena arrivo a letto mi addormento subito e non mi alzerei più.
Dottore: Cos'ha mangiato ieri sera? Ha vomitato?
Paziente: No, sono uscita con mio marito, lui si è mangiato una pizza, io invece un piatto di funghi fritti che erano la fine del mondo.
Dottore: Signora, dovrebbe cercare di stare calma. E' necessario cercare di ripulirle lo stomaco e al più presto.
Paziente: Cosa dovreste fare? Ma guardi che forse adesso mi passa…
Dottore: Infermiera per favore, prepari tutto per la lavanda gastrica. E' molto urgente!

> **Chiavi: 1 uomo con l'occhio nero; 2 donna che si tiene lo stomaco per il dolore.**

 3 Quali parti del corpo fanno male ai due pazienti?

Chieda agli studenti di scrivere i nomi delle parti del corpo che sentono.

> **Chiavi: 1 faccia e occhio; 2 pancia, stomaco, testa.**

 4 Che verbo usa il medico per dare consigli ai due pazienti?

Nella sezione dedicata alla grammatica vengono presentati altri verbi al condizionale. Qui è sufficiente che gli studenti prendano atto delle desinenze del condizionale e che comincino a utilizzarle, oltre ovviamente a capire la funzione espressa con la forma *dovrebbe*, ecc.

 5 Siete in forma?

Come introduzione all'attività, potrebbe essere l'occasione per riflettere sui diversi canoni estetici nei vari paesi. In Italia oggi sia per la donna che per l'uomo essere belli significa essere magri e in forma, con muscoli forti. Ma non in tutto il mondo magro è sinonimo di bello. Cosa succede nei paesi degli studenti?

6 Sai come si fa per mantenersi in forma?
   Leggi velocemente l'articolo e scegli un titolo per ogni paragrafo.

Chieda agli studenti se fanno attività fisica per mantenersi in forma e che cosa fanno, in modo da elicitare o eventualmente proporre alcuni termini che incontreranno nella lettura.

7 Leggi nuovamente l'articolo e rispondi alle domande.

Le risposte possono essere espresse con una certa libertà, senza necessariamente ricopiare le parole del testo.

Appunti:

_____

_____

_____

_____

_____

_____

_____

_____

_____

_____

_____

_____

_____

_____

_____

_____

_____

_____

_____

_____

_____

_____

_____

_____

_____

_____

_____

_____

8 Leggi ancora una volta il testo e sottolinea le parole che indicano parti del corpo. Poi scrivile negli spazi a fianco della figura.

Prima di fare quest'attività chieda agli studenti se condividono i consigli del testo e se hanno altre cose da proporre.

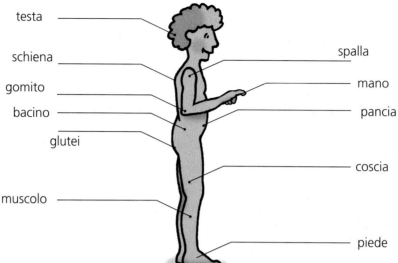

testa

schiena

gomito

bacino

glutei

muscolo

spalla

mano

pancia

coscia

piede

lessico

 1 Guarda la foto e scrivi le parole negli spazi tratteggiati.

Quest'attività serve per espandere il lessico incontrato nella precedente.
E gli esercizi che seguono per consolidare il lessico presentato.

Attività supplementare.

Con studenti le cui culture non rifiutano un certo contatto fisico, se vuole può fare la seguente attività.
Prepari tanti foglietti con parti del corpo scritte sopra. Poi faccia uscire quattro studenti e formi due coppie.
Chieda poi di sorteggiare un fogliettino che avrà messo insieme a tutti gli altri in un sacchetto.
La coppia che estrae la parola dovrà posizionarsi in modo da poter toccare la parte del corpo sorteggiata, con qualsiasi punto del proprio corpo. Poi tocca all'altra coppia estrarre e così di seguito continuando a estrarre parole e a toccare le parti indicate. Più aumentano le parole estratte e più diventa difficile mantenersi in equilibrio dato che non è permesso smettere di toccare le parti del corpo precedentemente estratte.
Vince chi riesce a estrarre più parole.

capelli

occhio

naso

bocca

collo

petto

polso

dito

coscia

ginocchio

caviglia

testa

orecchio

denti

labbro

spalla

mano

braccio

gomito

pancia

piede

2 Ora tocca a voi. Vi ricordate le parti del corpo?

Chiavi: 2 occhi; 3 orecchi; 4 denti; 5 gomito; 6 ginocchio; 7 caviglia; 8 dita.

Unità **6**
guida per l'insegnante
importante è la salute

 4 Quali parti del corpo sono le più importanti per ognuna delle seguenti persone.

Le risposte possono variare e si possono anche avere delle buone battute di spirito. In effetti tutte le parti del corpo sono importanti per tutti…

 5 In piccoli gruppi confrontate le vostre scelte.

Ascolti quanto dicono i gruppi e intervenga aiutando e dando suggerimenti.

 6 Cosa c'è che non va?

Le malattie vengono riprese in Rete! 3. Qui è sufficiente che gli studenti si abituino a usare la forma *mi fa/fanno male…*; suggerisca alcuni nomi di rimedi, oltre ad *aspirina*, anche *sciroppo per la tosse*, *pomata*, *crema*, ecc.
Faccia in modo che gli studenti capiscano che l'espressione *cosa c'è che non va* si usa solamente quando si vede che c'è qualcosa che non funziona.

abilità
Nelle attività di questa sezione si continua a sviluppare la capacità di prendere appunti da un testo, scritto come nell'attività che segue o orale come nell'attività del libro di casa. Si cerca però di fare un passo avanti utilizzando gli appunti per scrivere un riassunto del contenuto del testo.
Il testo proposto è però un po' difficile e tecnico. Consigliamo di svolgere l'attività insieme agli studenti e di condurla a meno che il vostro gruppo non sia particolarmente bravo.
Dopo una lettura collettiva la terza attività va fatta individualmente.

Vi proponiamo alcuni esercizi tratti da Mezzadri M., *Dizionario per immagini,* **eserciziario, II edizione, Guerra Edizioni, Perugia 2001.**

B) Indovina la parola

1. Possono essere lisci, mossi, biondi o rossi.
2. Sono vicini al cuore e sono necessari per la respirazione.
3. Tre organi della digestione.
4. E indispensabile per parlare.
5. Più ne hai e più sei forte.

```
    2
    P
    ☐    3I ☐   ☐   ☐   ☐   ☐   ☐   ☐   ☐
    ☐              ■   4L
1C  ☐   ☐   ☐   ☐   ☐   ☐
3S  ☐   ☐   ☐   ☐   ☐   ☐
    ☐                  ☐
    ☐              5M ☐   ☐   ☐   ☐   ☐   ☐
              3F ☐   ☐   ☐   ☐   ☐
```

Chiavi: 1 capelli; 2 polmoni; 3 stomaco, intestino, fegato; 4 lingua; 5 muscoli.

C) Elimina la pìarola che non c'entra.

1. Unghia, dito, piede, **fegato.**
2. Reni, cervello, capelli, sangue.
3. Polso, caviglia, ginocchio, ossa.
4. Labbro, ciglia, gamba, mento.

Chiavi: 2 capelli; 3 ossa; 4 gamba.

2 Trova nel testo parole o espressioni che hanno lo stesso significato di quelle che seguono.

Chiavi: malattie sempre presenti.	Malattie a carattere endemico.
Città.	Grandi centri abitati.
Regole igieniche che si devono applicare in ogni paese.	Norme igieniche da adottare in ogni paese.
Prendere queste malattie.	Contrarre tali patologie.
Che sembrano poter individuare le malattie più comuni e curarle.	Che sembra possano assicurare la diagnosi e la cura delle più comuni patologie.
Cliniche dove si può andare per problemi non molto gravi e che hanno medici preparati.	Cliniche… che dispongono di medici di buon livello, cui si può ricorrere per problemi sanitari.
A volte può essere difficile trovare alcune medicine.	Può talvolta risultare difficoltoso reperire particolari farmaci.
Queste strutture possono rimandare le persone ammalate nel loro paese o verso altri paesi sia in ambulanza che con aerei adatti per il trasporto di malati.	Queste strutture sanitarie sono comunque in grado di consentire rimpatri d'emergenza che possono essere effettuati via terra con autoambulanza o per mezzo di aerei.
Gli italiani che vanno in Mozambico dovrebbero avere un'assicurazione sanitaria privata che copra le spese per tornare in Italia.	I connazionali che intendono andare in Mozambico dovrebbero valutare l'opportunità di fare un'assicurazione sanitaria privata che preveda la copertura delle spese di rimpatrio.
Soggiorni.	Permanenze.

 3 Usa gli appunti della tabella dell'esercizio 1 e le spiegazioni dell'esercizio 2 per scrivere un breve riassunto del testo.

È un riassunto molto guidato per cui alla fine è possibile fare una correzione collettiva alla lavagna. Solleciti comunque domande sui dubbi degli studenti dovuti a differenze rispetto al testo scritto alla lavagna.

 4 Ci sono altre cose che Elena dovrebbe sapere prima di andare in Mozambico?

Le coppie devono prima parlare e trovare oralmente alcuni consigli possibili e poi scriverli. Alla fine con l'intera classe dia un'occhiata a quanto fatto.

Unità 6
guida per l'insegnante
importante è la salute

civiltà

 1 Hai mai visto degli italiani fare gesti?

E' molto importante in questa sezione confrontare i gesti degli italiani con quelli appartenenti alla cultura (o alle diverse culture) degli studenti: vedere quali gesti sono uguali e hanno anche lo stesso significato e invece quali gesti hanno significati diversi secondo le diverse culture. E' pure importante riflettere insieme agli studenti su come il gesticolare degli italiani sia considerato in modo negativo da altre culture e come un'errata interpretazione della gestualità possa spesso rendere difficile (se non impedire) una corretta comunicazione anche quando non esistono particolari problemi linguistici.

 2 Osserva le immagini...

Chiavi: 1\C; 2\B; 3\E; 4\A; 5\F; 6\D.

 4 Abbiamo chiesto alla dottoressa Silvia Manfredi...

Prima dell'ascolto, spiegare o elicitare scrivendo alla lavagna il significato delle seguenti parole: brusio, ammiccare, smorfia, interlocutore, imbarazzato, scandire.

Giornalista: - Dott. Manfredi, ma è poi vero che noi italiani gesticoliamo tanto, senza sosta?
Dott. – Le risponderò con un esempio. Si immagini di essere tra il pubblico a un congresso internazionale, però è seduto lontano da chi parla, tanto lontano da non sentire quasi la sua voce, come può riconoscere la nazionalità di chi parla? Se vede una persona calma, con le mani sul tavolo e un tono di voce bassissimo da non sentire nemmeno un vago brusio certamente si tratta di un inglese. Se invece scandisce…, dice le parole una a una senza muovere un solo muscolo della faccia, chi parla è senz'altro tedesco. Un francese muoverà forse una mano o tanto in tanto… Ma se si troverà davanti una persona che si agita sulla sedia, gesticola, fa smorfie e ammicca menti non c'è più dubbio, si tratta di un italiano.
Giornalista: - Ma è proprio un brutto difetto tutto questo gesticolare?
Dott. – Credo che una volta escluse le esagerazioni, che pure qualche volta ci sono, dobbiamo considerare questa nostra tendenza un elemento importante del nostro carattere e del nostro patrimonio culturale. Non dobbiamo dimenticare che l'Italia ha subito nel passato invasioni e dominazioni straniere, è sempre stata il centro di traffici economici internazionali. Non deve essere stato facile comunicare con persone di lingua diversa e noi abbiamo superato queste difficoltà appunto con i gesti. Il gesto è un mezzo di comunicazione usato da tutti i popoli vi sono gesti che sono simili in diverse culture, altri che appartengono solo alla nostra…
Giornalista: - C'è anche il fatto che noi italiani siamo per carattere e cultura estroversi….,
Dott. : Sì, è vero, rispetto ad altre culture la nostra è una cultura dell'esteriorità, abbiamo, in generale, un carattere aperto, siamo disponibili verso gli altri e lo dimostriamo anche con il corpo, con i gesti. Spesso gli stranieri sono imbarazzati dalla posizione che a volte prendiamo quando parliamo con qualcuno. Spesso stiamo molto vicino al nostro interlocutore e a volte lo tocchiamo. Molti stranieri si spaventano e non sanno bene come reagire..

Chiavi: 1 durante un congresso internazionale.
2 L'inglese è sempre calmo, parla a bassa voce e tiene le mani ferme sul tavolo.
3 Il tedesco dice le parole in modo chiaro una a una, e non muove mai un muscolo della faccia
4 Il francese forse muove una mano ogni tanto.
5 L'italiano si agita sulla sedia, gesticola, fa smorfie e ammiccamenti.
6 L'Italia è stata il centro di traffici economici internazionali e ha subito molte invasioni. I gesti aiutavano a comunicare.
7 Gli italiani sono in generale aperti, disponibili verso gli altri e usano anche il corpo per comunicare.
8 Stanno molto vicino alla persona con cui parlano.

grammatica

 1 E' bello essere gentili!

Chiavi: 2 dovreste; 3 verreste; 4 parleresti; 5 accompagneresti, avresti; 6 saprebbe.

 2 Rispondi alle domande.

Chiavi: la seconda parte delle frasi è libera.

2 La guarderei, ma ho un esame domani e devo studiare.

3 Ci verremmo, ma Silvia questa sera lavora.

4 Ci verrei, ma è il compleanno di Paolo e mi ha invitato alla sua festa.

5 Te lo darei, ma sto cambiando casa e non mi ricordo il nuovo indirizzo.

6 Lo berrei, ma mi fa male lo stomaco e il dottore mi ha detto di non bere alcolici.

 3 Se un giorno...

Quando gli studenti hanno finito di scrivere le frasi dica loro di passare direttamente a fare l'esercizio 4 in coppia. Sarà quella la correzione.

 4 Insieme a un compagno confrontate quello che avete scritto.

Dopo che gli studenti si sono letti a vicenda le proprie frasi, chieda a ogni membro delle coppie di leggere una frase del compagno. Corregga gli eventuali errori e chieda se ci sono dei dubbi.

 5 Forma delle frasi usando tutte e due le costruzioni possibili.

Chiavi: 2 potresti passarci il pane per favore?

Ci potresti passare il pane per favore?

3 Saprebbe dirmi quando parte il prossimo treno per Firenze?

Mi saprebbe dire quando parte il prossimo treno per Firenze?

4 Domani mi devo alzare presto.

Domani devo alzarmi presto.

5 Giorgia, perché piangi? Vorresti raccontarci cosa è successo?

Giorgia, perché piangi? Ci vorresti raccontare cosa è successo?

6 Se vi amate, dovreste sposarvi.

Se vi amate, vi dovreste sposare.

fonologia • Negazione: elementi per sottolineare il contrasto **2** • Cambio della vocale tematica nel condizionale semplice dei verbi in -ARE • /m/ vs. /mm/ e /n/ vs. /nn/

 1 Ascolta di nuovo queste due battute tratte dal dialogo iniziale tra il medico e il paziente.

Questa attività ha lo scopo di riprendere una battuta già ascoltata nei dialoghi iniziali, per mettere in luce un modulo lessicale di contrasto, molto comune nella lingua parlata, qual è l'espressione *si figuri*.

 2 Ti ricordi dei modi per esprimere un contrasto che abbiamo visto nell'unità 1? Nell'attività precedente ne abbiamo ascoltato un altro. Confrontalo con quello informale dell'unità 1.

Scopo di questa attività è mettere a confronto lo stesso modulo di contrasto, individuato nella precedente attività, con l'analogo corrispondente informale, già visto nell'Unità 1 (cfr Rete2, Unità 1, Fonologia, attività 1 e 2). Se crede, può fare riascoltare il materiale audio dell'Unità 1, per mettere maggiormente in risalto le caratteristiche intonative di questo modulo. Inoltre, se lo ritiene opportuno, può far notare come *si figuri* sia grammaticalmente un imperativo formale di 3° pers. sing. In cui il pronome è anteposto al verbo, mentre in *figurati*, imperativo, 2° pers. sing. Il pronome viene collocato in fondo al verbo.

 3 Hai fatto caso che i verbi della prima coniugazione...

 Si tratta di un'attività per indurre gli studenti a osservare il cambiamento della vocale tematica nei verbi della prima classe coniugati al condizionale, in modo analogo a quanto succede per il futuro. Faccia osservare la tabella agli studenti e faccia presente che vi sono alcune eccezioni importanti, ossia verbi che mantengono la «a» come vocale tematica: *dare, fare, stare* (e naturalmente andare). Infine, se crede, può ricordare che a causa di questo cambiamento di vocale tematica i verbi in *-ciare, -giare, -sciare* al condizionale e al futuro, perdono la «i» che è un puro segno grafico. Ad esempio, *mangiare fi mangerei, mangerò; rinunciare; rinuncerei; rinuncerò; fasciare; fascerei fascerò* ecc. Infatti, mentre la «i» è necessaria nell'ortografia per riprodurre i suoni /tʃ/ -c(i)- e /dʒ/ -g(i)- e /ʃ/ -sc(i)- quando questi sono di fronte alla vocale «a», la «i» non è più necessaria quando gli stessi suoni sono seguiti dalla vocale «e».

 4 Ascolta i gruppi di parole e fa' un segno nella colonna corrispondente.

Si ascoltano le parole: 1) cammino camino cammino 2) fumo fumo fumo; 3) avremmo avremo avremo 4) mangiammo mangiamo mangiamo 5) fammi fammi fammi 6) andremmo andremo andremmo 7) verremo verremo verremmo 8) saremmo saremmo saremmo.

L'obiettivo è la distinzione del suono breve /m/ dal suono intenso /mm/. Avvisi gli studenti che si tratta di serie di tre parole e non di coppie. Faccia ascoltare le parole tre volte, con un controllo intermedio fra studenti dopo i primi due ascolti. Dopo il terzo ascolto, dia le chiavi dell'attività. Se lo ritiene opportuno, come rinforzo può dettare le parole alla fine dell'attività. Maggiori informazioni sull'articolazione di questi suoni nel post-it.

> **Chiavi: uguali: 2; 5; 8.**
> **Diverse: 3; 4; 6; 7.**

 5 Ascolta i gruppi di parole e fa' un segno nella colonna corrispondente.

Si ascoltano le parole: 1) fanno fanno fanno 2) sanno sano sanno 3) andranno andrano andrano 4) banana banana bananna 5) annata annata annata 6) ingano inganno inganno 7) sopranno soprano soprano 8) anello anello anello

Analogamente alla precedente attività è proposta la differenza tra il suono breve /n/ e il corrispondente intenso /nn/. Per inciso sia il suono /m/ sia il suono /n/ fanno parte dei suoni nasali. Anche in questo caso si tratta di terne di parole. Faccia ascoltare tre volte, con un controllo intermedio fra studenti dopo i primi due ascolti. Dopo il terzo ascolto, dia le chiavi dell'attività. Se lo ritiene opportuno, come rinforzo può dettare le parole alla fine dell'attività; in questo caso, faccia notare agli studenti che alcune parole sono inesistenti.
Maggiori informazioni sull'articolazione di questi suoni nel post-it.

> **Chiavi: uguali: 1; 5; 8.**
> **Diverse: 2; 3; 4; 6; 7.**

Il post-it fa riferimento alla modalità di articolazione dei suoni intensi. Sia il suono /m/ sia /n/ sono dei suoni nasali continui: quindi per riprodurre i suoni intensi è sufficiente letteralmente allungare la durata del suono, raddoppiandola circa.

sommario

Abbina le frasi o espressioni alla descrizione sotto.

Chiavi: a con 8; b con 3; c con 6; d con 2; e con 4; f con 7; g con 1; h con 9; i con 5.

TEST

1 Oltre all'esempio, in questo riquadro si nascondono altri 7 nomi che si riferiscono a parti del viso.

C	I	G	L	I	A	B	O	F	S	S	O
A	G	V	N	A	D	I	O	I	L	D	H
L	C	H	C	U	H	T	G	I	U	E	L
A	S	C	I	C	H	P	S	F	O	N	I
B	O	A	C	E	B	E	M	E	N	T	O
B	D	E	U	T	N	O	I	H	A	E	Z
R	R	F	I	D	H	N	E	C	S	N	A
O	C	C	H	I	O	O	C	I	O	V	D
S	A	F	L	T	M	V	A	D	A	Z	O
C	Z	B	M	O	H	B	O	C	U	D	E

2 Osserva le parti del corpo umano indicate e completa il cruciverba. Osserva l'esempio.

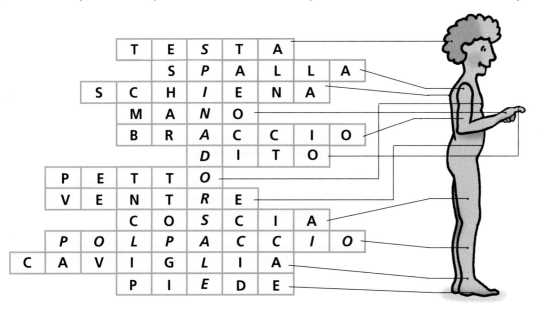

3 Leggi il dialogo e completalo con i verbi al condizionale presente.

Chiavi: faresti; saresti; vorremmo; darei; potresti; saprei; farei; potrei; preferirei.

4 Rileggi la conversazione tra Franca e Maria e colloca i verbi al condizionale nella tabella secondo il senso.

Chiavi: saprei	potrei	vorremmo	potresti	faresti
		darei	farei	saresti
		preferirei		

Trova l'elemento che non c'entra.

Chiavi: occhio;
meccanico;
sonno;
dente (l'unico che non fa parte di gambe o braccia), mano (l'unico sostantivo femminile).

1 Quante cose conosci della vita quotidiana dei tuoi compagni?

Lasci che gli studenti utilizzino varie domande e facciano ipotesi su come si può chiedere quanto indicato in quest'attività.
Nella prossima potranno poi controllare come si dice.

 2 Ora andate a pag. IV per controllare le vostre domande e risposte.

Chieda agli studenti se avevano fatto le domande diversamente e accetti altri possibili modi.

 3 Continuate a farvi delle domande per ottenere più informazioni sulle abitudini dei vostri compagni.

Faccia osservare attentamente la figura e cerchi di elicitare alcuni termini che probabilmente gli studenti conoscono. Può anche utilizzare le parole seguenti, facendo delle domande tipo: "Dov'è il semaforo?" "Di che colore è l'uniforme del vigile?", ecc.: le strisce pedonali, il centro commerciale, la cabina telefonica, il vigile, l'incrocio, il pedone, la fermata dell'autobus, il parcheggio, il semaforo, la piazza, il marciapiede, la strada, la rotonda, il ponte, il parco, la stazione ferroviaria, la stazione di servizio, il benzinaio, il cinema, il teatro, la biblioteca, la libreria, l'ufficio postale, l'ospedale, i negozi, la chiesa.

 4 Pensa alle tue abitudini e fa' una lista dei luoghi pubblici che frequenti ogni settimana.

Aiuti gli studenti con il lessico che non conoscono.

 5 Confronta la tua lista con i tuoi due compagni.

Quest'attività è di per sé rapida, ma non interrompa un'eventuale conversazione che si dovesse sviluppare, ad esempio sui luoghi frequentati il fine settimana.

 6 Dove si svolgono i seguenti dialoghi?

E' un'altra attività rapida. Faccia ascoltare le registrazioni due volte al massimo.

1
Mi può fare il pieno per favore?
Sì certo, devo lavarle i vetri?
2
Ultima chiamata, volo BA 976 per Londra. I passeggeri sono pregati di recarsi immediatamente all'uscita numero 10, imbarco immediato.
3
Lasci le chiavi in macchina e ci penso io a spostarla quando si libera un posto. Non si preoccupi il garage è sempre custodito.
4
Cosa è successo?
Non lo so, ho sentito un rumore forte e poi più niente, il motore si è spento.
Mi faccia dare un'occhiata, apra il cofano per favore.
5
Sono 345 dollari al cambio attuale e in più c'è la commissione per l'operazione in totale sono...

Chiavi: 1 benzinaio/stazione di servizio; 2 aeroporto; 3 parcheggio/garage pubblico; 4 banca.

7 Ascolta e completa la conversazione.

La registrazione può essere ascoltata un paio di volte, ma i due punti grammaticali (*si* impersonale e *stare per...*, vengono sviluppati nella sezione di grammatica. Le sconsigliamo di affrontarli subito, saltando momentaneamente le altre parti. Come sempre in Rete! il momento della globalità è di fondamentale importanza e l'insegnante non dovrebbe intervenire con proprie spiegazioni grammaticali ora. Provi ad accettare la sfida che le proponiamo: **Rete!** è progettato in modo che la prima parte di ogni unità vada a stimolare un emisfero del cervello in particolare, quello destro, che è di fondamentale importanza anche nel coadiuvare l'azione dell'emisfero sinistro quando si apprende una lingua.

Sandro: Dai Maria, il treno **sta** *per partire! Altrimenti non ce la facciamo!*
Maria: Sono stanca e non **ce la** *faccio più io! Quanto ci vuole per arrivare in stazione?*
Sandro: Se corriamo 5 minuti.
Maria: Non si **può** *prendere un taxi o un autobus? Guarda, ce n'è uno là, fermo all'angolo.*
Sandro: Tanto sta per chiudere le porte e poi non **si possono** *prendere i biglietti sull'autobus.*
Maria: Ma bisogna proprio prendere questo treno, non ce n'è un altro, non si **può** *chiedere alla stazione?*
Sandro: Sì, ma si **devono** *cambiare due treni e poi per il prossimo occorre la prenotazione.*
Dai che ci riusciamo, ancora un piccolo sforzo.

Una breve osservazione culturale, della cultura di tutti i giorni: in molte città italiane si può acquistare il biglietto su autobus, tram, vaporetti, treni, ecc., ma il loro costo è superiore al normale in quanto si cerca di far sì che il passeggero si munisca di biglietto prima di salire in modo tale da non far perdere tempo al personale a bordo, spesso costituito dal solo guidatore, come nel caso di autobus, corriere o tram.

 8 Completa le frasi con *metterci* o *volerci*.

Chiavi: 2 ci metto; 3 ci metti, ci vuole; 4 ci vuole; 5 ci è voluto/ci abbiamo messo, ci abbiamo messo.

Nelle frasi 3 e 4 è anche possibile dire "occorre".

 9 ▶▶ **Alla scoperta della lingua.** Collega le frasi...

Chiavi: 2 con d; 3 con e; 4 con a; 5 con b; 6 con f.

10 Alla stazione. Metti in ordine il dialogo.

Colga l'occasione per approfondire il tema del trasporto in treno in Italia. Se ha accesso a Internet utilizzi questo strumento consultando le pagine proposte nel sito di Rete!

Chiavi: - Mi scusi. Mi saprebbe dire quando parte il prossimo treno per Ancona?
- Ce n'è uno alle 12,20 diretto per Ancona che arriva alle 14,25.
- Perfetto, due andata e ritorno, seconda classe.
- Per questo treno occorre la prenotazione; guardo se c'è posto.
- Allora, sì c'è posto. Fumatori o non fumatori?
- Non fumatori.
- Sono 63 euro in tutto. Pagate in contanti o con carta di credito?
- In contanti, eccole 65 euro.
- Questi sono i due biglietti.
- Da che binario parte?
- Partenza dal binario 16. E buon viaggio.

 11 Adesso, a coppie fate dei dialoghi simili.

Prima di cominciare l'attività dia un'occhiata insieme a tutti gli studenti all'orario dei treni, in modo che sia completamente comprensibile per gli studenti.

 12 Come sono i treni nel tuo paese? Usando la tabella che segue, fa' una lista dei vantaggi e degli svantaggi del viaggiare in treno nel tuo paese.

La prima parte della tabella, la colonna di sinistra, serve per quest'attività, la colonna di destra per la successiva. In una classe multilingue può far commentare le liste agli studenti a gruppi di tre. In una classe monolingue è ugualmente possibile commentare le liste dicendo agli studenti di confrontare le proprie opinioni e di supportarle con riflessioni personali.

 13 Leggi il testo che segue e completa la tabella con i dati sull'Italia.

	Nel tuo paese	In Italia
Vantaggi		Assenza di stress da traffico. Sono veloci e si viaggia comodi e rilassati, si può lavorare, riposare, mangiare e all'arrivo si è più freschi e di buon umore. Il prezzo dei biglietti. Le stazioni sono in centro. Pochi scioperi.
Svantaggi		Ritardi a volte di varie ore, incidenti, incontri spiacevoli, sporcizia, treni sovraffollati, scarsa puntualità.

Lessico

 1 Completa lo schema con le parole del riquadro.

Chiavi: biglietti: andata; andata e ritorno; supplemento; prenotazione.
Persone: controllore; bigliettaio; capotreno; passeggero; macchinista.
Verbi: prendere; perdere; salire; scendere; fare il biglietto.
Parti del treno: vagone; carrozza ristorante; scompartimento; prima classe; seconda classe.
Altro: binario; stazione.

 2 Con i termini del riquadro forma delle coppie di parole legate tra loro.
Poi usale insieme in una frase.

Per quest'attività non ci sono soluzioni univoche.
Con tutta la classe dia un'occhiata alle frasi fatte.
La scrittura delle frasi e la lettura delle varie proposte può richiedere abbastanza tempo.

 3 Conosci tutti i mezzi di trasporto?

Scrivi il nome sotto le figure.

Chiavi: 1 macchina/automobile; 2 camion; 3 moto(cicletta); 4 bici(cletta); 5 nave; 6 barca; 7 autobus;
8 treno; 9 aereo; 10 elicottero; 11 motoscafo; 12 ambulanza; 13 trattore; 14 corriera;
15 furgone; 16 roulotte; 17 taxi.

 4 Abbina i verbi ai disegni.

Chiavi: 1 correre; 2 camminare; 3 salire; 4 volare; 5 navigare.

Abilità

Non sappiamo quanto i suoi studenti amino leggere opere di letteratura nella propria lingua o testi in lingua straniera, tuttavia convinti dell'enorme importanza di questo tipo di approccio alla lingua e alla cultura, in Rete! troverà diversi spunti per un insegnamento delle tecniche di lettura e scrittura non solo ai fini della comprensione o redazione di testi di uso più "materiale", ma anche per poter affrontare testi letterari.
Spetta a lei cercare di rendere piacevole quest'opportunità: sottolinei sempre che un bel testo letterario è la massima espressione di una lingua e che attraverso la letteratura è possibile cogliere aspetti culturali su un paese spesso in maniera più approfondita rispetto ad altri tipi di scrittura. Inoltre se il testo proposto risponde ai bisogni linguistici degli studenti è possibile costruire percorsi di apprendimento della lingua partendo dal brano letterario.

Ecco alcune informazioni prese dalla copertina di *In viaggio*:
Tredici racconti di viaggio, o sul viaggio come condizione dell'esistente [...]
Ed ecco alcune notizie sull'autrice di In viaggio: Fabrizia Ramondino è nata a Napoli nel 1936. Ha scritto diversi romanzi e volumi di racconti pubblicati da Einaudi e da La Tartaruga.

Chiavi: 1 l'aereo; un soggetto impersonale (l'essere umano in generale); il narratore; la donna filippina.
2 Par. 1 l'aereo; le transizioni.
Par. 2 l'aereo.
Par. 3 tu impersonale, un guasto/un ostacolo.
Par. 4 l'aereo; si impersonale; tu impersonale; cibi; le linee aeree; sorrisi; le hostess; il bambino.
3 Le riflessioni del narratore.
4 All'essere umano in generale. E' un tu impersonale.
5 Eppure.
6 Io (il narratore); la donna filippina.
7 Il ricordo del narratore.

Approfondimento culturale
La foto
Nella foto si vede la Banca di Roma.

Se è qualche tempo che lei noi viene in Italia, forse ricorda il Banco di Roma.

In effetti è sempre la stessa azienda, solo che ha rilevato altre banche e ha cambiato nome.

Questo sta succedendo a molte banche, come conseguenza dell'accorpamento di banche che cercano di attrezzarsi per l'Unione Europea a causa dell'introduzione della moneta unica.

In origine le banche tendono a tenere il loro marchio, ma lentamente affiancano al nome tradizionale quello del nuovo gruppo, che in pochi anni lo sostituisce del tutto.

Particolare è il caso della denominazione delle Casse di Risparmio, ridotto a CaRi cui di aggiunge il nome o la sigla automobilistica della città:

CaRiParma è la Cassa di Risparmio di Parma

CaRiVe è la Cassa di Risparmio di Venezia

Ma ci sono nuove sigle che rimandano alla nuova realtà regionale delle Casse di Risparmio, che anni fa erano strettamente legate alla città:

Cariplo è la Cassa di Risparmio delle Provincie Lombarde.

Cardine è il gruppo delle Casse di Risparmio nel Nord-Est.

grammatica

 1 Fa' delle frasi con la forma impersonale (*tu, uno, loro*).

> Chiavi: **2 Quando lavori tutto l'anno, vai in vacanza volentieri.**
> **3 Ieri hanno aperto un nuovo locale.**
> **4 Hanno venduto un quadro di Modigliani per due milioni di euro.**
> **5 Uno studia tanto poi non trova lavoro. 5 Studi tanto poi non trovi lavoro.**
> **6 Dall'anno prossimo vogliono aprire tutti i musei la domenica.**

Inviti a ragionare sul perché stia meglio tu, piuttosto che loro o uno, e viceversa, sottolineando però che a questo livello ciò che più importa è che gli studenti acquisiscano una conoscenza ricettiva della struttura.

 2 Fa' delle domande con la forma impersonale.

> Chiavi: varie risposte possibili.
> **2 Come arrivi alle piste da sci?**
> **3 Hanno inaugurato il Festival di Cannes?**
> **4 Hanno fatto una rapina alla Banca Popolare?**

 3 Osserva i cartelli e fa' delle frasi.

Chiavi: 2 non si può/deve parlare con il conducente.
   3 Non si possono/devono gettare oggetti dal finestrino.
   4 Non si deve/può dare da mangiare agli animali.
   5 Non si può/deve entrare con i cani.
   6 Si deve fare silenzio.

Approfondimento

Sempre più diffusa è in Italia la tendenza a evitare forme ritenute in qualche modo troppo dirette, come nei casi riportati in questi cartelli o in altri simili:

Fare silenzio!
Vietato fumare!
Si fa divieto di introdurre cani!
Gli animali non entrano qui!

Quindi si tende a sostituire il divieto diretto, esplicito, con la forma di cortesia:

Vi preghiamo di fare silenzio
Grazie per non fumare (con una struttura al limite della correttezza, introdotta attraverso il calco sull'equivalente inglese)
Si prega di non introdurre cani
Gli animali aspettano fuori

In molte scuole si possono poi trovare dei cartelli che sembrano autentici, ma sono in realtà satirici – ma anche molto più seri di quanto non possa sembrare: danno voce alla ribellione degli studenti contro gli adulti:

Vietato vietare!
Vietato pensare!
Vietato studiare!
Stop prof!

 4 Metti i verbi.

Chiavi: 2 trovano; 3 viaggia; 4 balla; 5 producono; 6 parla.

5 Completa i verbi.

Chiavi: 2 bevuti; 3 visti; 4 stanchi; 5 avute; 6 mangiato.

La foto

La foto riproduce un tipico paesaggio dell'Italia centrale: l'altopiano scavato dai valloni, con boschi nelle parti boscose e coltivazioni, spesso a frumento, sul fondo.

6 Osserva le figure. Cosa sta per succedere?

Chiavi: 2 sta per accendere la tv; 3 sta per mangiare la pizza; 4 sta per fermarsi; 5 sta per cadere dalla bicicletta; 6 sta per baciare una ragazza.

7 Trasforma le frasi usando un gerundio.

> **Chiavi: 2** guardando la partita, ho fatto gli esercizi d'italiano.
> **3** Ascoltando un buon disco, uno si rilassa.
> **4** Camminando per il centro, guardo sempre i monumenti di cui mi hai parlato.
> **5** Guardando un buon film, uno si diverte sempre.
> **6** Passo il tempo con gli amici, parlando di molte cose.

Attività supplementare
Se vuole può fare questo gioco sulle preposizioni di movimento.
Disegni alla lavagna e dica a ogni studente di farlo sul suo quaderno, uno schema di questo tipo:

	IN	AL
1		
2		
3		
4		
5		
6		
7		
8		
9		
10		

A questo punto dica dieci frasi del tipo
1. Vado bip centro
2. Vado bip libreria
ecc., sostituendo la preposizione con un bip. Gli studenti devono fare una crocetta o un segno nella colonna giusta; la correzione è rapidissima. Si tratta di un modo giocoso di fare un esercizio grammaticale che altrimenti rischia di essere demotivante.

La stessa soluzione può essere trovata anche per l'opposizione tra IN e A.

Volendo complicare un po' le cose, le colonne possono essere 3, inserendo anche la forma DAL + negozio.

	IN	AL	DAL
1			
2			
3			
4			
5			
6			
7			
8			
9			
10			

civiltà

da fotocopiare

Proviamo a fare la sintesi delle differenze tra italiani e cittadini del tuo paese?
Completa lo schema da solo, poi discutine con i tuoi compagni e con l'insegnante.

GLI ITALIANI…	I TUOI CONCITTADINI…
Parlano ad alta voce	....
Gesticolano molto con le mani	....
Mostrano nel viso i loro sentimenti	....
Non controllano il conto al ristorante	....
Stanno vicini alle persone con cui parlano	....
Stringono frequentemente la mano delle persone che incontrano	....
Se danno un bacio, prima lo danno sulla guancia destra	....
Usano poco la cintura di sicurezza in macchina	....
Incrociano le gambe quando sono seduti	....
Parlano spesso di politica	....
Interrompono chi parla… per collaborare!	....
Parlano male del loro paese… ma se lo fa uno straniero, reagiscono.	....
Ritengono che la cucina italiana sia la migliore	....
Ritengono che i vini italiani siano i migliori	....
Ritengono che l'unico caffè bevibile sia quello italiano	....
Ritengono che il codice della strada dia "consigli", non norme precise	....
Si considerano molto furbi	....
Non conoscono le parole dell'inno nazionale, tranne forse i primi versi	....
Appartengono prima a una regione, poi alla nazione italiana	....

1 A molti di voi sarà capitato di osservare e incontrare i turisti italiani nei vostri paesi. A gruppi provate a discutere ed elencare le caratteristiche principali che avete notato nei turisti italiani poi confrontate le vostre opinione con la classe e con l'insegnante.

Come sempre l'elemento iconografico rappresenta uno spunto per la discussione richiesta in questa attività. Naturalmente gli studenti possono integrare i suggerimenti delle immagini con le proprie esperienze e condividerle con quelle dei compagni.

 2 Riconoscete nelle situazioni rappresentate sopra le caratteristiche dei turisti italiani che avete discusso? Leggete il brano che segue. Siete d'accordo con la descrizione che viene fatta del viaggiatore italiano?

 3 Nel brano si fa riferimento anche a turisti di altre nazionalità, quali caratteristiche vengono attribuite alle nazionalità a:

Chiavi: svizzeri e austriaci passano quasi la metà delle loro ferie a controllare i conti del ristorante; tedeschi francesi e giapponesi sono molto meno rumorosi degli italiani.

 4 Adesso provate a pensare quali sono invece le caratteristiche dei vostri connazionali che viaggiano: in che cosa si differenziano dagli italiani ?

fonologia • *dai!* un'esclamazione per incoraggiare • /f/ vs. /ff/

 1 Ascolta questi brevi dialoghi tratti dall'attività 7.

In quest'attività sono riportate alcune battute di un dialogo precedente per mettere in evidenza l'uso dell'esclamazione *dai!* Faccia osservare che si tratta di una forma molto comune, con la quale si cerca di incoraggiare l'altra persona a fare qualcosa. Un solo ascolto è sufficiente.

 2 Ascolta le frasi. Fa' attenzione alle parole che le persone usano per incoraggiare gli altri.

L'obiettivo di quest'attività è presentare altre parole (e naturalmente la relativa intonazione) che si possono usare in italiano per incoraggiare una persona e spingerla a fare qualcosa. Faccia ascoltare le frasi una, o due volte. Poi passi all'attività successiva.

 3 Sottolinea le parole che nei dialoghi dell'attività precedente sono usate per incoraggiare le persone.

In coppia, faccia sottolineare agli studenti le parole che sono usate per incoraggiare. Faccia notare che queste parole, quando sono usate come esclamazioni, non corrispondono al significato che hanno solitamente. Ad esempio, *su* è una preposizione spaziale, *dai* è l'imperativo del verbo *dare* e così via. Queste esclamazioni possono essere usate anche abbinate fra loro, o ad altre, ad esempio: *dai su*. Un'altra esclamazione, forse meno comune è *avanti*. Faccia osservare, inoltre, che l'intonazione che accompagna queste esclamazioni è di solito di tipo conclusivo. In coppia, faccia leggere i dialoghi dell'attività precedente.

Chiavi: 1 forza; 2 coraggio!; 3 andiamo!; 4 su!

 4 Giochiamo un po'. Dividiamoci in due squadre. La prima squadra deve trovare le 7 parole che sono nascoste nello schema A. La seconda deve trovare le 7 parole contenute nello schema B. Vince chi trova più parole. Fa' attenzione, le parole possono essere in orizzontale o in verticale.

L'obiettivo di questa e della prossima attività è la distinzione dei suoni suoni /f/ e /ff/. Divida la classe in due gruppi, le consigliamo di assegnare alternativamente ogni studente alla squadra A, o alla squadra B e così via di seguito. Le parole che compaiono tra i due schemi appartengono all'uno o all'altro schema. Gli studenti dovranno trovare solo quelle che appartengono allo schema loro assegnato. Se crede, due o più membri di una stessa squadra possono lavorare insieme. Dia un tempo limite per cercare le parole negli schemi; due-tre minuti dovrebbero essere sufficienti, ma se vuole può concedere più tempo. Faccia comunque presente che, anche se non si trovano tutte le parole, l'attività prosegue nell'esercizio successivo. Soprattutto con studenti giovani può far leva sullo spirito di competizione. Prima di passare alla fase di verifica può concedere un paio di minuti per un controllo intermedio tra studenti. A questo punto può far presente, se non l'ha già fatto, che le parole contengono il suono breve /f/, o il suono intenso /ff/.

 5 Ora ascolta le parole dell'attività precedente. Prima quelle dello schema A e poi quelle dello schema B. Controlla con quelle che hai trovato tu.

In questa fase, gli studenti ascoltano le parole che si trovano nei due schemi, prima quelle dello schema A (orizzontali e poi verticali) e dopo quelle dello schema B (orizzontali e poi verticali). L'obiettivo è duplice. In primo luogo la correzione dell'attività precedente, in secondo luogo, cominciare a prestare attenzione alla pronuncia dei due suoni in esame. Per quanto riguarda le caratteristiche articolatorie dei suoni rimandiamo al post-it seguente.

Chiavi: Schema A /f/: orizzontali: tufo; telefono; afosa.
Verticali: fetta; sonnifero; gonfio; farfalla.
Schema B /ff/: orizzontali: affare; goffo; tuffo.
Verticali: effetto; offrire; efficiente; affitto.

Il post-it fa riferimento alle modalità di articolazione dei suoni /f/ e /ff/. Infatti, anche con questi due suoni è possibile realizzare il suono intenso, semplicemente allungando la durata del corrispondente suono breve.

sommario
Abbina le frasi o espressioni alla descrizione sotto.

Chiavi: a con 11; b con 9; c con 4; d con 7; e con 1; f con 5; g con 12; h con 6; i con 2; j con 10; k con 3;
l con 8.

Approfondimento culturale

La battuta 2 riguarda i treni in partenza. Anni fa si diceva che non importava andare in stazione in orario, tanto il treno era in ritardo…

Oggi le cose sono molto cambiate e se da qualche tempo non viene in Italia forse non sa che:

sempre più spesso ci sono gli orari cadenzati: i treni non sono più, ad esempio, alle 8.35, poi alle 9.43, poi alle 11.04 e così via, ma tendono a essere sempre allo stesso minuto, a cadenza di una o due ore: ad esempio, alle 8.43, poi alle 9.43, alle 10.43, e così via;

i treni sono differenziati per categorie: i regionali (i vecchi "accelerati" o "locali") appartengono a società della singola regione, mentre i treni nazionali appartengono a TrenItalia;

I treni sono regionali, interregionali, diretti, intercity, eurocity, eurostar (come quello riprodotto nella foto);

I biglietti non si comprano più semplicemente dicendo "un biglietto di sola andata per Milano", ma "un biglietto intercity di sola andata per Milano": infatti, ogni tipo di treno ha un costo diverso;

Gli Eurostar, treni ad alta velocità, richiedono la prenotazione il venerdì e la domenica; gli altri giorni è possibile salire anche senza prenotazione, ma a proprio rischio, in quanto solo una carrozza di prima e una di seconda classe sono disponibili per viaggiatori senza prenotazione;

Una volta acquistato il biglietto, prima di salire bisogna timbrarlo nelle macchinette gialle collocate all'inizio di ogni marciapiede, altrimenti il biglietto non è valido;

I treni dell'ultima generazione sono… belli! Da un lato tutti i vecchi treni sono stati ridipinti di bianco, con strisce blu e verdi, ma gli eurostar sono stati concepiti in maniera innovativa e sono di due tipi, quelli di Pininfarina, come quello della foto, e quelli di Giugiaro - in altre parole, il meglio del design industriale mondiale.

E, per concludere: in effetti i treni sono diventati molto più puntuali di quanto, tra mille battute e arrabbiature, avessimo l'abitudine di attenderci!

TEST

1 Osserva le vignette e descrivi le azioni dei personaggi usando la forma stare + gerundio o stare per + infinito dei verbi tra parentesi. Osserva l'esempio.

Chiavi: 2 Sta per mangiare.
3 Sta ascoltando.
4 Sta decollando/sta per decollare.
5 Si stanno per incontrare.
6 Sta per calciare.
7 Sta recitando.

2 Riordina le frasi.

Non sia troppo fiscale nel correggere questo esercizio, perché sono possibili più soluzioni.

Chiavi: 1 Quando si è stanchi è meglio non guidare.
2 I biglietti si possono acquistare un'ora prima dello spettacolo.
3 Se uno beve troppi caffè diventa nervoso.
4 Ormai si può trovare qualsiasi informazione in internet.

3 Completa il testo con le preposizioni *in, a, al*.

Chiavi: in; in; in; in; al; in; in; in; in; in; in; a; al; a.

4 Associa le definizioni al mezzo di trasporto. Attento: due definizioni non c'entrano. Osserva l'esempio:

	treno	metro	autobus	taxi
Si scende dalla porta centrale.			×	
Spesso le stazioni prendono il nome da un monumento o una persona celebre.		×		
Se sono prenotati la luce è spenta.				×
In caso di nebbia usa il radar.				
Se la fermata non è obbligatoria, per salire bisogna fare un segnale con la mano al conducente.			×	
A volte la prenotazione è obbligatoria.	×			
Spesso attendono in luoghi precisi della città.				×
Non si può mai abbassare i finestrini.		×		
Spesso si parla con il guidatore.				×
Alcune fermate sono obbligatorie, altre a richiesta.			×	
Spesso si fa un biglietto andata/ritorno.	×			
A volte si può lasciare una mancia.				×
In caso di maltempo non parte.				

Quest'unità non ha bisogno di particolari attività di riscaldamento e motivazione. I primi esercizi sono piuttosto gradevoli, perché basati sul gioco. Se crede può utilizzare l'attività supplementare indicata nell'attività 3 come attività iniziale. Le dà la possibilità di elicitare, a libri chiusi, il lessico già conosciuto dagli studenti.

 1 Com'è complesso l'essere umano e quante parole occorrono per descriverlo!

Non dica agli studenti il significato delle parole. Lasci che cerchino di indovinarle.

> **Chiavi: caratteristiche fisiche:** alto; basso; bello; biondo; brutto; carino; castano; corto; liscio; grasso; lungo; magro; moro; ondulato; riccio; forte; robusto; debole; medio.
> **Carattere:** calmo; cattivo; educato; estroverso; in gamba; intelligente; introverso; maleducato; orgoglioso; ottimista; pazzo; pessimista; pigro; romantico; serio; simpatico; timido; vivace.

 2 Quali delle parole dell'esercizio 1 associ con i nomi che seguono?

Con quest'attività la divisione fatta nell'esercizio precedente viene portata avanti, permettendo di suddividere ulteriormente gli aggettivi. Chiarisca eventuali parole che gli studenti non capiscono. Se possibile attraverso esempi nella classe indicando gli studenti che presentano la caratteristica descritta dalla parola di cui si chiede il significato.

> **Chiavi: barba:** lunga; corta.
> **Baffi:** lunghi; corti.
> **Capelli:** biondi; mori; castani; corti; lisci; lunghi; ricci; ondulati.
> **Statura:** alta; bassa; media.
> **Corporatura:** grassa; magra; forte; robusta; debole; media.

 3 Pensa ad altre parole simili che conosci già e scrivile. Poi confrontale con quelle di due tuoi compagni.

Lasci un po' di tempo per far ricordare il lessico che gli studenti conoscono.
In alternativa se sa che i suoi studenti sono particolarmente deboli e/o pigri, faccia l'attività che segue. Ovviamente quest'attività può essere fatta anche come rinforzo e quindi in qualsiasi contesto.

Attività supplementare
Prenda il glossario del primo volume di **Rete!**. Se i suoi studenti sono approdati al secondo volume non avendo utilizzato il primo, cerchi di far riferimento al vocabolario di base dell'italiano, attraverso testi quale T. De Mauro, *Guida all'uso delle parole*, Editori Riuniti, o al sillabo del lessico del libro utilizzato nel primo livello. Divida la classe in due squadre e sulla lavagna disegni lo schema del gioco dell'impiccato e lo spieghi. Eccone le regole. Lei decide un aggettivo per ogni squadra, per esempio "brutto". Sulla lavagna scriverà: b_ _ _ _o. Gli studenti le chiederanno una lettera, ad esempio: "C'è una A?". Se la lettera richiesta non è nella parola, dovrà aggiungere un pezzo della forca o dell'impiccato. Poi faccia la stessa cosa con l'altra squadra fino a indovinare la parola o finire impiccati. Vince la squadra che indovina l'aggettivo con meno tentativi.

 4 Su un foglietto scrivi tre aggettivi...

Continui a far giocare gli studenti come con l'attività dell'impiccato. Raccolga i biglietti e poi risponda alle domande che fanno gli studenti usando le informazioni dei biglietti, senza dire chi li ha scritti: gli studenti devono indovinare di quale compagno si tratta.

5 Ora lavora con due compagni e scrivi il nome di un personaggio famoso…

Anche questa è un'attività abbastanza ludica. Riteniamo che sia importante stimolare negli studenti la voglia di giocare con la lingua, perché il gioco solitamente è piacere e il piacere promuove l'apprendimento.

 6 Lavora con un compagno…

Quest'attività permette di fare una descrizione scritta.
Oltre al lessico controlli l'utilizzo corretto delle strutture, ma questo dopo aver permesso agli studenti di concludere l'attività 7 a coppie.

 7 Ora a turno uno legge la lettera che ha scritto e l'altro ascolta.

Inviti gli studenti a criticare la descrizione del compagno, motivando l'eventuale disaccordo dopo aver visto la foto. Se vuole può chiedere agli studenti di fare il disegno della persona durante la descrizione da parte del compagno.

 8 Ascolta il dialogo e osserva la figura. Di quali personaggi parlano le due ragazze?

 9 Ascolta nuovamente il dialogo e scegli la parola o le parole giuste.

Faccia riascoltare la registrazione un paio di volte. Alla fine chieda ad alcuni studenti di fare la descrizione delle altre persone nella figura. Salti questa parte con una classe debole.
Poi, passando all'attività successiva, non faccia riascoltare il dialogo più di una volta e, dopo aver fatto leggere il dialogo da un paio di studenti e aver chiarito eventuali dubbi lessicali, passi all'analisi dei punti. Alla scoperta della lingua. Come sempre la trattazione completa di questi punti avviene nella sezione di grammatica.

Chiavi: Carla: Giorgia, sono innamoratissima!
Giorgia: Tu innamorata? Non ci posso credere.
Carla: Sì, vedi quel ragazzo con i capelli castani che sta parlando con quell'altro un po' più alto…
Giorgia: Quale? Quello a cui stanno versando da bere, con gli occhiali?
Carla: No, quell'altro con i capelli un po' ondulati e la barba.
Giorgia: Ah sì…mmm, interessante! Ma, state insieme?
Carla: Sì, ormai da due mesi… È una persona eccezionale.
Giorgia: Dai, racconta!
Carla: Ha 28 anni, è laureato in economia e lavora nella ditta di suo padre.
Giorgia: Però, te lo sei scelto con i soldi questa volta.
Carla: Smettila! Lo sai che non me ne importa nulla dei soldi. Mi piace perché mi ascolta.
È così calmo ed educato.
Giorgia: Che noia!
Carla: Ma no, è anche molto simpatico e un po' pazzo. È sempre allegro e ottimista…
Giorgia: Beh, complimenti! Me lo fai conoscere?
Carla: Forse un'altra volta. Di te non mi fido!

Alla scoperta della lingua.
pronomi relativi: crediamo che la regola possa essere resa molto chiara e semplice! Soprattutto per quanto riguarda l'uso di CHE e CUI. Consigliamo di far riflettere sulla tabella, senza però passare alla parte degli esercizi nella sezione della grammatica in modo da dare la sensazione che questa struttura sia veramente semplice.

Attività supplementari

Conoscere se stessi è una delle cose più interessanti per ciascuno di noi, è una delle attività più motivanti. Ci possono essere varie attività, che si possono eseguire dopo aver lavorato sulla pagina.

Come è … ?

Il primo gioco si può fare partendo da come ci percepiscono gli altri.

E' un gioco in cui l'insegnante passa, senza stare a fare un lavoro grammaticale, ma confidando nella capacità della mente di cogliere comunque le informazioni, dall'aggettivo al sostantivo corrispondente.

Per rendere più pepato il gioco, si possono anche provocare gli studenti chiedendo giudizi su compagni con cui hanno un flirt e così via. Evitare di chiedere informazioni sui rivali.

Insegnante [allo studente Filippo]:   *Filippo, com'è Francesca?*
Filippo: *Francesca? Be', è dolce e forte allo stesso tempo.*
Insegnante: *Da cosa si vede la sua dolcezza?*
Filippo: *Non "si vede", è così: è buona, ascolta, non attacca gli altri…*
Insegnante: *E da cosa si vede la sua forza?*
Filippo: *Dal fatto che di fronte alle difficoltà non si tira indietro, che se ha promesso qualcosa la mantiene anche se costa fatica.*
Insegnante [rivolta a Francesca]:   *Francesca, sei d'accordo con il ritratto che ti ha fatto Filippo?*
Francesca: …

Sono sottolineate le parti che rimangono fisse, per il resto tutto dipende da come nasce l'interazione. Questa attività è stata lanciata da Anthony Mollica, il responsabile della Biblioteca Italiana di Glottodidattica di questo Editore, nell'ambito di un movimento per una glottodidattica sempre più ludica, giocosa.

In effetti, se l'insegnante sceglie bene le coppie, può essere un'attività molto divertente.

Chi è?

E' un gioco più semplice, basato sul principio dell'indovinello.

L'insegnante chiama tre o quattro studenti e dice loro il nome di un compagno o una compagna.

Il resto della classe deve fare delle domande sul carattere (e, si può decidere, anche sull'aspetto fisico, per richiamare anche quel lessico) e attraverso le domande devono indovinare chi viene descritto.

E' un gioco molto coinvolgente, ma bisogna stare attenti a far descrivere solo studenti che sanno stare al gioco, che non si offendono.

Il tuo lato peggiore / migliore

Ciascuno studente scrive su un foglietto un aggettivo (o anche due, volendo) sul lato peggiore del proprio carattere e uno (o due) sull'aspetto migliore.

L'insegnante raccoglie i foglietti e poi, magari con l'aiuto di un paio di studenti, si crea alla lavagna la lista dei pregi e dei difetti caratteriali. Su questo materiale (che è stupendo perché consente di entrare anche nelle connotazioni) si possono fare riflessioni sia umoristiche sia serie, si può impostare un dibattito sul carattere in generale, sul tipo di qualità che vengono considerate positive o negative, ecc.

lessico
Culture a confronto

Si può introdurre questa sezione sul lessico partendo proprio dal titoletto: le parole non sono neutre, le parole – come diceva il padre della glottodidattica italiana, Giovanni Freddi – sono "il precipitato di una cultura", è quel che rimane sul fondo di una fiala dopo che tutta l'acqua è evaporata.
L'esempio che abbiamo scelto è un bel caso di connotazione culturale forte legata ad una parola.

 1 Conosci la parola furbizia? Esiste una parola con lo stesso significato nella tua lingua?

Eventualmente può tradurre la parola o quanto meno spiegarla se gli studenti sono in difficoltà a coglierne il significato. Non alimenti ora la discussione sulla connotazione negativa o positiva di furbizia, perché è l'oggetto delle prossime attività.

 2 Per te essere _furbi_ è negativo o positivo? E nel tuo paese?

Se adeguatamente supportate da informazioni, possono nascere riflessioni interessanti sull'Italia, paese dove molto spesso la furbizia, intesa come capacità di risolvere a proprio vantaggio le situazioni anche a scapito di altri, viene vista in modo positivo, una virtù. Le differenze con altri paesi possono essere eclatanti.
Cerchi comunque di cogliere anche gli aspetti positivi del termine che contiene l'idea di scaltrezza, descrive la capacità di utilizzare le proprie doti di intelligenza, come fa capire la definizione del dizionario.
Faccia leggere la definizione del dizionario agli studenti individualmente e li aiuti a comprendere i termini e poi lasci qualche minuto per riflettere.
Se lo ritiene opportuno, inviti gli studenti a prendere appunti sulle proprie riflessioni.

 3 Adesso tocca a voi! Insieme a un compagno cercate di rispondere alle domande dell'esercizio 2.

In coppia gli studenti cercano di confrontare le proprie opinioni, ma forse avranno bisogno di un aiuto: può decidere di trasformare l'attività in una discussione che coinvolge tutta la classe.

4 Come ti sembrano queste parole? Completa lo schema secondo quanto pensi. Prova ad aggiungere altri tre aggettivi.

La riflessione sulla furbizia ha permesso di capire che un termine a volte ha delle caratteristiche positive, a volte invece connotazioni negative. Metta in luce che non sempre è facile decidere se una parola è positiva o negativa. A volte non è chiaro per il singolo parlante, figuriamoci per l'insieme dei parlanti una lingua: certe parole per una persona sono positive per altre negative.
E poi ci sono le differenze storiche o geografiche: "magro" ad esempio. Oggi essere magri - a volte molto magri - è positivo, ma non è sempre stato così e oggi non è così in tutto il mondo. In Italia, come in molti altri paesi, tra gli adolescenti, soprattutto tra le ragazze un grosso problema è l'anoressia, malattia che trova origine proprio nel desiderio di seguire la moda del "magro è bello". Si pensi invece che, nel sud, si dice ancora "omo e panza", cioè uomo grasso, ben nutrito, per indicare una persona ricca e potente.

5 Ascolta l'intervista e rispondi alle domande.

Dopo aver ascoltato un paio di volte l'intervista e controllato le risposte, chieda agli studenti se condividono le opinioni dell'intervistato.

Vediamo un po', vediamo di dare la mia opinione su questa cosa. Allora...
Alto è sicuramente un aggettivo positivo in quanto forse è sinonimo di bello per quello che credo io... forse un po' il detto "altezza mezza bellezza" ha a che fare con questa cosa.
Basso invece è... basso per me... ha un valore negativo non solo in senso letterale... basso può essere associato a... l'altezza di una persona ma anche ad un suo modo di essere quindi no... negativo assolutamente.
Biondo... eh! Essendo castana, sicuramente il biondo ha qualcosa di interessante, non necessariamente positivo..., sì positivo va' va', positivo.
Brutto... assolutamente negativo, sì, non ci sono dubbi su questa parola, assolutamente negativo.
Bello, invece, non sempre positivo soprattutto quando non è associato all'aggettivo ironico, ma diciamo così.
Carino... eh, eh, eh! di solito uso questo aggettivo per essere gentile e per non dire una bugia assoluta, ecco.
Grasso.. ahia! Grasso... negativo, negativo soprattutto perché non è salutare, no!
Magro... magro... magro non è positivo in assoluto e non è negativo in assoluto... io poi ho un'invidia dei magri pazzesca per cui... boh! diciamo negativo, va!
Forte! L'aggettivo forte associato al carattere per me è negativo, se associato alla forza fisica di una persona no, positivo, positivo.
Debole invece no, debole secondo me è negativo sia se attribuito al fisico di una persona sia se attribuito al carattere di una persona, debole negativo, sì.
Furbo... no!. No, furbo assolutamente negativo soprattutto quando uno fa il furbo e non è semplicemente furbo.
Calmo! Ah, che bella parola, calmo. Positivo, positivo, anche perché per me è un'aspirazione essere calma è qualcosa che vorrei, ecco.
Educato. Positivo! Anche se a volte essere educati non paga.
In gamba. Oh! Adoro questo aggettivo. Potrei solo innamorarmi di una persona in gamba!
Intelligente. Intelligente è un aggettivo che mi piace, non mi piace invece sentirlo usare in modo improprio. Intelligente non vuol dire per me solo un alto quoziente intellettivo, la persona intelligente è anche sensibile.
Introverso. No, negativo. Non vorrei mai avere un figlio introverso, no, no per carità negativo.
Estroverso... positivo, sempre che sia associato all'aggettivo educato.
Orgoglioso... amo questo aggettivo. Io poi sono molto orgogliosa anche se a volte, purtroppo, il confine tra orgoglioso e testardo è molto labile.
Ottimista ... mmmh! Questo aggettivo lo considero odioso, soprattutto detesto gli ottimisti ad oltranza.
Pessimista... Eh, purtroppo, per me pessimista ha valore positivo, strano lo so, ma... per me pessimista è sinonimo di realistico molto spesso.
Pigro. Assolutamente negativo! Odio questa parola, odio odio odio i pigri, odio.
Romantico non mi piace questo aggettivo, non mi appartiene e se ci penso odio persino la letteratura che va sotto il termine di romantico, eccenzion fatta per quella tedesca naturalmente.
Serio, mmmh spesso sinonimo di noioso per me, ma in generale ha un gran rispetto per le persone serie quinc valore positivo, sì.
Simpatico, assolutamente positivo per me, anche se ho notato che spesso la gente usa questo aggettivo per evitare di dire brutto, ecco.
Pazzo! Ah, beh! questo è uno degli aggettivi usati più impropriamente in italiano. Come si può dire di qualcuno che è pazzo? Qual è il vero significato di questo aggettivo? Forse è..., sì, forse è per questo che per me pazzo è l'aggettivo più difficile da definire. E' a metà tra positivo e negativo.

Chiavi: 1 perché è sinoninmo di bello, per lei;
2 al modo di essere di una persona;
3 per essere gentile;
4 sí;
5 no;
6 no;
7 sí;
8 sensibile;
9 testardo;
10 no.

abilità

In questa sezione presentiamo un altro stimolo ad affrontare il testo in modo non tradizionale. Per tradizionale intendiamo l'approccio che molti studenti ancora adottano nell'affrontare la difficoltà testuale, di tipo lessicale o strutturale.

Molti fanno ricorso, spesso in maniera inconscia, alla traduzione, strumento utile, ma a volte non tanto efficiente. In molti casi non è necessario capire tutto per cogliere il senso. Nelle attività che seguono continuiamo a cercare di abituare gli studenti a procedere nella lettura in modo diverso.

 2 In alcuni casi queste parole o espressioni sono indispensabili per la comprensione.

Quali altre domande puoi fare a te stesso per capire la parola *difetti*?

Probabilmente qualche studente dirà che spesso cerca somiglianze tra la propria lingua o un'altra conosciuta e l'italiano. E' un ottimo modo!
Raccolga tra gli studenti altre possibili strategie.

 3 Leggi il testo e scegli la parola o l'espressione che ha lo stesso significato delle seguenti, secondo il contesto del brano di Moravia.

Chiavi:	
tosta	= b) dura, soda;
straccione	= a) povere;
di traverso	= c) in modo ostile, non benevolo;
senza battere ciglia	= a) senza chiudere gli occhi;
difetti	= a) imperfezioni fisiche o morali;
si faccia largo a forza di gomiti	= c) si apra la strada con forza;
toro	= c) animale bovino maschio adulto;
sollevare	= a) alzare;
prepotenza	= c) volontà di dominare con le minacce.

civiltà

 3 Leggi il brano...

Il giorno prima di affrontare questa lettura -o anche il giorno dopo, per richiamarla alla mente- si può chiedere agli studenti di portare delle foto di "bellezze" italiane maschili e femminili, da confrontare con quelle degli anni passati che abbiamo riportato sulla pagina.

Può essere una scusa per riflettere sugli stereotipi, che non sono solo caratteriali, ma anche fisici.

Attività supplementare

E' facilissimo disegnare questo cruciverba alla lavagna, mettendo solo le lettere segnate. Si tratta dei difetti di Pina, nel racconto di Moravia; gli studenti devono cercare di completare il cruciverba nel minor tempo possibile

Appunti:

_____

_____

_____

_____

_____

_____

_____

_____

_____

_____

_____

_____

_____

_____

_____

_____

grammatica

 1 Unisci le frasi delle due colonne con un pronome relativo.

> Chiavi: 2 con e; cui
> 3 con a; che
> 4 con b; cui
> 5 con d; cui
> 6 con f; cui

 2 Unisci le frasi usando un pronome relativo.

> Chiavi: 2 questo è il mio appartamento in cui vivo dal 1991.
> 3 Roma è una città bellissima in cui ci sono monumenti meravigliosi.
> 4 Questa è la macchina della ditta con cui ho fatto un incidente la settimana scorsa.
> 5 Sto cercando una persona che sta nella stanza 232.
> 6 Mariella sta parlando con alcuni signori che ha conosciuto ieri.

 3 Metti il pronome relativo, scegli tra *ciò che* e *chi*.

> Chiavi: 2 chi; 3 chi; 4 ciò che; 5 chi; 6 chi; 7 ciò che; 8 chi.

 4 Completa le frasi con *il/la/i/le cui*.

> Chiavi: 2 il cui; 3 i cui; 4 le cui; 5 i cui.

 5 Metti l'aggettivo giusto dal riquadro.

> Chiavi: 2 piccolissimo; 3 carissime; 4 nuovissimo; 5 innamoratissima; 6 bellissimo, poverissimo.

Approfondimento culturale
Il superlativo

L'uso del superlativo sta diffondendosi in maniera esponenziale come effetto dei film, dei giornali, dei mezzi di comunicazione di massa americani.

Negli Stati Uniti (a differenza dell'Inghilterra, dove prevale l'understatement) l'uso del superlativo è molto diffuso: non esiste paesino del profondo Midwest che non abbia, all'entrata della Main Street, un cartello con scritto su che qualcosa in quel villaggio è the best oppure the most…

Gli adolescenti e i giovani da sempre tendono a estremizzare, ad accentuare, quindi a servirsi del superlativo; ma gli adolescenti e i giovani d'oggi tendono a incrementare questa loro caratteristica con un abuso di esclamazioni, superlativi, iperboli:

una persona non è "simpatica", "allegra", bensì pazza completa, fuori di testa o addirittura fuoriditestissima; di un ragazzo che non sta simpatico al parlante ho sentito dire che era un testadicazzissimo…;
un ragazzo spesso è figo (al nord) o fico (al sud), quindi fighissimo, fichissimo; meno usato il femminile, per ovvie ragioni;
molti di questi ragazzi o ambienti non sono solo fighi, ma superfighi, megafighi, extrafighi; certi ambienti possono essere mega-galattici, iper-mega-galattici, allo stesso modo in cui anche un negozio un po' vasto diventa un supermercato, per cui gli shopping centre di periferia sono costretti a diventare ipermercati;
c'è poi un modo particolare delle ragazze di pronunciare il superlativo (ma anche i diminutivi in –ino): si tratta di un prolungamento della "i", per cui il gattiiiiino è belliiiiiiissimo.
Infine, va registrato un abuso di aggettivi fortemente positivi: in qualunque negozio oggi ci verrà detto che un capo è splendido, eccezionale, insuperabile, perfetto, insostituibile, magnifico…

 6 Rispondi alle frasi come nell'esempio, usando l'aggettivo che ritieni appropriato.

> Chiavi: risposte libere.

7 Completa con l'aggettivo o il nome corretto.

> Chiavi: 2 esamone; 3 casina; 4 gattini; 5 carina/bellina; 6 ragazzaccio.

Esercizio di ripasso: le preposizioni.

 8 Metti la preposizione corretta.

Questo tipo di esercizio, apparentemente decontestualizzato rispetto all'attività che abbiamo fatto in precedenza, compare in molte unità: serve per rifocalizzare l'attenzione degli studenti su temi grammaticali che hanno già incontrato in precedenza e che vanno comunque ripresi di quando in quando.

> Chiavi: 2 di, con/a, della, di; 3 di, per, in; 4 alla, da; 5 a, per; 6 in, a; 7 in, a; 8 a, a; 9 dall';
>   10 tra/fra, a; 11 su; 12 nella, dal, al, dalle, alle.

Attività supplementare
Bullo o bullone?
Gli accrescitivi e i diminutivi spesso cerano brutti scherzi:
tomba e tombino,
monte e montone,
matto e mattino o mattone.
In questa pagina abbiamo una possibilità simpatica: basterà disegnare alla lavagna un bullone stilizzato, cioè una di quelle grosse viti con la capocchia spessa e esagonale, e chiedere che cos'ha in comune con il ragazzone/ragazzaccio fotografato in alto nella pagina.
Naturalmente nessuno sa rispondere. Allora si può spiegare che in italiano un ragazzo grande e grosso, arrogante e prepotente, spesso ignorante, è chiamato bullo, anzi di solito è un bullo di periferia, oppure se non è prestante è un bulletto. Ma non può essere un… bullone!
Su questo principio si può costruire una serie di modificazioni rischiose: oltre a quelle viste sopra, ricordiamo anche:
torre e torrone,
cane e canino,
mostra e mostrina.

fonologia • che esclamativo • /p/ vs. /pp/ • /b/ vs. /bb/

1 Ascolta questo brano tratto dal dialogo iniziale.

Il riascolto di queste due battute ha lo scopo di mostrare l'uso della struttura *che* + aggettivo, o sostantivo. Si tratta di una struttura molto comune nell'italiano parlato che, tuttavia, va realizzata con un adeguato supporto intonativo.

2 Leggi le battute dell'esercizio 1 con un compagno. Fa' attenzione all'intonazione.

Faccia leggere le battute in coppia, una o due volte, cambiando compagno. Faccia notare che, soprattutto nell'italiano parlato, molto spesso si usa *che* + sostantivo/aggettivo per esprimere uno stato d'animo. L'intera espressione, in questo caso, è accompagnata da un'intonazione discendente che esprime disgusto. In realtà, come si vedrà meglio nella prossima attività, questa struttura può essere usata con una gamma molta ampia di intonazioni, adeguandosi al contesto e alle necessità espressive del parlante. Faccia anche osservare che molto spesso, nelle varietà di lingua più informale, o nella lingua giovanile, sono usate delle formule sentite come più espressive per esprimere lo stesso stato d'animo qui espresso da *che noia*. Si tratta di espressioni come *che pizza*, *che barba* ecc. (Cfr. vignette).

3 Con un compagno forma delle esclamazioni con *che*, scegli gli aggettivi o i sostantivi...

Quest'attività ha il compito di mettere in luce le potenzialità espressive di questa struttura. Faccia osservare le vignette e le faccia collegare ai sostantivi e agli aggettivi indicati. Si tratta di parole presumibilmente conosciute agli studenti; tuttavia, le consigliamo di passare rapidamente in rassegna le parole chiedendo se esse sono caratterizzate da un significato negativo, o positivo. Naturalmente, mentre per gli aggettivi sarà possibile individuare un ambito di appartenenza abbastanza preciso (positivo, negativo) per i due sostantivi (spettacolo, ragazzo/a) la sfumatura di significato dipende strettamente dal contesto in cui essi sono collocati. Quindi, chieda agli studenti di precisare a quale ipotetica situazione si riferiscono i sostantivi: uno spettacolo brutto, o bello, interessante ecc. Faccia lavorare in coppia, sottolineando, ancora una volta, l'importanza dell'intonazione che può cambiare completamente il significato della struttura. Per quanto concerne il controllo, può limitarsi a passare tra i banchi per ascoltare le prestazioni degli studenti.

4 Ascolta i gruppi di parole e fa' un segno nella colonna corrispondente.

Chiavi: 1 cappio cappio cappio; 2 ruppe ruppe rupe; 3 compatto compatto compatto; 4 copia coppia copia; 5 capace capace; capace; 6 scoppi scoppi scopi; 7 capello cappello cappello; 8 capovolto capovolto capovolto.

L'obiettivo è la distinzione tra il suono breve /p/ e il corrispondente suono intenso /pp/. Avverta gli studenti che ascolteranno delle terne di parole.

Le suggeriamo tre ascolti, il primo dedicato esclusivamente all'ascolto di tutte le terne, negli altri due, invece, gli studenti possono completare lo schema presente nel libro studente. Se crede, fra il secondo e il terzo ascolto può far effettuare una verifica di coppia. Alla fine dell'attività, si limiti a fornire le chiavi dell'esercizio. Se lo ritiene opportuno, può dettare le parole come ulteriore rinforzo; tenga conto che in alcune lingue madri, come ad esempio l'arabo, la distinzione tra /p/ e /b/ (trattato nell'attività seguente) può essere di difficile distinzione. Quindi, può essere utile un eventuale rinforzo di questo tipo. Per quanto riguarda le caratteristiche articolatorie di questi suoni rimandiamo al post-it del libro studente.

Chiavi: uguali: 1; 3; 5; 8. Diversi 2; 4; 6; 7.

5 Giochiamo un po'. Trova le parole nascoste nel riquadro. Fa' attenzione...

L'obiettivo è la distinzione tra i suoni /b/ e /bb/, essi costituiscono la variante sonora dei suoni precedenti /p/ e /pp/. Le consigliamo di dare un tempo limite di due o tre minuti per vivacizzare il gioco. Lo scopo è trovare le nove parole contenute nello schema. Per facilitare il compito, le parole sono riportate accanto allo schema. Ricordi agli studenti che non è importante trovare tutte le parole perché l'attività prosegue nell'esercizio successivo. Se crede, fra le due attività può far effettuare un controllo intermedio tra studenti.

A	P	B	P	B	A	B	B	A	A
C	U	B	I	C	O	T	A	A	B
B	B	C	D	A	V	V	B	A	B
S	B	A	M	B	I	N	I	S	A
A	L	C	R	I	Z	E	L	L	N
A	I	N	B	N	B	B	A	R	D
S	C	R	M	A	M	B	I	T	O
B	I	T	E	B	U	I	E	B	N
O	T	R	B	W	S	A	B	I	A
B	A	B	B	O	N	I	A	S	R
I	S	D	E	P	P	A	B	B	E

 6 Ora ascolta le parole dell'attività precedente, prima le orizzontali e poi le verticali. Controlla...

> **Chiavi: orizzontali:** cubico; bambini; babbo; ambito.
> **Verticali:** pubblicità; cabina; nebbia; abbandonare; ebbe.

Faccia ascoltare le parole agli studenti per completare e/o correggere l'attività precedente. È probabile che saranno necessari almeno due ascolti per completare la correzione. Dopo, richiami l'attenzione degli studenti sul fatto che queste parole contengono il suono /b/, o il suono /bb/. A questo punto, passi alla lettura del post-it contenuto nel libro dello studente.

Il post-it si riferisce alle caratteristiche articolatorie dei suoni intensi /pp/ e /bb/. Entrambi sono pronunciati con più forza e intensità rispetto ai corrispondenti suoni scempi /p/ e /b/. Se alcuni studenti hanno difficoltà a pronunciare i suoni intensi /pp/ e /bb/ faccia pronunciare delle parole inventate con dei suoni esageratamente intensi: *co-pppia, ro-bbba* ecc. faccia notare come sia naturale aumentare la pausa prima della pronuncia di questo suono. Dopo,, faccia leggere le parole delle attività 5 e 6 insieme a un compagno.

Sommario

Abbina le frasi o espressioni alla descrizione sotto.

Chiavi: a con 4; b con 7; c con 3; d con 1; e con 6; f con 5; g con 2.

Inserimento delle battute nelle vignette.
Ordine del dialogo:

Chiavi: Giorgia, sono innamoratissima!
Tu innamorata? Non ci posso credere.
Com'è di carattere?
E' molto timido.
Com'è fisicamente?
E' alto e biondo.

TEST

Scrivi il contrario dei seguenti aggettivi.

buono	cattivo
calmo	agitato
educato	maleducato
pessimista	ottimista
estroverso	introverso
triste	allegro
fragile	forte
dinamico	pigro

Associa gli aggettivi ai sinonimi corrispondenti. Osserva l'esempio.

	tranquillo	superbo	leale	fiero	soddisfatto	sonnolento	giusto	incivile	taciturno	svogliato
Pigro						X				X
Orgoglioso		X		X			X			
Onesto			X				X			
Maleducato								X		
Silenzioso	X								X	

Riordina le frasi e aggiungi il pronome relativo.

Chiavi: 1 Questo è il libro di cui ti parlavo.
2 Oggi scrivo alla ragazza che ho conosciuto in Germania.
3 La ragazza con cui vivo si chiama Marta.

Completa il testo con i pronomi relativi.

Chiavi: a cui; che; di cui; con cui; con cui; in cui; che; chi.

Completa i dialoghi con i superlativi assoluti o i nomi alterati.

Chiavi: carissimo; momentaccio; bruttino; caratteraccio.

1 Dove preferiresti passare un fine settimana in estate?

Se vuole seguire un approccio diverso nella gestione di quest'attività provi questa procedura: dica agli studenti di prepararsi per un viaggio nella mente. Chieda loro di chiudere gli occhi e di raffigurarsi la loro casa, il loro quartiere in un mezzogiorno assolato d'estate. Dica loro di immaginarsi il paesaggio e la gente e poi di uscire lentamente da quella immagine per passare al luogo dove preferirebbero trascorrere un fine settimana in estate, con il paesaggio che preferiscono e di cercare di sentire sulla pelle la sensazione provocata dal calore dell'estate. E' lei che deve condurre questa parte dell'attività, è necessario che li guidi dicendo, con voce il più possibile suadente e ripetendo i comandi tipo "rilassatevi" e "sentite il piacere di questa sensazione": "Chiudete gli occhi, rilassatevi, state lasciando questa classe, a poco a poco state uscendo, e siete in viaggio, ora siete arrivati davanti a casa vostra, è mezzogiorno, è estate, è una giornata caldissima, in giro non c'è nessuno, sentite che caldo fa, state sudando, ma fortunatamente è venerdì e potete partire per un luogo dove avete sempre sognato di trascorrere un fine settimana d'estate. Adesso siete in viaggio, fa caldo, ma presto sarete arrivati. Eccovi ne posto che avete scelto. Guardatevi attorno, com'è? Che cosa vedete? Quali rumori sentite? Osservate i colori, com'è? C'è tranquillità? Sentite il clima sulla pelle, ascoltate i suoni, sentite i profumi. State bene, guardatevi attorno, com'è la natura? Com'è il tempo? Voi cosa state facendo? Guardatevi bene attorno ancora per un momento e poi lentamente, lentamente, quando decidete che siete pronti, tornate qui nella classe e aprite gli occhi, lentamente. Quando avete aperto gli occh prendete la penna e scrivete la descrizione del tempo che avete immaginato." Tutti questi comandi oltre che con un tonc molto suadente, calmo, rilassato, vanno dati con tempi piuttosto lenti, i tempi del rilassamento, della tranquillità, vannc ripetuti e vanno previste pause tra un comando e l'altro.

 2 Ora insieme a un compagno parla della tua scelta e motivala.

Se ha accolto il suggerimento dell'attività precedente, può chiedere agli studenti di descrivere il posto che hanno imma ginato e le attività che si possono fare. Poi tutti insieme raccontatevi i tipi di fine settimana che sono emersi. Se vuole puc chiedere come si sono trovati gli studenti a svolgere un'attività nel modo indicato nell'1. Chiedete loro se sono riusciti a produrre una descrizione più complessa del solito.

 3 Ascolta la prima parte del dialogo. Secondo te, Sandro dove vorrebbe portare Maria?

Faccia ascoltare una sola volta la registrazione e raccolga qualche ipotesi di risposta alla domanda della consegna: "Secondo te, Sandro dove vorrebbe portare Maria?"

Maria: Sandro, mi avevi promesso di portarmi da qualche parte questo fine settimana. Qui sta facendo un caldo terribile!
Sandro: Ogni promessa è debito! Da' un'occhiata qui. E' un posticino tranquillo, fresco. In agosto sicuramente ci sono turisti, ma si sta bene.
Maria: Ci sei già stato? Sei sicuro che ce la farò a salire lassù?
Sandro: Maria, non ti fidi mai di me! E poi un po' di avventura è meglio della solita routine, non trovi? [Sfuma]

 4 Ascolta la seconda parte del dialogo e trova le differenze nel testo.

Se è necessario faccia ascoltare questa parte due volte. Poi controlli le risposte con tutta la classe facendo leggere ad alta voce il dialogo a due coppie a turno. Controlli, durante la seconda lettura, pronuncia e intonazione.

Maria: Io in realtà avevo pensato a un posto più tranquillo di quello, dove rilassarmi e...
Sandro: In agosto in Italia lo sai che tutti sono in ferie e comunque qui possiamo stare in un piccolo agriturismo che mi hanno descritto come il più bello della zona, tra mucche, maiali e galline!
Maria: Però, un posto più romantico non potevi trovarlo!! Scherzo! Mi sembra un'ottima soluzione!
Sandro: Meno male, a me sembra una bellissima idea.
Maria: Quando partiamo? Non vedo l'ora di andarmene di qui!
Sandro: E' un posto un po' lontano. Cioè, non è il più lontano e meno raggiungibile in assoluto, ma di qua ci vogliono comunque più di quattro ore.
Maria: In macchina, vero?
Sandro: Ma con la mia nuova macchina si viaggia più comodi e freschi.
Maria: Poverino! E' vero, adesso hai anche la macchina con l'aria condizionata. E io sempre a piedi!

 5 ▶▶ `Alla scoperta della lingua.`

Le consigliamo vivamente di non passare agli esercizi della sezione della grammatica! E' opportuno che si limit alla riflessione sul meccanismo per il momento. Senza spiegare troppo dia però la soluzione dell'esercizio.

> Chiavi: **1** B è più tranquillo di A; **2** A è meno tranquillo di B; **3** C è il più tranquillo di tutti.

6 Ecco dove vanno Sandro e Maria. Leggi il testo e rispondi alle domande.

Il testo è autentico, è solo stato adattato in poche parti. E sono diversi i termini molto specifici, a volte tecnici, così come costruzioni della frase un po' complesse. Tuttavia se gli studenti seguono lo sviluppo delle attività evitando di scoraggiarsi (e lei dovrà operare in questo senso!) dovrebbero essere in grado di capire i punti essenziali.

> Chiavi: 1 sugli Appennini in provincia di Reggio Emilia.
> 2 Chi vuole fare passeggiate e osservazioni naturalistiche e a chi vuole fare arrampicate.
> 3 Alle rocce che la compongono.

 7 Cerca nel testo parole o espressioni di significato uguale alle seguenti.

Chiavi:	
attraente	affascinante
scalate	arrampicate
è adatto	ben si presta
monastero	convento
si comincia a vedere	si scorge
sono una prova	restano a testimonianza
epoca	èra

Approfondimento

A proposito dell'ultima parola da trovare, cioè "èra", si può richiamare l'attenzione degli studenti sul fatto che va pronunciata con la "e" aperta, per distinguerla da "éra", imperfetto del verbo "essere".
Volendo, può far notare alla lavagna che, anche se normalmente entrambe le parole si scrivono allo stesso modo, "era", nel momento in cui lo usate fuori contesto oppure in una posizione ambigua si può ricorrere all'uso dell'accento grave o acuto.
Lo stesso può succedere anche con la vocale "o", che ha sia il suono chiuso sia quello aperto, come in "bótte", in cui conserva il vino, oppure in "bòtte", quelle che si prendono in un incontro di boxe.

Una seconda riflessione può riguardare l'uso dell'accento, ancora una volta in contesti che possono lasciare ambiguità, per parole che di solito non lo indicano, come ad esempio:

àncora ancóra
sùbito subìto
ricòrdati ricordàti

Infine, si può far notare agli studenti ispanofoni, che usano di solito l'accento acuto, che in italiano si scrive di solito quello grave, come in "à, ù, ì, ò", riservando l'opposizione grave/acuto solo per "è / é".
In particolare -e questo lo sbagliano anche moltissimi italiani!- la "è" finale di parola è sempre acuta "perché, poiché, affinché, giacché"), e così via, tranne in:

è
cioè
è (la bevanda, che talvolta viene scritto "the")
caffè
Noè

8 Guarda la lista di aggettivi. Quali descrivono la vita in città? Quali descrivono la vita in campagna?

Quali vanno bene per entrambe?
Prima di iniziare l'attività dica agli studenti che a volte alcuni aggettivi vanno bene per entrambi, a volte le risposte dipendono dall'esperienza di ciascuno e che la suddivisione degli aggettivi che verrà data come soluzione rispetterà i luoghi comuni su città e campagna.
Nell'attività successiva potranno usare gli aggettivi secondo il loro modo di pensare.
Quest'attività serve per verificare la comprensione di aggettivi che a volte possono risultare nuovi.

Ecco una suddivisione che rispetta luoghi comuni e stereotipi:

> **Chiavi: campagna:** piccolo; vecchio; isolato; a buon mercato; tranquillo; noioso; sicuro; sano; rilassante; pulito; lento.
> **Città:** caotico; grande; moderno; caro; affollato; interessante; pericoloso; inquinato; stressante; rumoroso; veloce.

 9 E tu cosa ne pensi? Scrivi delle frasi come nell'esempio, usando gli aggettivi dell'attività precedente.

In quest'attività invece gli studenti devono fare delle frasi che rispecchino il proprio modo di vedere le cose.

 10 Siete d'accordo? A coppie, fatevi delle domande e date risposte come nell'esempio.

Prima di fare l'attività dia altri esempi, se necessario, sull'uso di "anche secondo me" e "invece secondo me".
Agli studenti deve risultare molto chiaro come si usano.

 11 Ora invita un compagno o una compagna a passare un fine settimana in qualche posto.

Quest'attività dovrebbe essere fatta oralmente, ma alla fine se lo ritiene opportuno, in particolare con classi deboli, chieda agli studenti di scrivere la conversazione. Li lasci lavorare a coppie.

12 Pasquale è un giovane di circa 30 anni che ha deciso di cambiare vita.

Ascolta la sua esperienza e di' se le affermazioni sono vere o false. Non faccia alcun'attività introduttiva all'ascolto. Si limiti come al solito a verificare che le parole delle affermazioni vero/falso siano chiare.

Fino a un paio d'anni fa vivevo in città. Ero molto contento della mia vita. Avevo un lavoro che mi piaceva, soprattutto perché guadagnavo abbastanza e lavoravo senza lo stress di orari fissi troppo impegnativi. Facevo l'amministratore di condominio. Passavo le giornate tra l'ufficio a parlare con le persone che mi chiamavano per problemi dei loro condomini e la soluzione di quegli stessi problemi. A poco a poco però ho cominciato a stancarmi. Tutti avevano gli stessi guai: "Sig. Pasquale, il mio vicino ha il televisore troppo alto." "Sig. Amministratore, doveva venire il muratore la settimana scorsa e non si è ancora visto." "La lavatrice del vicino mi ha bagnato in camera e l'assicurazione non paga." "La televisione non si vede bene!" "Il regolamento dice che non si possono tenere animali in casa." Ecco forse è stato proprio questo che mi ha spinto a cambiare vita: gli animali e la convinzione che tutto sommato la loro vita è migliore!

Chiavi: 2 vero; 3 vero; 4 falso.

13 Ora, a coppie pensate a come può essere cambiata la vita di Pasquale.

Cerchi di stimolare più idee possibile, passando tra i banchi e, se gli studenti sono in difficoltà, provocando riflessioni, ad esempio: "Secondo me Pasquale era così arrabbiato con il mondo che si è messo ad allevare conigli e polli per ucciderli con le sue mani!"

14 Raccontate alla classe le vostre idee sulla nuova vita di Pasquale e ascoltate quella dei vostri compagni. Qual è la più simpatica?

Con tutta la classe ascoltate le varie ipotesi e scegliete la più originale o convincente.

15 Ora ascoltate ciò che dice Pasquale. Qualcuno di voi ha indovinato? Confronti l'ascolto …

Gli animali sono stati una vera e propria illuminazione. Ho affittato una piccola fattoria disabitata in campagna, non lontano dalla città. L'ho un po' sistemata e ho ricreato l'ambiente tipico di una fattoria: l'ambiente di vita degli animali: ho delle galline, galli, polli, pulcini, dei conigli, delle oche e delle anatre. Ma ho anche tre cavalli e delle mucche da latte. Un paio di maiali e un asino. Sembra un po' la Fattoria degli animali di Orwell o quella dello Zio Tobia. Poi coltivo i campi: un po' di grano, cipolle e pomodori e ho un orto dove ho tutte le mie verdure. Per guadagnare un po' di soldi, visto che non vendo i miei animali!! Ma anzi li tengo qui e li curo nel migliore dei modi… dicevo, per guadagnare dei soldi la mia fattoria è sempre aperta e faccio delle visite guidate per i bambini, a cui spiego tutto della vita degli animali e della fattoria. Hanno anche la possibilità di provare a mungere le mucche, a raccogliere le uova o i pomodori e le cipolle in estate. Oppure a fare una serie di lavori di campagna. Il mio sogno è aprire un piccolo ostello qui nella fattoria e fare dei soggiorni per bambini di una settimana… I bambini di città oggi sanno così poco sulla campagna!! E sulle sue regole e non sanno rispettarla.

16 Ascolta nuovamente la registrazione e scrivi il nome degli animali che senti.

Alla fine dell'ascolto scriva i nomi degli animali sulla lavagna e per spiegare di che animali si tratta faccia il verso dell'animale in questione. In italiano il gallo fa chiccchirichì, la gallina coccodè, il gatto miao, il cane bau bau, l'anatra qua qua, la mucca muu, la pecora bèè, l'asino ih_oh (con una pausa tra la ih e la oh), l'uccellino cip cip, la zanzara bzzzzz, il pulcino pio pio ; il pesce apre e chiude la bocca, ma non fa alcun rumore, come se si dicessero serie "m"; i versi del maiale e del cavallo sono un po' difficili da rendere: il cavallo fa più o meno hihihihi e il maiale grunch grunch. Solitamente diventa simpatico confrontare i vari versi. Se vuole, dica anche che in italiano quando uno si fa male dice: "Ahi".

IN UNA DELLE PROSSIME PAGINE TROVA DELLE ATTIVITA' SUPPLEMENTARI SUL LESSICO. Può fotocopiare lo schema o farlo alla lavagna e poi lei può "dire" che animale va scritto in ogni riga o colonna facendo il verso di quell'animale. In una pagina successiva trova altri approfondimenti sul tema.

Lessico

1 Abbina i nomi degli animali alle figure.

Se lo ritiene opportuno può far lavorare gli studenti in coppia per fare quest'attività.

2 Quali di queste parole riguardano la città e quali riguardano la campagna? Quali tutte e due?

Prima di dire il significato di eventuali parole non note, lasci che gli studenti facciano ricorso a tutte le loro risorse. Poi faccia controllare le liste a coppie, dicendo di aiutarsi a vicenda per capire le parole nuove.

Chiavi:	
Città:	autobus; grattacielo; monumento; fabbrica
Campagna:	trattore; carro; bosco; fattoria; paese; pollaio; stalla; contadino; coltivazione.
Entrambi:	macchina; fiume; bicicletta; casa; ponte; orto; cuccia del cane; albero; collina; parco; campo.

abilità

 1 Insieme a un compagno rispondi alle domande.

Cosa si fa o cosa si dice nel tuo paese in queste situazioni?
Prima di fare l'esercizio cerchi di creare qualche tipico malinteso con la lingua o di sottolineare abitudini, convenzioni sociali particolari. In molte lingue e culture vi sono convenzioni che ad altri sembrano o possono sembrare strane, ad esempio i gesti con le mani che tanto si usano in Italia, ecc. Poi faccia affrontare l'esercizio individualmente.
In una classe multilingue dedichi un po' di tempo a parlare delle abitudini nei diversi paesi attraverso le risposte ai quesiti di quest'attività.
Non riveli cosa succede in Italia. Le risposte verranno dall'attività d'ascolto che segue.

 2 Ascolta un italiano che risponde a queste domande e annota le sue risposte.

Prima di iniziare faccia presente quanto sia importante prepararsi in modo corretto alla lettura o all'ascolto, e cioè avendo cercato di immaginare il più possibile il contenuto del testo.
Dopo il primo ascolto controlli le risposte con tutta la classe, poi faccia riascoltare fermando il nastro dopo ogni singola risposta per controllare la comprensione.

Allora provo a rispondere brevemente alle domande.
Se uno ti dice grazie, in Italia dovresti rispondere "prego", sì, si deve rispondere "prego".
Se uno vuol fare un brindisi... Beh, dico "cin cin" o "alla salute".
Se uno starnutisce... si dovrebbe dire "salute", ma spesso la gente non dice niente.
Quando pago il conto in un ristorante, gli do i soldi, saluto ed esco. Si può dare una mancia, ma non è obbligatorio, anzi non è neanche molto comune.
In Italia a teatro bisogna andarci abbastanza eleganti. Anche se molti giovani non ci badano troppo.
Quando parli con il tuo insegnante normalmente lo chiami per nome? No, non per nome in Italia, al massimo per cognome, ma sempre con il titolo "Professore" davanti al cognome. E poi si dà del lei.
Se stai aspettando l'autobus insieme a altre persone, quando l'autobus arriva cosa fai? Io aspetto il mio turno, si deve aspettare se c'è una coda, ma gli italiani sono indisciplinati e non le rispettano mai!
Se entri in un ristorante o in una pizzeria e non ci sono tavoli liberi, ma in un tavolo c'è una persona da sola, cosa fai? In Italia solitamente non ci si siede con altre persone che non si conoscono.
Si aspetta in piedi o si cerca un altro ristorante.
Quando incontro un amico che non vedo da anni, se è una donna la bacio, due bacetti sulle guance, se è un uomo e siamo molto amici lo abbraccio, ma niente baci, se non siamo molto amici gli do la mano.
Quando ti presentano una persona, cosa fai? In Italia si deve stringere la mano. A meno che non si tratti di ragazzi giovani.
Quando entro in casa di una persona, chiedo permesso e aspetto che mi dica dove sedermi.
Quando faccio entrare una persona a casa mia, dico "accomodati" o "si accomodi" se le do del lei, e poi magari posso dire "fa' come se fossi a casa tua" o qualche altra formula di benvenuto.
Oh, l'ultima è una splendida domanda. Cosa faccio? Dovrei aspettare che il semaforo diventasse verde.
Ma in Italia non mi ricordo d'averlo fatto mai!! Anzi credo proprio che le regole del traffico non siano il mio forte.

3 Ci sono differenze con il tuo paese? Insieme a un compagno rispondi a questa domanda.

Lasci il tempo necessario per fare quest'attività anche nel caso gli studenti si "perdano in chiacchiere".

 4 Adesso scrivi alcune regole di comportamento che riguardano il tuo paese e confrontale con quanto sai dell'Italia. Usa: *devi/bisogna, dovresti, puoi.*

Controlli le regole scritte leggendole con tutta la classe. Lasci che ne esca, e ce lo auguriamo, una qualche discussione, anche sull'opportunità di rispettare certe convenzioni. Se vuole citi il famoso proverbio che esiste in varie lingue e che vede gli italiani, o meglio i Romani protagonisti. In inglese: "When in Rome do as the Romans do", attribuito a Sant'Ambrogio.

 5 I testi che seguono non sono in ordine. Da' un'occhiata veloce. Di che testi si tratta?

Sono i testi di un regolamento di condominio e della fattoria di Pasquale.
Si soffermi con gli studenti sul significato di "è vietato".

 6 Ora riordina i due testi, dividendoli.

Chiavi:
Condominio
Si deve fare riferimento alla legge per quanto riguarda ciò che non è previsto dal presente Regolamento.
Tutti devono rispettare il presente Regolamento.
Si devono evitare rumori molesti dalle 13.30 alle 15.30.
E' vietato esporre targhe o qualsiasi altro tipo di pubblicità.
Ogni condomino deve eseguire nella propria abitazione i lavori di riparazione necessari.
Nessuno può modificare la struttura esterna del condominio.
Nessuno può usare gli spazi comuni per fini personali, se non autorizzato dagli altri.
Non si può stendere i vestiti o esporre qualsiasi altro oggetto sui balconi, se sono visibili dalla strada.
E' vietato tenere animali, quali cani, gatti, ecc.
Fattoria di Pasquale
E' vietato camminare sui campi coltivati.
Si devono rispettare gli animali.
Non si deve disturbare la vita degli altri esseri.
Si devono chiudere i cancelli e i recinti.
Non si può lasciar liberi i propri cani.
Non si possono raccogliere fiori.
Non ci si può arrampicare sugli alberi.
Non si deve gettare la spazzatura in terra.
E' vietato toccare gli animali.

7 Scrivi un regolamento per la tua scuola ideale.

Soprattutto con classi di adolescenti quest'attività può coinvolgere gli studenti con una certa intensità.

Attività supplementare sugli animali

Inserisci nello schema i nomi degli animali sulla base del... dettato del/la tuo/a insegnante.

E adesso, l'insegnante vi chiederà che animale avete scritto, ad esempio in 3 orizzontale, e voi dovrete fare il verso dell'animale... in italiano!

Soluzione del cruciverba

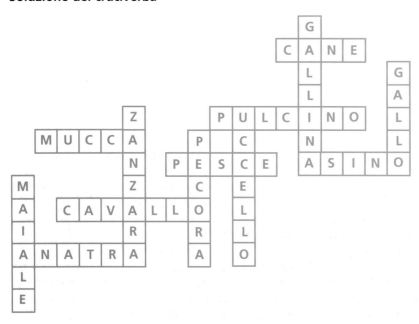

3 Ascolta l'intervista e rispondi alle domande. Le foto dell'esercizio che segue possono aiutarti.

Giornalista: Oggi abbiamo con noi il prof. Moretti che ci parlerà di due grandi bellezze naturali
italiane, di due tra i più bei parchi nazionali del nostro paese. Buongiorno prof. Moretti.
Moretti: Buongiorno. Esatto vi parlerò di due parchi diversissimi tra loro. Il primo è il più vecchio parco nazionale
italiano, quello del Gran Paradiso. Il territorio del parco si trova a cavallo tra il Piemonte e la Valle d'Aosta e si
estende per circa 70.000 ettari di territorio alpino. La nascita del parco è strettamente legata alla protezione di
un animale, lo stambecco, che già nel 1856 rischiava l'estinzione.
Oggi, fortunatamente, lo stambecco è salvo e non è difficile incontrarlo durante le visite nel parco. Il paesaggio
è di grande fascino, le montagne, i bellissimi boschi del fondovalle sono ricchi di larici, abeti rossi, pini cembri e
dei più rari abeti bianchi.
Quando si sale i boschi lasciano il posto ai pascoli alpini ricchi di fiori in primavera. Salendo ancora si incontrano
rocce e ghiacciai fino ad
arrivare alle montagne più alte che toccano i 4.000 metri con quella del Gran Paradiso.
G: Si tratta quindi di un parco da visitare per gli amanti della montagna.
M: Esatto, un paesaggio di grande fascino, indimenticabile, in tutte le stagioni.
Mentre vorrei parlare di un altro parco di grande bellezza, questo per gli amanti del mare.
Si tratta del Parco dell'Arcipelago della Maddalena nel mare a nord della Sardegna, uno dei mari più belli e puli-
ti del mondo. Si tratta di un gruppo di isole di rara bellezza ed è considerato, in tutto il mondo, un capolavoro
della natura. I visitatori possono ammirare spiagge dalla sabbia bianca o rosa, rocce modellate dal vento e non è
raro incontrare delfini e altri grandi pesci. In una delle isole, Caprera, Garibaldi pensò all'unità d'Italia, poi vi ritor-
nò per rimanerci per sempre, nella famosa "casa bianca" che è ora museo nazionale.

Chiavi: 1 il Parco del Gran Paradiso e il Parco dell'Arcipelago della Maddalena.
  2 Il Parco del Gran Paradiso si trova in Piemonte e in Val d'Aosta.
  3 Si possono trovare boschi (larici, abeti rossi e bianchi, pini cembri), una grande quantità di
     fiori in primavera, pascoli alpini, ghiacciai, montagne altissime.
  4 Lo stambecco.
  5 L'arcipelago della Maddalena fa parte della Sardegna, si trova al nord.
  6 Si tratta di un territorio marino.
  7 Non è raro incontrare, nelle acque che circondano l'arcipelago, delfini e altri grandi pesci.
  8 Giuseppe Garibaldi.

---

 4 Scrivi sotto ogni foto di che cosa si tratta.

Chiavi: 1 uno stambecco; **2 e 3** paesaggi alpini con laghi; ghiacciai; montagne e valli; pini; rocce;
     4, 5, 6 paesaggi marini con scogliere; coste; grotte.

Approfondimento culturale

Queste due pagine riguardano un tema molto sentito nell'Italia di oggi, quello che genericamente possiamo
includere nell'espressione "sensibilità ecologica".
A parole, tutti gli italiani sono ipersensibili al problema della salvaguardia dell'ambiente e della natura; nei fatti
le cose stanno diversamente: con le elezioni del 2001, che hanno portato al secondo governo Berlusconi,
il movimento dei verdi è scomparso, quindi l'ecologismo non ha più una voce politica autonoma in parlamento.
Per cui tutti i partiti possono dirsi portatori delle preoccupazioni ambientalistiche, ma di fatto nessuno è poi
responsabile: nelle grandi opere (ferrovia ad alta velocità, raddoppio dell'Autostrada del Sole tra Bologna e
Firenze, la tangenziale di Mestre, dove si imbottiglia tutto il traffico tra Europa sud-occidentale e sud-orientale)
la difesa dell'ambiente serve a piccoli comuni per bloccare o ritardare il passaggio delle grandi vie di traffico
sul loro territorio, ma tutti gli altri comuni, le province, le regioni, lo Stato stesso -e soprattutto la gente-
ritengono che, pur con rammarico, l'ambientalismo vada messo a tacere trattandosi di infrastrutture
fondamentali. I parchi nazionali, poi, sono un caso eclatante: tutti applaudono l'istituzione dei parchi regionali
(che si aggiungono a quelli di p. 123) come quelli del delta del Po, quello di Portofino in Liguria, dell'Isola
d'Elba, ecc. – ma poi nessuno vuole che la propria area diventi parco naturale, per non perdere la possiiblità di
costruire, di far strade, ecc.

Approfondimento linguistico-culturale

Gli animali hanno sempre giocato una parte importante nella vita degli uomini, quindi sono stati usati per molte creazioni linguistiche, tra cui metafore ormai fossilizzate, entrate nel lessico comune, come in questo esempio:

la volpe è l'animale più furbo ➝

Gianni è un tipo molto furbo ➝

Gianni è furbo come una volpe ➝

Gianni è una volpe

Ecco alcune metafore di natura animale.
Inviti i suoi studenti a confrontarle con quelle della loro lingua:

forte come un leone
forte come un toro
cocciuto come un asino, un somaro, un ciuco
viscido e infido come un serpente
traditore e mortale come una vipera
stupido come una gallina
vanitoso come un pavone
macho come un galletto
fedele come un cane
muto come un pesce
intelligente come un'aquila
feroce come una tigre
lento come una lumaca
svelto come una lepre
sano come un pesce
libidinoso come un riccio
prolifico come un coniglio
fedele e obbediente come una pecora

grammatica

 1 Trasforma le frasi mantenendo lo stesso significato.

Chiavi: 2 la Macedonia è meno ricca dell'Italia.
2 La Macedonia è più povera dell'Italia.
3 Catania è meno grande di Palermo.
3 Catania è più piccola di Palermo.
4 Vivere in campagna è meno stressante che vivere in città.
4 Vivere in campagna è più rilassante che vivere in città.
5 Giocare a carte è meno interessante che leggere un libro.
5 Giocare a carte è più interessante che leggere un libro.

 2 Completa con *di* o *che*.

Chiavi: 2 che; 3 che; 4 che; 5 di; 6 che; 7 che; 8 di.

 3 Continua le frasi con un comparativo.

Chiavi: 2 più nuova; 3 (varie possibilità) più simpatica; 4 più alto; 5 (varie possibilità) più difficile;
6 meglio, più sano.

 4 Metti in relazione le parole, facendo dei paragoni.

Chiavi: spesso sono possibili varie soluzioni.
2 La Divina Commedia è più lunga di un racconto di Moravia.
3 L'aereo è più veloce della bicicletta.
4 L'elefante è più grande del topo.
5 La città è più stressante della campagna.
6 Mangiare a casa è più sano che mangiare al ristorante.

 5 Fa' delle frasi con i superlativi relativi.

Chiavi: 2 la Cina è il paese più popolato del mondo.
3 Roma è la città più grande d'Italia.
4 Il Nilo è il fiume più lungo del mondo.
5 Silvia è l'insegnante più preparata della scuola.
6 Carla è la ragazza più carina della classe.

 6 Riscrivi le frasi con un superlativo assoluto.

Chiavi: 2 bellissimo; 3 interessantissimo; 4 affascinantissima.

ommento alla vignetta
ome abbiamo notato nell'Unità 8, gli italiani stanno scoprendo l'uso intensivo e creativo del superlativo.
prenda con gli studenti le osservazioni che sono state fatte in quell'unità
uello che sta avvenendo, con orrore di chi ama l'italiano classico, è l'intenso uso dei superlativi di nomi,
ziché di aggettivi:
uesto è un governissimo!
gi c'è la partitissima
così via…

7 Completa le frasi usando *anzi*.

> Chiavi: varie soluzioni possibili.
>   2 Anzi non ne ho più.
>   3 Anzi è la più bella d'Italia.
>   4 Anzi è la regione italiana più interessante.
>   5 Anzi, preferisco uscire a fare una passeggiata.
>   6 Anzi mi porti una media, per favore.

 8 Trasforma le frasi usando *invece di*.

> Chiavi: 2 mi piacciono i paesi tropicali perché la gente invece di lavorare tanto si gode la vita.
>   3 Sono arrabbiato con mia moglie perché invece di aspettarmi è andata a casa da sola.
>   4 Questa sera esco con gli amici invece di stare in casa a guardare la televisione.
>   5 Ho scritto una lettera a Daisy invece di telefonarle, perché costa troppo.
>   6 Invece di comprare una macchina nuova, ho deciso che farò un viaggio di tre mesi.

Calabria

La Calabria è una penisola montuosa, difficile da attraversare, bloccata d'inverno dalla neve: essenzialmente la parte abitabile è la lunga costa a nord e sud di una aspra catena montuosa.

Ma nonostante queste difficoltà la Calabria è stata una delle mete preferite dai Greci durante la loro colonizzazione: Sibari, Crotone, Locri, Reggio e molte altre città sono di origine greca, e ancora ne portano le tracce.

Il simbolo della rinascita della Calabria, forse la più povera delle aree italiane, è stato la scoperta delle due eccezionali statue bronzee a Riace: la loro sistemazione a Reggio, insieme alla pubblicità che ne è derivata, ha dato slancio al turismo, la principale risorsa per una regione priva di possibilità agricole e distante dal cuore industriale europeo.

Bari

Il capoluogo della Puglia è un'antica città da sempre legata al mondo greco (precisamene all'Epiro, l'antico nome dell'Albania, che le sta proprio di fronte) e ha conservato per millenni questo suo ruolo di ponte tra Italia e Oriente.

Importante roccaforte contro i "saraceni" durante il medioevo, la sua parte antica era stata di fatto abbandonata a poveri e malavitosi in questo secolo. Recentemente un progetto di rivitalizzazione di Bari vecchia ha permesso di restaurare il centro storico, ha portato l'insediamento di dipartimenti universitari e quindi ha aperto la strada a turisti che hanno dato vita a una nuova faccia della città – una faccia stupenda, una città da non perdere.

9 Completa le frasi con *sembra* o *sembrano* più un pronome.

Chiavi: 2 mi sembra; 3 ti sembrano; 4 vi sembrano; 5 le sembra; 6 gli sembrano.

fonologia • *beh!* • dittonghi/trittonghi

 1 Ascolta questo brano del dialogo iniziale.

Lo scopo di questa attività è mettere in risalto l'esclamazione *beh*. Oltre a essere di ampio uso, questa forma può ricoprire una gamma di significati altrettanto vasta, può essere usata con significato conclusivo, come nell'esempio riportato, oppure con significato interrogativo (*beh?*). O ancora come semplice segnale discorsivo (*beh…*). Molto spesso si usa in apertura di frase. Se crede può dire agli studenti che la parola *beh* è originata dal troncamento di *bene*. Per altri esempi, si veda l'attività seguente.

 2 Nel brano iniziale Sandro usa l'interiezione *beh*, molto comune nell'italiano parlato. Forma dei brevi dialoghi abbinando alla prima colonna le risposte della seconda.

In questa attività gli studenti devono formare dei brevi dialoghi, sulla base delle informazioni contenute nelle frasi della seconda colonna. Lo scopo è mostrare alcuni usi di *beh*. Nelle frasi 1) e 3) ad esempio, *beh* può essere sostituito dall'avverbio affermativo *sì*. Nelle altre, frasi, invece, *beh* costituisce un segnale di apertura del discorso, molto comune nelle risposte. Tuttavia, va ricordato che spesso, proprio per la sua ampia diffusione, è impossibile dare un valore certo e univoco a questa interiezione. Faccia esercitare gli studenti in coppia. È possibile che vi siano delle discordanze rispetto alle soluzioni qui date, sfrutti queste incertezze come momento di discussione in classe chiedendo agli studenti di giustificare le loro eventuali scelte. Successivamente, può far leggere i dialoghi in coppia.

Chiavi: b3; c1; d2; e6; f4.

 3 Ascolta le frasi e sottolinea le parole che vengono pronunciate.

Chiavi:1 no, prendo i miei se non ti dispiace! 2 Erano qui un momento fa! 3 Poi dimmi che non è vero! 4 I suoi sono di Torino. 5 Vuoi un po' di pasta? 6 Questo è tuo padre? 7 Puoi darmi lo zucchero? 8 È un ragazzo quieto.

Obiettivo dell'attività è la pronuncia di dittonghi e trittonghi già affrontati nel volume precedente a cui rimandiamo per ulteriori approfondimenti (cfr. Unità 10, RETE!1). Suggeriamo tre ascolti, il primo dei quali senza scrivere, prestando attenzione esclusivamente alla registrazione. Nei successivi gli studenti possono sottolineare quale parola ascoltano. Fra il secondo e il terzo ascolto, se crede, faccia controllare gli studenti tra loro.

Chiavi: qui; poi; suoi; vuoi; tuo; puoi.

 4 Leggi le parole dell'attività precedente con un compagno.

In questa seconda parte, gli studenti devono leggere in coppia le parole dell'attività precedente. Ogni coppia di parole è costituita da un dittongo e/o da un trittongo: quindi leggendole insieme gli studenti possono confrontare la diversa pronuncia di questi nessi vocalici. Tuttavia, le parole *mie*, *sui*, *tuo* non formano dei veri dittonghi, ma degli iati. Ricordi anche che nella sillabazione delle parole, i dittonghi, a differenza degli iati, non possono essere divisi perché formano un'unica sillaba.

Unità 9
guida per l'insegnante
città o campagna

sommario

Abbina le frasi o espressioni alla descrizione sotto.

> Chiavi: b con 4; c con 8; d con 1; e con 6; f con 7; g con 5; h con 10; i con 2; j con 12; k con 3; l con 9; m con 11.

Quali battute inseriresti?

> Chiavi: 1 battuta n. 5; 2 battuta n. 2.

Si può ricavare una riflessione sull'ecologismo e l'amore (spesso superficiale e finto) degli italiani per la vita di campagna, riprendendo quanto detto a proposito dei parchi naturali.

Con alcuni studenti può essere necessario spiegare la natura e la funzione dello spaventapasseri, che non è noto ovunque. Volendo si può anche far notare che "spaventapasseri" è una parola composta che non ha plurale.

TEST

1 Osserva le vignette e completa il cruigramma con i nomi di questi animali.

					G	A	T	T	O		
			P	O	L	L	O				
				V	I	T	E	L	L	O	
				C	A	N	E				
S	E	R	P	E	N	T	E				
			C	O	N	I	G	L	I	O	
					M	O	S	C	A		
				C	A	V	A	L	L	O	
				E	L	E	F	A	N	T	E
	G	A	L	L	I	N	A				

3 Riordina le seguenti frasi.

> Chiavi: 1 è meglio essere più intelligenti che furbi (o viceversa).
> 2 Il calcio è lo sport più seguito dagli italiani.
> 3 Nel mondo le donne sono più numerose degli uomini.

4 Completa i brevi dialoghi con i comparativi e i superlativi di *buono, cattivo, bene, male*.

Chiavi: ottima; peggio; migliore; peggiore; meglio; il migliore.

5 Associa le seguenti espressioni come nell'esempio.

B	G	A	E	D	C	F
1	2	3	4	5	6	7

Appunti:

_____

_____

_____

_____

_____

_____

_____

_____

_____

_____

_____

_____

_____

_____

_____

_____

_____

_____

_____

_____

_____

_____

_____

_____

_____

_____

_____

_____

_____

_____

_____

_____

All'inizio della lezione, prima di iniziare le attività chieda agli studenti se ci sono dei vestiti che associano con un determinato periodo storico del loro paese o della loro vita. Ad esempio a qualcuno può venire in mente l'uniforme della scuola elementare.
Chieda di descrivere quel particolare abbigliamento.

 1 Quante volte ti sei messo i jeans nell'ultima settimana?

Faccia fare quest'attività a tutta la classe insieme se la fase d'introduzione ha messo in luce un certo interesse per l'argomento.
Altrimenti faccia riflettere ogni studente singolarmente e prima di iniziare la lettura chieda di interpretare il titolo dell'articolo:
"Addio jeans crudeli".

 2 Leggi l'articolo e rispondi alle domande.

Controlli le risposte di ogni singolo studente dopo aver fatto la correzione oralmente con tutta la classe. Le domande in questo caso presuppongono un certo livello di rielaborazione testuale e quindi vale la pena controllare anche l'esercizio di scrittura. Cerchi però di far questo mentre gli studenti in coppia affrontano l'attività successiva.
Le risposte sono, sul piano linguistico, molto libere.

 3 Sei d'accordo con l'articolo: secondo te i jeans scompariranno?
    Quant'è importante la moda per te? Parlane con un compagno.

Inviti gli studenti a rispondere a ognuna di queste domande argomentando il proprio punto di vista. Ricordi come si esprime accordo o disaccordo:
"anche secondo me…"
"secondo me invece…".

Unità 10
guida per l'insegnante
hai le mani bucate?

 4 Guarda le persone della figura e abbina i vestiti che indossano alle parole.

Si tratta in parte di un ripasso di parole già incontrate. Faccia fare il controllo a coppie, prima di chiedere a uno studente a turno di descrivere i personaggi.

 5 Ascolta due delle persone della figura che descrivono i vestiti che indossano. Chi sono?

Faccia al massimo due ascolti: nel primo chieda di rispondere alla domanda della consegna. Nel secondo inviti a riflettere su come vengono fatte le descrizioni.

1 Oggi volevo vestirmi un po' più sportiva, per cui ho pensato di indossare un maglione con dei jeans chiaramente in tinta e scarpe da ginnastica. Le calze sulle scarpe da ginnastica... calze abbastanza leggere e dato il tempo fuori, avevo pensato di indossare una giacca a vento con sciarpa e guanti naturalmente. E poi per lasciare un tocco di femminilità, avevo pensato d'indossare un paio di orecchini.
2 Siccome oggi avevo un importante incontro d'affari, ho deciso di vestirmi in questo modo: classico vestito da uomo, con pantaloni e giacca scuri, marrone scuro, una cintura di coccodrillo; la camicia, una camicia piuttosto chiara con una cravatta sul verde bruciato, scuro e ho indossato anche un cappello, un cappello sempre scuro con una... con una fascia piuttosto larga. Sopra tutto un cappotto di cammello.

> **Chiavi: 1** si tratta di una donna, che, si deduce dalla prima frase, solitamente veste abbastanza elegante. È attenta alle combinazioni tra i vari capi indossati e gli accessori tipo le scarpe o gli orecchini. È anche attenta a far risaltare la propria femminilità, un genere casual piuttosto ricercato.
> **2** Qui si tratta di un uomo. È elegante e attento al proprio look a seconda delle circostanze. Deve avere un importante incontro d'affari quindi si veste di conseguenza, con il desiderio o la necessità di far presa sugli interlocutori anche attraverso l'aspetto. Il risultato globale è di una scelta di abbigliamento molto ricercata e forse leggermente snob (cappello scuro con fascia larga...).

 6 Immagina di essere in un negozio d'abbigliamento sportivo.

Quest'attività serve da preparazione della prossima.

> **Chiavi:** chiedi alla commessa di vedere un costume da bagno. La commessa ti mostra vari tipi di costumi. La commessa ti chiede come lo vuoi e che taglia porti. Ne trovi uno che ti piace e chiedi se puoi provarlo. La commessa dice di sì e ti indica il camerino. Lo provi, ti va bene e chiedi quanto costa. La commessa ti dice il prezzo. Chiedi se puoi cambiarlo se non ti piace. La commessa dice che i costumi da bagno non si possono cambiare. Decidi di comprarlo e paghi. La commessa ti dà lo scontrino e il resto, ti ringrazia e ti saluta. Ringrazi e saluti.

7 Come si possono dire queste cose?

Ci sono tanti modi possibili per esprimere le funzioni descritte nell'attività precedente. Incoraggi gli studenti a non preoccuparsene. Faccia poi leggere le conversazioni da varie persone che recitano a turno la parte del cliente e della commessa. Corregga eventuali errori anche di pronuncia, intonazione, ma soprattutto di tipo socio-linguistico: incoraggi a far molta attenzione agli aspetti legati al registro (formale/informale) sia da un punto di vista lessicale o funzionale che da quello dell'intonazione. Ricordi agli studenti che gli italiani "parlano" molto con le mani e quindi anche i gesti fanno parte della comunicazione. Si deve cioè prendere in considerazione anche questo aspetto nel determinare se la comunicazione avviene in modo formale o informale e quali vogliono essere le intenzioni di chi comunica.

> **Chiavi: varie soluzioni possibili.**
> **2** Ecco questi sono i modelli che abbiamo.
> **3** Come lo vuole? Che taglia porta?
> **4** Questo potrebbe andare bene. Posso provarlo?
> **5** Certo, il camerino è là in fondo a destra.
> **6** Sì, mi va bene, quanto costa?
> **7** Costa 40 euro.
> **8** Mi scusi, se non mi piace, posso cambiarlo?
> **9** Mi dispiace, i costumi da bagno non si possono cambiare.
> **10** Non fa niente. Questo mi piace, lo prendo. Eccole 50 euro.
> **11** Ecco il suo scontrino e il resto. Grazie e arrivederci.
> **12** Grazie a lei. Arrivederci.

8 Ora, a coppie fate delle conversazioni simili.
Uno di voi è il commesso o la commessa, l'altro il cliente.

Alla fine riunisca tutta la classe e faccia recitare la scenetta a una coppia di studenti. In una classe particolarmente debole o che abbia comunque bisogno di ulteriori momenti di pratica controllata, faccia recitare la scenetta a tutti gli studenti a turno, mantenendo le coppie che hanno lavorato sull'attività. Il compito di chi ascolta è individuare eventuali errori e votare alla fine la coppia che ha recitato meglio.

 9 Ascolta la conversazione e completala.

Saranno necessari almeno due ascolti, in quanto è un'attività di dettatura con molte parole mancanti. Durante il secondo ascolto può fermare il nastro dopo ogni parola mancante in modo da dare abbastanza tempo per scrivere.

> **Chiavi:** 2 abbigliamento; 3 accessori; 4 cintura; 5 portafoglio; 6 reggiseno; 7 portachiavi; 8 cravatta; 9 plastica; 10 pacchetto.

Elisa: Non mi piace far spesa in questi posti…
Sara: Non ti preoccupare, vedrai che qui troveremo quello che cerchi.
Elisa: Questo è il reparto abbigliamento. Dov'è il reparto accessori?
Sara: Guarda, è là.
Elisa: Dammi un consiglio. Gli prendo una cintura o un portafoglio?
Sara: Ascolta, prima guardiamo cosa hanno e poi decidi, magari trovi un bel reggiseno!
Elisa: Spiritosa! Guarda questo portachiavi in pelle. Ti piace?
Sara: Non saprei…Cosa ne dici di una cravatta?
Elisa: Dai, non scherzare. Sai che Mauro non è tipo da mettersi le cravatte.
Sara: Chiedi al commesso quanto costa questa cintura… Mi sembra proprio carina.
Elisa: E' vero, non l'avevo vista? Ma è di plastica!
Sara: No, è pelle, è solo un po' lucida.
Elisa: Signore, mi scusi quanto costa questa cintura?
Commesso: 55 euro.
Elisa: Però, non è neanche troppo cara… potete farmi una confezione regalo?
Commesso: Certamente, me la dia.
Elisa: Posso pagare con il bancomat?
Commesso: Sì, come preferisce.

 10 ▶▶ **Alla scoperta della lingua.**

Non si soffermi sull'uso dell'imperativo, che peraltro è abbastanza intuitivo, ma sulla forma. Gli studenti dovrebbero essere in grado di ricostruire la regola della formazione dell'imperativo negativo e delle desinenze della forma positiva.

> **Chiavi: ascolta, che musica è?**
> **Prendi qualcosa da bere. Offro io. Cosa vuoi?**
> **Non preoccuparti. Vedrai che l'esame ti andrà bene.**
> **Finisci di mangiare con calma. Poi ti racconto tutto.**

	Imperativo affermativo	Imperativo negativo
- are	ascolta	non ascoltare
- ere	prendi	non prendere
- ire	finisci	non finire

unità 10
guida per l'insegnante
hai le mani bucate?

 11 Per te è importante l'apparenza? Fa' il test per determinarlo.

Per chiudere con un'attività che ancora una volta contribuisca a distogliere gli studenti da un approccio troppo legato a momenti di studio per così dire tradizionali e che li aiuti a utilizzare la lingua che conoscono (qui in fase ricettiva), abbiamo inserito un test sulla moda.
Alla fine chieda se i risultati sono diversi da quanto gli studenti si aspettavano.
Il test sembra lungo, ma in realtà può richiedere pochi minuti. Comunque, se lo ritiene opportuno, può farlo svolgere a casa e poi discutere i risultati in classe.

lessico

 1 Guarda la figura e leggi le parole del riquadro. Quali oggetti mancano?

Quest'attività permette di espandere il lessico dell'abbigliamento introducendo termini che riguardano gli accessori. Spesso queste parole sono meno conosciute perché non introdotte in un livello elementare. E' importante essere consapevoli di questo approccio che metodologicamente si basa, come già detto in precedenza, sul ripasso a spirale di quanto già appreso dagli studenti e sull'ampliamento del lessico attraverso la contestualizzazione, nel rispetto di alcuni criteri che impongono, ad esempio, di non presentare troppe parole nuove in ogni singola unità. Le attività che seguono non si configurano come semplici liste di lessico da imparare a memoria, ma invitano lo studente a usare i termini dopo averne scoperto in modo induttivo il significato.

> Chiavi: si vedono nelle immagini: anello; borsetta; collana; orecchini; orologio; collant; fazzoletto; sciarpa; guanto; mutande; reggiseno; portachiavi.

 2 Insieme a un compagno dite di che cosa sono fatti e che disegno hanno i seguenti oggetti.

Non aggiunga parole alla lista anche se gli studenti forse vorranno saperne altre.

> Chiavi: portafoglio: di pelle; maglione: di lana e a fantasia; maglietta: di cotone e a righe; fazzoletto: di cotone e a tinta unita; sciarpa: di seta e a quadri.

 3 Roberto, Antonella e Francesca devono andare a un matrimonio. Hanno deciso che scarpe mettersi, ma tutto il resto? Scrivi una lista dei vestiti e degli accessori che tu sceglieresti per loro.

Quando gli studenti hanno finito di lavorare singolarmente alla loro lista, chieda loro di spiegare a un compagno come vestirebbero le persone. Li inviti a usare il condizionale, in quanto stanno formulando delle ipotesi. Se lo ritiene importante per la comprensione, introduca la prima parte del periodo ipotetico: "se dovessi vestire questa persona, sceglierei…".

Il post-it con i colori permette un momento di ripasso da fare rapidamente in modo individuale.

 4 Fa' il cruciverba.

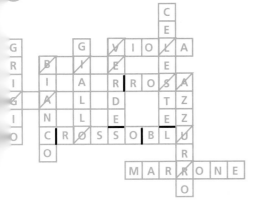

abilità

Leggere o ascoltare testi tecnici.

Questa serie di attività dedicata a testi con terminologia specifica di tipo finanziario può rivelarsi piuttosto difficile e, forse, non molto stimolante per alcuni studenti.

Tocca a lei decidere se valga la pena affrontare le difficoltà. Le prime tre attività tuttavia sono decisamente più semplici della quarta e permettono di introdurre un ulteriore ambito lessicale, già in parte incontrato. Ovviamente il percorso didattico ha più senso se completato con la lettura della quarta attività. Un modo meno impegnativo di eseguire l'esercizio è attraverso una lettura di classe condotta da lei e con il suo supporto per la comprensione di molti termini.

Ovviamente questo approccio rende inutile l'attività 6. Nell'individuare le risposte alle domande dell'attività 5 non sia troppo pignola in modo da non rendere fondamentale la comprensione di tutto il lessico della lettura.

Consigliamo comunque di cercare di far capire come la situazione della banca può essere estremamente importante quando ci si trova in Italia, ma anche nei contatti con italiani nel paese degli studenti, in altre parole il linguaggio settoriale degli affari può diventare quanto mai utile in numerose situazioni.

 1 Conosci questi mezzi di pagamento? Scrivine il nome.

> **Chiavi: un assegno; una banconota da 10 euro; una moneta da 50 centesimi di euro; una carta di credito; una tessera bancomat; un vaglia postale.**

 5 Leggi nuovamente il testo della Banca Etica e rispondi alle domande.

> **Chiavi: 1 principi di un modello di sviluppo umano e sociale sostenibile, in cui la produzione della ricchezza e la sua distribuzione sono fondati sui valori della solidarietà, della responsabilità civile e della realizzazione del bene comune.**
>
> **2 Coloro che desiderano, in modo etico, semplice e pratico, sia depositare i propri risparmi in forma continuativa, sia garantirsi quel minimo di rendimento che permetta di preservare il valore del proprio denaro e consenta di coprire i costi relativi alle imposte.**
>
> **3 I risparmiatori possono indicare, come nel caso dei certificati di deposito, verso quale settore indirizzare i propri risparmi.**
>
> **4 Prelievi e depositi.**

 7 L'impiegato sta spiegando quali servizi sono disponibili per gli studenti stranieri in Italia. Ascolta la registrazione e completa la tabella.

Nella nostra banca abbiamo a disposizione diversi servizi per gli stranieri. Innanzitutto possiamo cominciare a parlare del conto corrente. I nostri conti correnti sono dei conti che permettono agli stranieri di arrivare, venire in Italia, depositare i loro… i loro soldi nella nostra banca e accedervi tranquillamente in qualsiasi momento della giornata quando l'orario di sportello lo consente. La nostra banca pur essendo da anni sul mercato e avendo un'affidabilità ben… ben rinomata offre allo straniero il nostro servizio bancomat che tramite un facile codice di quattro cifre può far accedere attraverso gli sportelli dislocati all'interno della città e anche della regione al proprio conto corrente e tramite questo si riesce a fare operazioni, si riesce a avere un saldo a fare un prelievo, a ritirare denaro contante oppure a visualizzare i movimenti del proprio conto corrente.

La nostra banca offre anche un servizio ulteriore: la possibilità del rilascio di un libretto di assegni.

Oltre a questo il nostro istituto di credito offre un'altra carta ulteriore a richiesta per gli stranieri e per… soprattutto per i cittadini della Comunità Economica Europea che è la carta di credito.

> **Chiavi: servizi disponibili per cittadini stranieri: 1 conto corrente; 2 bancomat; 3 libretto di assegni; 4 carta di credito.**

Attività supplementare

Nella pagina che segue trova uno schema stimolo per una rielaborazione del lessico sui colori, gli abiti, la moda può eseguirlo verso la fine dell'unità, fotocopiandolo.

Anche i rumori parlano

Ascolta, con la fantasia, questi rumori: una bottiglia di champagne viene aperta, il vino viene versato nelle coppe, si brinda, una persona dice "e questo è un regalo per te", poi si sente il rumore di un pacco che viene scartato, aperto, e poi c'è un "oophhh" di sopresa.

Dove siamo?
A casa, in un hotel, in un vagone-ristorante, ecc.
In sala da pranzo, in una camera,...
Sono seduti in poltrona, a tavola, in piedi...
L'atmosfera è bella, dolce, tenera, sensuale...
C'è musica di sottofondo? Se sì, quale?

Chi sono le due persone?
Maschi, femmine
Bambini, ragazzini, ragazzi, giovani, adulti, anziani, vecchietti
Parenti (padre, madre...), amici, colleghi, conoscenti casuali, amanti...
Belli, brutti; grassi, magri; alti, bassi; ...

Perché sono lì?
Un incontro di piacere, una festa per...

Hanno mangiato? Se sì, cosa?
Antipasto composto di...
Primo piatto composto di...
Secondo piatto composto di...
Contorno composto di...
Dolce, frutta, dessert, composti di...
Bevande: acqua gassata o naturale, vino bianco, rosato rosso,...

Il regalo aperto è un oggetto di vestiario.
Che oggetto?
Di che colore?
Di che materiale?

Adesso succede un finimondo: bicchieri rotti, urla, pianti: perché?

Sulla base di quello che hai scelto, descrivi la situazione, poi racconta che cosa è avvenuto d'improvviso; racconta il tuo "finimondo" con quello scelto da altri compagni e alla fine votate l'idea migliore.

grammatica

 1 Scrivi le forme dell'imperativo.

Chiavi: 2 vestiti! vestitevi! 3 senti! sentite! 4 svegliati! svegliatevi! 5 vattene! andatevene!
6 prendi! prendete! 7 fa'! fate! 8 di'! dite! 9 deciditi! decidetevi! 10 finisci! finite!

 2 Guarda i cartelli e trasformali in frasi con l'imperativo alla seconda persona singolare.

Chiavi: 2 accendi le luci in galleria; 3 non fumare; 4 non parlare; 5 non superare i 50;
6 non attraversare; 7 non parcheggiare; 8 non mangiare.

 3 Trasforma le frasi dell'esercizio 1 alla seconda persona plurale.

Chiavi: 2 accendete le luci in galleria; 3 non fumate; 4 non parlate; 5 non superate i 50;
6 non attraversate; 7 non parcheggiate; 8 non mangiate.

 4 Trasforma le situazioni in una frase con l'imperativo.

Chiavi: 2 papà, prestami la macchina per favore!
3 Dammi il tuo numero di telefono per favore!
4 Per favore fate passare le persone!
5 Andiamo a vedere la partita stasera!
6 Studia meno e cerca di dormire di più!
7 Tacete!
8 Smettete di fumare!

 5 Rispondi con un imperativo.

Chiavi: 2 prendila; 3 parliamone; 4 compratelo; 5 telefonami; 6 vacci.

 6 Leggi nuovamente il regolamento della fattoria di Pasquale e trasformalo in frasi all'imperativo singolare.

Chiavi: 2 rispetta gli animali; 3 non disturbare la vita degli altri esseri; 4 chiudi i cancelli e i recinti;
5 Non lasciar liberi i cani; 6 Non raccogliere fiori; 7 Non arrampicarti sugli alberi;
8 Non gettare la spazzatura in terra; 9 Non toccare gli animali.

 7 Rispondi con un pronome come nell'esempio.

Chiavi: 2 ci vorrei venire/vorrei venirci; 3 non te la posso prestare/non posso prestartela;
4 ascoltatemi; 5 gliene parlerei; 6 leggendolo.

civiltà

 1 Fa' una lista di tutti gli stilisti e creatori di moda italiani che conosci poi confrontala con quelle dei compagni. Chi preferite e perché?

Il discorso sulla moda è importante non solo perché in effetti molto del prestigio dell'italiano all'estero è legato anche al prestigio di grandi stilisti, dai creatori dei vestiti a quelli dei gioielli, dagli stilisti delle automobili ai designer di arredamento e oggetti – ma soprattutto perché questa creatività e questo buon gusto rimandano alla tradizione estetica italiana.

In questo senso Armani e Sottsass, Pininfarina e Bulgari sono gli eredi della grande stagione rinascimentale. Forse impostare in questo senso la lezione può darle un respiro più vasto che non quello legato alla mera attualità.

Se è possibile l'accesso a Internet si può chiedere agli studenti di cercare i siti dei loro stilisti italiani preferiti e di raccogliere informazioni. (Alcuni siti di partenza potrebbero essere questi: www.moda.it, www.modaonline.it, www.modaindustria.it)

Può essere utile portare in classe riviste di moda, anche non italiane, alla ricerca dei modelli degli stilisti italiani.

 3 Quiz: leggi le brevi biografie...

Chiavi: A Dolce e Gabbana; B Gianfranco Ferrè; C Krizia; D Valentino; E Gianni Versace;
F Giorgio Armani.

Appunti:

_____

_____

_____

_____

_____

_____

_____

_____

_____

_____

_____

_____

_____

_____

_____

_____

_____

_____

fonologia • raddoppiamento sintattico • /v/ vs. /vv/

 1 Ti ricordi del raddoppiamento sintattico? Lo abbiamo già visto nell'unità 3. Ascolta le frasi.

In questa unità viene ripreso e approfondito il fenomeno del raddoppiamento sintattico. Se crede può far leggere le frasi in coppia, prima dell'ascolto in modo che gli studenti possano confrontare poi con la pronuncia degli esempi registrati. Un solo ascolto è sufficiente per passare all'attività successiva.

 2 Ascolta di nuovo le frasi dell'attività precedente e sottolinea i suoni iniziali di alcune parole che sono pronunciati in modo intenso.

Chieda agli studenti di riascoltare facendo attenzione al raddoppiamento sintattico; si assicuri prima che gli studenti ricordino che si tratta del fenomeno con il quale le consonanti iniziali delle parole quando sono precedute da determinate parole sono pronunciate come se fossero intense ad esempio *a casa* /akkasa/ (cfr. attività 3). Due ascolti con un controllo intermedio tra studenti dovrebbero essere sufficienti.

> **Chiavi: 1** questo l'ho *f*atto io! **2** Devi leggere tra *l*e righe; **3** sta' *f*ermo così! **4** Sai che *m*'ha portato fortuna? **5** Da *q*ua non mi sposto! **6** Ma dove va? **7** Però che bello! **8** Chi *m*uore giace e chi *v*ive si dà *p*ace! **9** Sarà bello, ma a *m*e *n*on piace! **10** A *m*e sì!

 3 Leggi le frasi dell'attività precedente con un compagno. Fa' attenzione al raddoppiamento sintattico.

Dopo aver fornito le chiavi agli studenti, faccia leggere in coppia le frasi dell'attività precedente, possibilmente con calma cercando di fare attenzione alle consonanti sottolineate. Inizialmente, può risultare difficile per gli studenti raddoppiare alcune consonanti iniziali. Se necessario, può fornire la spiegazione di alcune parole, o frasi. La 2) e la 8), in particolare, sono rispettivamente un modo di dire è un proverbio.
Negli altri casi, invece, si tratta di frasi di uso comune.
A questo punto può passare alla lettura dei due post-it.

Nel primo post-it sono raccolte le parole che provocano il raddoppiamento sintattico. Se lo ritiene opportuno può limitarsi a sottolineare le più frequenti, quali *a, da,* e, *ma, ha, ho*. Tuttavia, sarebbe sbagliato, se non impossibile pretendere che gli studenti d'ora in poi, debbano riprodurre sistematicamente il raddoppiamento. Abbiamo cercato di fornire gli strumenti per poterlo osservare nei parlanti italiani che lo utilizzano e successivamente poterlo riprodurre. Ciò nondimeno, limitatamente alle parole più frequenti, alcuni studenti possono essere in grado di riprodurlo. Nella cartina geografica sono riprodotte le regioni in cui si può ascoltare il Raddoppiamento. Ancora una volta, se lei è un parlante di madrelingua settentrionale può mostrare come realizza le frasi dell'attività precedente. Inoltre, malgrado si tratti di un fenomeno realizzato in tutta l'Italia centro-meridionale, spesso il raddoppiamento non e ugualmente realizzato in tutte le regioni. Ad esempio, le parole *da* e *dove* provocano il raddoppiamento a Firenze, ma non a Roma. Può far notare, infine, che in alcuni parole il raddoppiamento è stato accolto dall'ortografia convenzionale, così parole che in origine erano divise sono diventate, grazie al raddoppiamento, una sola. Ad esempio, *sopra tutto > soprattutto; o pure > oppure* ecc. Se crede, può far svolgere una piccola ricerca sul dizionario, faccia cercare le parole che derivano *da sopra* e che in origine erano composte da due parole separate.

4 Ti piacciono i cruciverba? Ascolta le parole e scrivile nelle righe (orizzontali) o nelle colonne (verticali) corrispondenti.

L'obiettivo è la distinzione tra il suono breve /v/ e il suono intenso /vv/. Si tratta di un dettato sotto forma di cruciverba. Due ascolti dovrebbero essere sufficienti.

Chiavi: orizzontali 2 attiva; 4 avvitare; 6 evviva; 7 avido; 8 ovvio; 10 improvvisa; 11 tavola.
Verticali: 1 avverbio; 3 davvero; 5 inviti; 9 ovatta.

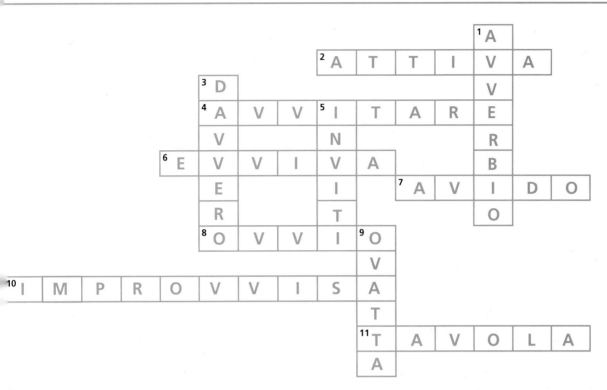

5 Leggi le parole dell'esercizio precedente insieme a un compagno.

Prima di far leggere le parole in coppia, ricordi agli studenti che il suono /v/ appartiene al gruppo dei suoni continui, perciò per ottenere il suono intenso è sufficiente allungare la durata del suono breve.

Unità 10
guida per l'insegnante
hai le mani bucate?

sommario

Abbina le frasi o espressioni alla descrizione sotto.

Chiavi: a con 2
b con 8
c con 5
d con 1
e con 3
f con 7
g con 4
h con 6

TEST

1 Completa il dialogo con le forme all'imperativo dei verbi contenuti nel riquadro.

Laura: *Allora, ci sei?*

Carlo: **Aspetta,** *ancora un minuto e sono pronto.*

L: **Sbrigati,** *sai che non mi piace arrivare in ritardo!*

C: **Abbi** *pazienza, non trovo più la cravatta blu. L'hai vista da qualche parte?*

L: *No,* **guarda** *bene nell'armadio sarà caduta in mezzo alle camice, però fa' presto…*

C: *Sì, sì, arrivo, tu intanto* **va'** *a prendere la macchina, io scendo subito*

L: *D'accordo. Quando esci* **sta'** *attento a non far uscire il gatto e da' un'occhiata alle finestre. Se piove entra tutta l'acqua.*

C: *Non* **preoccuparti** *ci penso io.*

L: **Telefona** *a Gigi e* **digli** *che arriviamo dieci minuti dopo.*

C: *Se mi dai altri ordini arriviamo un'ora dopo!*

2 L'amico che viaggia con te non ha capito cosa ha detto la hostess. Ripeti le 6 istruzioni contenute nel testo usando le forme dell'imperativo positivo o negativo alla seconda persona singolare.

Chiavi: 1 non devi fumare
2 solleva
3 chiudi
4 allaccia
5 spegni
6 chiedi

3 Metti in ordine le frasi.

Chiavi: 1 vorrei un vestito da sera di seta.
2 Se questo disco ti piace te lo registro.
3 Se ve ne andate fatemelo sapere.

4 Osserva le vignette e completa il crucigramma.

5 Completa le frasi con i verbi tra parentesi all'imperativo e i pronomi. Osserva l'esempio.

1 - *Gianni, andiamo al ristorante con Marta e Paolo?*
- *Non me la sento,* **vacci tu,** *io oggi sono stanchissimo.*

2 - *Posso lasciarti il mio indirizzo?*
- *Certo,* **scrivimelo** *qui sull'agenda.*

3 - *Non sappiamo cosa regalare a Francesco per il suo compleanno.*
- **Regalategli** *un bel maglione. Gli piacerà di sicuro.*

4 - *Scusi signora Magri, posso parlarle un momento?*
- *Certo, però* **dammi** *del tu, altrimenti mi sento una vecchietta.*

5 - *Cosa guardiamo stasera alla televisione?*
- **Scegliete** *voi, io quasi quasi mi leggo un bel libro.*

6 - *Allora, le telefono o non le telefono?*
- *Non so Gigi, comunque* **deciditi**!

7 - *Giulia, sto andando in centro. Hai bisogno di qualcosa?*
- *Sì, grazie,* **comprami** *l'ultimo libro di Camilleri. Dicono tutti che è molto bello.*

8 - *Ragazzi, non* **fate** *così. Arrabbiarsi non serve a niente.*
- *D'accordo, però* **ditelo**: *la colpa è vostra.*

9 - *Marco, c'è Laura al telefono.*
- **Dille** *di richiamare tra dieci minuti.*

Appunti:

Unità 11
guida per l'insegnante
c'era una volta

 1 A coppie guardate le foto e parlate di ciò che rappresentano.

Le immagini rappresentano quanto segue: Martin Luther King, il muro di Berlino, Albert Einstein, Nelson Mandela, Marilyn Monroe, il dipinto Guernica di Pablo Picasso, Che Guevara, Gandhi, i Beatles.
Abbiamo cercato di inserire persone (o quadri) che hanno fatto la storia e che per questo dovrebbero essere conosciuti se non da tutti almeno da un buon numero di persone nella classe. Comunque aiuti la classe con informazioni minime oppure, se le è possibile accedere a Internet, faccia fare alcune ricerche per recuperare informazioni. Non si preoccupi se le fonti trovate non sono in italiano, il mondo della tecnologia dell'informazione è un ambiente multilingue per definizione e rappresenta l'esperienza quotidiana di molti studenti. Abbia però l'accortezza di avvertire che le informazioni trovate devono essere comunicate ai compagni in italiano.

 2 Il secolo che è appena terminato ha segnato profondamente la storia dell'umanità.

Anche quest'attività riporta a conoscenze di tipo storico che dovrebbero essere patrimonio di tutti, ma spesso non è così! Aiuti gli studenti nell'esecuzione dell'esercizio se necessario, ma soprattutto cerchi di spostare l'accento su aspetti di tipo culturale in modo tale che la prima esposizione al passato remoto passi quasi inosservata. Probabilmente le chiederanno di che tempo si tratta, risponda semplicemente che non lo sa e passi oltre rapidamente! Scopriranno da soli nell'attività successiva che in realtà la sua è una strategia didattica.

> Chiavi: 2 nel 1917 ci fu la rivoluzione russa.
> 3 Nel 1929 la Borsa di Wall Street ebbe un crollo senza precedenti.
> 4 Mussolini governò l'Italia dal 1922 al 1943.
> 5 Hitler andò al potere in Germania nel 1933.
> 6 La Seconda Guerra Mondiale iniziò nel 1939 e finì nel 1945.
> 7 Nel 1945 due bombe atomiche distrussero le città di Hiroshima e Nagasaki.
> 8 Con l'inizio della guerra fredda il mondo si divise in due blocchi uno contro l'altro.
> 9 Nel 1989 crollò il muro di Berlino, simbolo della guerra fredda.
> 10 Nel 1991 scoppiò la guerra del Golfo.
> 11 Nel 1999 nacque l'euro, la moneta simbolo dell'unità economica europea.

 3 ▶▶ Alla scoperta della lingua.

Quest'attività permette di scoprire il passato remoto. Alla fine tutti devono aver capito che il passato remoto ha spesso un valore analogo al passato prossimo.

Riflessione antropolinguistica

L'Italia è una nazione fortemente ancorata al proprio passato – da quello di grande potenza mondiale dell'antichità, a quello di divisioni e rivalità tra città che ha caratterizzato il medioevo, da terra di conquista per spagnoli, francesi, austriaci, a quello di sede di una delle tre religioni monoteistiche.
Il passato è presente in maniera ossessiva in Italia, è nel DNA degli italiani, del paesaggio, delle città – e quindi della lingua.
L'articolazione del passato in italiano è complessissima perché mantiene la grande tradizione storiografica del latino, la necessità di descrivere con accuratezza la successione degli eventi, ma anche la loro concatenazione, rapporti di causa ed effetto, le condizioni di certezza, probabilità, incertezza, improbabilità, impossibilità...
Questa riflessione dovrebbe essere passata, nel corso dell'unità, agli studenti, perché capiscano che la grammatica è figlia di una cultura, di un modo di vedere il mondo – e il modo in cui gli italiani vedono il mondo include non solo l'oggi, ma 25 secoli di storia, anche presso gli adolescenti che non ne sono consapevoli, anche presso qualche vecchio contadino analfabeta che però sa perfettamente collocare le case e le chiese e i castelli della sua area nel passato, in successione, in ordine di rilevanza storica.

4 Leggi il testo e indica se le affermazioni sono vere o false.

> Chiavi: 2 falso; 3 falso; 4 vero; 5 falso; 6 falso; 7 falso; 8 vero.

5 Leggi nuovamente il testo e completa gli appunti che lo riassumono.

Non forniamo chiavi per quest'attività proprio perché è opportuno che gli studenti comincino a elaborare minimamente il testo e quindi non è possibile dare una soluzione univoca.
Se lo riterrà opportuno potrà utilizzare altro materiale, a partire da quello contenuto in Rete! o nel sito dedicato al testo per approfondire l'argomento se i suoi programmi lo permettono o lo richiedono e se lei ritiene che da un punto di vista culturale sia una tematica rilevante.

 6 Quali altri personaggi o avvenimenti secondo voi sono fondamentali nella storia del '900? In gruppi di tre spiegate le vostre scelte.

Con quest'attività si apre una finestra sul resto del mondo: forse gli elementi forniti sono in certa misura frutto del mondo occidentale e in alcuni casi troppo eurocentrici. Il contributo degli studenti può essere fondamentale per controbilanciare quanto presentato finora. Incoraggi la loro lettura del mondo promuovendo il dibattito nei gruppi. Dica agli studenti che non è sufficiente nominare un personaggio, un avvenimento, ecc., ma che devono motivare le loro scelte. Se vuol stimolare le abilità di negoziazione dei suoi studenti inviti ogni gruppo a ricavare una lista di 5 avvenimenti, o persone, ecc. che ritengono fondamentali, frutto della discussione e del compromesso tra varie idee.

 7 Ora l'Italia è diventata un paese che riceve immigrati. Ascolta l'intervista e rispondi alle domande.

Ampli, se crede, l'argomento accedendo a Internet o utilizzando gli strumenti offerti dal testo. L'immigrazione è oggi in Italia una delle questioni più rilevanti.
Inoltre le informazioni che vengono fornite nell'ascolto possono risultare di grande utilità a chi si debba recare in Italia o debba soggiornarvi.

> **Chiavi: 1** considera la propria situazione più facile di quella di molti stranieri.
> **2** Per prima cosa è dovuta andare in questura per il permesso di soggiorno. Poi all'anagrafe per la residenza. Ha poi affrontato le pratiche per l'assistenza sanitaria, la scelta del medico di famiglia, il libretto di lavoro, il codice fiscale.
> **3** Ha fatto richiesta per ottenere la cittadinanza italiana.

Io sono sposata con un italiano. La mia condizione è più facile di quella di molti stranieri, ma all'inizio anch'io ho dovuto affrontare la burocrazia italiana. Per prima cosa sono dovuta andare in questura per il permesso di soggiorno. E poi all'anagrafe per ottenere la residenza. E poi l'assistenza sanitaria, la scelta del medico di famiglia, il libretto di lavoro, il codice fiscale: tutte pratiche burocratiche da affrontare. Dopo sei mesi di residenza in Italia ho fatto richiesta per ottenere la cittadinanza che mi è stata concessa dopo circa un anno e mezzo. Adesso sono italiana a tutti gli effetti.

 8 Maria sta parlando a Sandro della sua famiglia. Ascolta il dialogo...

Il continuo passaggio dalle esperienze vissute dagli italiani all'estero in un passato più o meno recente e quanto vivono gli immigrati in Italia oggi è voluto. Per non dimenticare e non rifare certi errori!

> **Chiavi: 2** la famiglia di Maria arrivò in Argentina molti anni fa.
> **3** Maria non ha mai provato a ricostruire la storia della sua famiglia.
> **4** Il bisnonno di Maria era italiano e faceva il contadino.
> **5** La nonna di Maria e suo suocero vivevano nella stessa fattoria.

 9 Ora leggi il testo e controlla le tue risposte.

Controlli le risposte attraverso la lettura del brano. Nell'attività successiva il testo della registrazione servirà per scoprire il trapassato prossimo.

 10 ▶▶ Alla scoperta della lingua.

Una volta finita l'attività 11 che segue, se lo desidera, può passare agli esercizi della sezione della grammatica sia a quelli dedicati al passato remoto che a quelli dedicati al trapassato prossimo con relative spiegazioni.

unità 11
guida per l'insegnante
c'era una volta

abilità

Sottolinei l'importanza di avere a disposizione un ampio lessico di parole (congiunzioni, ecc.) che possano permettere di rendere più scorrevole, più chiaro e meno elementare la produzione in lingua degli studenti.
In quest'unità vengono presentate molte di queste parole e si comincia a utilizzarle.
Inoltre il brano tratto da Novecento di Alessandro Baricco consente di mettere a fuoco cosa significa scrivere un testo con nessi logici più o meno espliciti e le differenze tra coordinazione e subordinazione.

Alessandro Baricco (Torino 1958) ha compiuto studi di filosofia e musicali; dirige la Scuola di scrittura "Holden", e collabora con numerosi quotidiani e riviste. Tra le sue opere più note Castelli di rabbia ha vinto il Premio Selezione Campiello, e il Prix Médicis étranger; ha pubblicato anche un monologo teatrale (Novecento, Feltrinelli 1994) e due raccolte di articoli giornalistici (Barnum, I - II, Feltrinelli 1995 e 1998).

Testo e immagine tratti da www.alice.it

 2 Ora completa il riassunto del testo di Baricco con parole dalla tabella.

Faccia notare la profonda differenza della struttura del discorso nel brano di Baricco e nel riassunto.

Chiavi: 2 dopo che; 3 infatti; 4 dato che; 5 e; 6 così; 7 inoltre; 8 che; 9 tuttavia; 10 infatti.

 3 Unisci le frasi usando una congiunzione.

Chiavi: a volte varie risposte possibili.
   2 Siccome ho studiato in Francia, parlo correntemente il francese.
   3 Quando sono arrivato a casa ho scoperto che c'erano stati i ladri.
   4 Dato che le elezioni politiche hanno avuto risultati sorprendenti,
   è stato formato un nuovo governo.
   5 Se mi dai il video che ti ha prestato Lara, posso dirti se è bello.
   6 Quando parlai per telefono con mio padre, capii che c'erano problemi a casa.
   7 Visto che vado al mare per due settimane, ho preso vari libri in biblioteca.
   8 Mentre stavo usando il computer, è andata via la luce.

Approfondimento sociolinguistico

Proprio per la complessità culturale, concettuale cui abbiamo fatto cenno nella finestra antropolinguistica relativa alla prima pagina di questa unità, da cui discende la forte complessità morfologica e sintattica del passato, l'uso di questo aspetto del verbo si differenzia molto per luoghi, registro, scritto/orale, livello socioculturale dei parlanti, ecc.
Nella Pianura Padana, che per secoli fu colonizzata dai Celti, anche se poi latinizzati, il passato remoto non è usato nella lingua orale e poco anche nella scritta;
nel sud si ha il fenomeno opposto, con uso eccessivo. Per prendere in giro un siciliano, nelle barzellette, qualificandolo come poco colto, si dicono frasi del tipo "un minuto fa lo vidi!";
nell'italiano popolare la consecutio temporum, cioè la concatenazione sintattica tra i tempi e i modi, è spesso molto intuitiva ed è qui che si registrano i maggiori "errori";
quando scrivono, gli italiani che di solito parlano italiano popolare tendono all'ipercorrettismo, cioè a dare una parvenza di "nobiltà" al loro scritto – e questa nobiltà viene dall'uso e dall'abuso dei vari tempi del passato, che soprattutto al condizionale e al congiuntivo vengono spesso confusi, con risultati spesso grotteschi.

Unità 11
guida per l'insegnante
c'era una volta

lessico

 1 In Italia spesso gli immigrati si trovano in difficoltà con il lessico della burocrazia.

Nonostante gli sforzi di questi anni per cercare di svecchiare il lessico della burocrazia, spesso uno straniero in Italia si trova in difficoltà e non solo da un punto di vista linguistico! Queste attività mirano a fornire strumenti linguistici e pratici per affrontare il "mondo dei documenti" italiano.

 2 In Italia dove andate per ottenere i diversi documenti?

Chiavi:		
ANAGRAFE	Richiedere e ottenere	un certificato di residenza
	Richiedere e ottenere	la carta d'identità
	Autenticare	foto, firme, documenti
QUESTURA	Richiedere, ottenere o rinnovare	il permesso di soggiorno
UFFICIO DEL LAVORO	Richiedere, ottenere o rinnovare	il libretto di lavoro
AZIENDA SANITARIA LOCALE	Iscriversi al	sistema sanitario nazionale
UFFICIO IMPOSTE	Richiedere, ottenere o rinnovare	il codice fiscale

 3 Quante parole conosci che derivano da…

Qui cominciamo un lavoro sulla derivazione e la formazione dei termini che continueremo con maggior intensità nel terzo volume di Rete!.

 4 A coppie, in due minuti formate il più alto numero possibile di famiglie di parole, usando termini che conoscete.

Con un gruppo debole dovrà cercare di aiutare, magari con spunti dalla madre lingua degli studenti.

 5 Le forme. Abbina le figure alle parole.

 6 Conosci gli aggettivi che si riferiscono a questi nomi o riesci a formarli?

Chiavi: sferico; cubico; cilindrico; rettangolare; triangolare; rotondo (circolare); quadrato.

7 A ognuno di questi aggettivi associa tre nomi.

Quest'attività è più semplice della 4. Se vuole la faccia come gara. Inviti la classe a dividersi in due squadre e a scrivere le parole su un foglietto. Ogni membro della squadra deve scrivere le proprie combinazioni senza guardare quella dei compagni. Raccolga poi i foglietti delle due squadre separatamente. Alla fine vince la squadra che totalizza il maggior numero di combinazioni diverse.

Unità **11**
guida per l'insegnante
c'era una volta

Proponiamo un esercizio supplementare tratto da M. Mezzadri, Grammatica essenziale della lingua italiana, nuova edizione, Guerra Edizioni 2001.

Metti il verbo. Usa il passato remoto o l'imperfetto.

Tutto .....*iniziò*................ (iniziare) alle 7 un mattino d'inverno, quando il postino ....2............... (suonare) e ....3................ (dare) a Luigi la "cartolina".
Da settimane ormai ....4................. (sapere) che ....5................. (dovere) arrivare.
Gli amici ogni giorno gli ....6................. (dire): "Tranquillo! Ti manderanno in Sicilia!".
A Luigi la Sicilia ....7............... (piacere). Lo ....8............... (affascinare) la sua gente e il sapore mediterraneo. Per lui figlio della nebbia, la Sicilia ....9............. (essere) il sole, il calore, la vita.
Peccato che il suo paese ....10................. (essere) a più di mille chilometri.
Quel giorno ....11............... (rendersi conto) immediatamente che qualcosa non era andato come si pensava. ....12................ (mettersi) il cappotto e ....13............... (uscire) di casa. ....14.................. (andare) subito al bar, ma non ....15................. (esserci) nessuno; in un attimo ....16.............. (pensare) che cosa fare, ...17............... (decidere) di andare da Massimo: sicuramente stava lavorando. Nella fabbrica ......18.................. (esserci) molto rumore: "Leggi qui!", ...19.............. (urlare). "Luigi, ti hanno esonerato dal servizio militare! Non devi più partire!", ...20................ (rispondere) Massimo, felice.

> **Chiavi: 2 suonò; 3 diede; 4 sapeva; 5 doveva; 6 dicevano; 7 piaceva; 8 affascinava; 9 era; 10 era; 11 si rese; 12 si mise; 13 uscì; 14 andò; 15 c'era; 16 pensò; 17 decise; 18 c'era; 19 urlò; 20 rispose.**

grammatica
Il passato remoto

Il passato remoto viene presentato a un livello relativamente basso con l'intento di permettere agli studenti soprattutto un riconoscimento delle sue forme in chiave ricettiva.

Come abbiamo detto nella annotazione sociolinguistica, il passato remoto, il cui uso può essere opportuno soprattutto per studenti più avanzati, è oggigiorno spesso sostituito dal passato prossimo, non solo nelle regioni del Nord Italia. In altre parole, a meno che gli studenti non vivano in zone dove il passato remoto è molto spesso impiegato (anche in modo scorretto al posto del passato prossimo) come alcune parti del meridione d'Italia, invitiamo a continuare a utilizzare il passato prossimo come fatto finora.

 1 Scrivi le forme del passato remoto.

Chiavi: 2 vide; 3 scrivemmo; 4 amaste; 5 partisti; 6 presero; 7 ebbe; 8 ascoltai.

 2 Metti i verbi al plurale.

Chiavi: 2 loro uscirono; 3 voi veniste; 4 voi foste; 5 loro vendettero; 6 noi facemmo; 7 loro ebbero; 8 voi metteste.

 3 Inserisci nel cruciverba il passato remoto dei seguenti verbi.

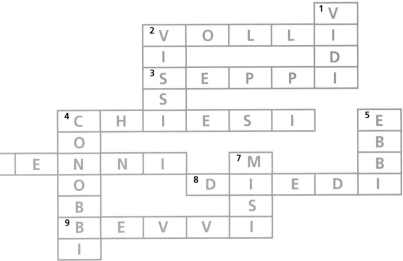

 4 Abbina le frasi di sinistra a quelle di destra.

Chiavi: 2 con f; 3 con a; 4 con d; 5 con b; 6 con e.

campanile di San Marco

"El paròn de casa", il padrone di casa, come lo chiamano i veneziani, non è stato riprodotto per puro gusto estetico, ma per consentire, nella didascalia, di avere la netta differenza tra passato remoto e imperfetto, da un lato e tra passato attivo e passato passivo, dall'altro. Il tutto in una semplice frase che mostra come la grammatica, per quanto micidiale, risulti poi essenziale anche in un'informazione semplice come quella che viene data.

Unità 11
guida per l'insegnante
c'era una volta

 5 Completa le frasi con un verbo al passato remoto.

Chiavi: 1 comprò
2 finì/terminò
3 cominciò/iniziò
4 visse
5 fu
6 arrivarono, trovarono

 6 Completa con un verbo al trapassato prossimo. Scegli tra quelli del riquadro.

Chiavi: 2 era già iniziato
3 avevo aspettata
4 avevamo bevuto
5 aveva appena cambiato
6 era nato

 7 Completa le frasi con un verbo al trapassato prossimo.

Chiavi: varie risposte possibili.

civiltà
L'immigrazione in Italia
Consigliamo prima di iniziare queste attività di fare riferimento alla lettura dell'esercizio 3 e alla lettura dell'esercizio 1 nella sezione ABILITA'.

 1 Cosa sai del fenomeno emigrazione o immigrazione nel tuo paese? Discutine con i compagni e scrivete qualche appunto.

Consigliamo, a seconda del tipo di classe in cui si insegna (in cui gli studenti sono di un'unica nazionalità o di nazionalità diverse) di dividere gli studenti per gruppi di paesi in modo che possano condividere le informazioni. Se la classe è formata da studenti dello stesso paese dividere in due gruppi principali: uno che si occupa dell'immigrazione e l'altro dell'emigrazione. In seguito in plenum discutere delle informazioni trovate dagli studenti.

 2 Cosa sai invece del fenomeno dell'immigrazione in Italia? Cosa vorresti sapere?

Consigliamo ancora di far lavorare gli studenti a gruppi e di chiedere di prendere appunti sulle informazioni che hanno per poi condividerle insieme a tutti i gruppi. Dopo la discussione invitate gli studenti a stilare una serie di domande sull'immigrazione in Italia per le quali vorrebbero una risposta. Cercate di aiutarli suggerendo di cercare le informazioni che saranno poi presenti nel testo del dialogo nella sezione di civiltà del libro di casa.
E' per questo che in quell'esercizio non proponiamo nessuna domanda o tabella da completare, ma lasciamo che gli studenti cerchino nel dialogo le informazioni che interessano loro.

 3 Leggi il brano e rispondi alle domande

Chiavi: 1 era aumentata di quasi il doppio.
2 Nel mezzogiorno.
3 Dell'85%.
4 Si trovano soprattutto in Lombardia, Lazio e Veneto.
5 La situazione presentava ancora un forte numero di immigrati non regolarizzati.
6 Al Sud.
7 I lavori domestici.
8 Si trattava soprattutto di immigrati senza il permesso di soggiorno.

Unità **11**
guida per l'insegnante
c'era una volta

fonologia • 1a e 3a pers. del passato remoto nei verbi in -IRE
• 1a e 3a pers. del passato remoto
  nei verbi in *-ere*
• /s/ vs. /ss/

 1 Ascolta e completa la tabella con le corrispondenti forme del passato remoto.

L'obiettivo di questa attività è mettere in luce l'alternanza di suoni brevi e suoni lunghi nelle forme del passato remoto di 3° coniugazione. Si tratta di un dettato, uno o due ascolti dovrebbero essere sufficienti.

Chiavi: aprì; finii/finì; dormii/dormì; pulii/pulì; salii/salì; spedii/spedì; uscii/uscì.

 2 Leggi le parole che hai scritto con un compagno.

Dopo aver fatto leggere le parole in coppia, sposti l'attenzione degli studenti sul post-it che sottolinea la caratteristica opposizione tra 1° e 3° persona singolare del passato remoto. Faccia notare che si tratta di uno dei pochi casi in italiano in cui la lunghezza dei suoni ha valore distintivo.

 3 Osserva il confronto tra la prima persona del passato remoto di alcuni verbi in *-ere* e le forme del participio passato. Completa la tabella con le forme che mancano.

L'obiettivo di questa attività è aiutare gli studenti a stabilire e a cogliere delle regolarità anche in quei tempi, o verbi caratterizzati da irregolarità morfologica. Le consigliamo di far lavorare gli studenti in coppia, stimolandoli a esplicitare il tratto costante, ossia la presenza del suono /s/ nelle desinenze delle forme verbali in esame; intervenga alla fine per sistematizzare, portando altri esempi. Più in particolare, l'oggetto di questa attività sono alcuni verbi in *-ere* che presentano il suono /d/ nella radice verbale (oltre a quelli citati nell'esercizio: *spendere, dipendere, prendere, difendere, arrendersi, ecc.*) la 1° e la 3° persona singolare del passato remoto, nonché il participio passato sono caratterizzati da una desinenza che contiene il suono /s/ -s- (io spesi, lui spese, ho speso). Tuttavia, ciò non vale indistintamente per tutti i verbi con queste caratteristiche, ad esempio *credere, accadere, vedere* si comportano diversamente. Ciò nonostante, si tratta di una regola pratica che può rivelarsi utile per memorizzare le forme irregolari più comuni.

Chiavi: appesi/appeso; concludere/concluso; chiusi/chiuse; perdere/perse; scesi/sceso.

 4 Ascolta i gruppi di parole e fa' un segno nella colonna corrispondente.

Si ascoltano le parole: [1 posso, poso, posso]; [2 messe, messe, messe]; [3 speso, speso, spesso]; [4 cassetta, cassetta, cassetta]; [5 rosa, rossa, rosa]; [6 dosso, dosso, dosso]; [7 presa, presa, presa]; [8 posiamo, possiamo, possiamo].

Lo scopo di questa attività è mettere in risalto la differenza tra il suono breve /s/ e quello intenso /ss/. Faccia ascoltare le terne di parole tre volte. La prima volta senza scrivere, mentre fra il secondo e il terzo ascolto proponga un confronto tra studenti. Dopo aver fornito le chiavi, le suggeriamo di fare un dettato come rinforzo. A questo punto passi al post-it.

Chiavi: uguali: 2; 3; 5; 8.
      Diversi: 4; 6; 7

Il post-it fa riferimento alle caratteristiche articolatorie del suono intenso /ss/ che si ottiene semplicemente allungando la durata del corrispondente suono breve /s/.

Unità 11
guida per l'insegnante
c'era una volta

sommario

Abbina le frasi o espressioni con la descrizione sotto.

Chiavi: a con 5; b con 3; c con 1; d con 4; e con 2.

Approfondimento socio-culturale

In Italia il problema dell'immigrazione viene sempre più in primo piano, con chi grida "salviamo l'Italia" e chi dice "tutti hanno diritto al lavoro e alla tranquillità economica, quindi apriamo agli immigrati". Il conflitto è latente, ma ogni giorno di più diventa visibile, anche se non si può parlare affatto di atteggiamenti razzistici, salvo in alcuni sporadici casi puntualmente denunciati dai giornali. Come affrontare il conflitto? Crediamo che molti dei problemi vengano dall'uso intercambiabile di questi due termini. Secondo la definizione di Lévy-Strauss è "cultura" tutto ciò che non è "natura": la natura pone il bisogno di nutrirsi, coprirsi, procreare, ecc. e le varie culture offrono modelli culturali quali il modo di procurarsi, preparare e distribuire il cibo, il modo di creare abitazioni e vestiti, le regole di corteggiamento, la struttura familiare, e così via. Dagli anni Cinquanta in poi, come reazione ai macelli della prima parte del ventesimo secolo, l'antropologia culturale ha elaborato e imposto il concetto di "relativismo culturale", secondo il quale ogni cultura, in quanto risposta originale ai bisogni di natura, è degna di rispetto. Alcuni modelli culturali, tuttavia, possono risultare più produttivi di altri e quindi costituiscono la civiltà di un popolo. Questa attribuzione del valore di "civiltà" può venire dall'esterno, ma esso interessa poco: ad esempio, che gli stranieri considerino la cultura del vino una componente essenziale della grande "civiltà" culinaria italiana, come avviene nei paesi europei, oppure come segno di inciviltà, come avviene in paesi islamici, agli italiani interessa poco: al massimo possono essere gratificati e hanno una stupenda sensazione di perfida rivalsa quando leggono che ormai il vino italiano viene considerato superiore a quello francese; in effetti questa attribuzione esogena interessa poco anche al nostro discorso. Quello che conta è l'attribuzione endogena, il fatto che un popolo considera alcuni tra i suoi tanti modelli culturali come irrinunciabili, parte della propria identità – e superiori ai modelli alternativi, che definisce "incivili". Due esempi: gli italiani hanno varie culture del cibo, da quella basata sul maiale in Pianura Padana a quella mediterranea; ciascuno può preferire l'una o l'altra, ma questo non porta a giudizi negativi su chi ha gusti diversi, anzi; in questo gusto della diversità culturale si va volentieri in ristoranti "etnici", proprio per il piacere della varietà. La cucina è quindi un insieme di modelli culturali in cui vige il principio del relativismo culturale, del rispetto, spesso dell'interesse per la diversità; la pena di morte inflitta negli Stati Uniti a minorenni, a minorati, sulla base di processi che spesso lasciano perplessi: anche gli italiani favorevoli alla pena di morte (quei pochissimi che lo sono davvero, non quelli che la invocano sull'onda emotiva dopo qualche evento drammatico) giudicano incivili quelle procedure giuridiche e quel tipo di pena di morte, perché va contro a un modello culturale ormai fatto proprio dagli italiani e assurto a valore di civiltà: la sacralità e l'inviolabilità della vita umana. E' per questo principio che gli italiani in blocco, tutti, condannano tanto la tortura come gli sculaccioni a scuola, tanto la violenza sessuale come una discussione o una partita che finisce in rissa, in aggressione all'avversario. Per i modelli culturali non si litiga, al massimo ci si stupisce e si deride chi ha modelli diversi; per i modelli di civiltà si è pronti a morire, perché rappresentano l'essenza intorno alla quale un popolo si riconosce come tale. Applichiamo questa dicotomia, cultura/civiltà, all'immigrazione. Da un lato abbiamo l'Italia, con alcuni valori di civiltà intorno a cui si riconosce e un enorme patrimonio di modelli culturali che governano la vita quotidiana; dall'altro abbiamo l'immigrato, che viene in Italia con il suo bagaglio di modelli di civiltà e di modelli culturali. Se i suoi modelli culturali (il vestirsi, il nutrirsi, il cantare) si discostano dai nostri, non c'è problema se li segue in privato, e neppure se li segue in pubblico, pur dentro alcuni limiti di civiltà italiana (tutti afferenti al senso di rispetto per i vicini, cui gli italiani tengono sempre di più): il senso del pudore, riguardo al vestito; il non esagerare nel riempire la tromba delle scale, spazio comune, con effluvi spiacevoli durante la cottura (ma anche il non aver ucciso con inutile crudeltà gli animali di cui nutrirsi); il non cantare con finestre aperte a mezzanotte. Ma se i suoi modelli culturali si scontrano con modelli di civiltà forti per gli italiani, il conflitto è naturale: l'infibulazione delle figlie è un modello culturale diffuso in alcune zone africane, ma si scontra con la difesa dell'integrità fisica, valore della civiltà italiana; il tenere le donne lontane dall'istruzione e dalla vita pubblica, spesso semi-recluse, è modello culturale accettato in molte culture, ma si scontra con l'istanza –sentita da tutti, ancorché non pienamente realizzata – di parità tra le opportunità di uomini e donne, recente conquista della civiltà italiana; vendere la figlia appena pubere, dandola in moglie a qualcuno che magari non conosce neppure sarà pure un costume diffuso altrove, ma si scontra con il diritto alla libertà di scelta affettiva, pilastro della civiltà italiana d'oggi. Il conflitto può essere (almeno in apparenza) evitato con un richiamo al "relativismo culturale", alla pari dignità di tutte le culture oppure esso può essere gestito, ponendo paletti chiari, limiti precisi. A nostro avviso, un principio del tipo "i modelli culturali non italiani sono accettati a meno che non confliggano con modelli di civiltà fortemente sentiti dagli italiani" può regolare il conflitto. E soprattutto può fortemente arricchire gli italiani, ogni città, ogni scuola, ogni consiglio di classe, ogni docente, ogni famiglia e ogni studente, finalmente costretti a decidere quali sono i loro modelli irrinunciabili, gli elementi di civiltà per i quali si è disposti a combattere, sui quali non si vuole transigere. Se di fronte a una diversità, di qualsiasi tipo, ci chiediamo "è cultura o è civiltà italiana quello da cui si differenzia?" e siamo in grado di rispondere, accettando le differenze culturali e rifiutando, bloccando le differenze di civiltà – allora potremo ringraziare l'ondata migratoria che ci fa scoprire chi siamo.

E allora sapremo anche che non ha senso schierarsi con l'estrema sinistra cattolica e marxista, che in nome della solidarietà vorrebbe aprire la porta a tutti e accettare pressoché tutto, né schierarsi con l'integralismo di una certa gerarchia ecclesiastica di alcuni politicanti demagogici che vorrebbero salvare la purezza dell'italianità: non ha senso "schierarsi", perché questo conflitto non si gestisce con schieramenti, ma con il continuo esercizio del dubbio: "è cultura o civiltà?".

TEST

1 Nel riquadro seguente si nascondono altre 5 congiunzioni oltre all'esempio. Trovale …

T	A	S	F	U	C	S	T	E	Q
U	G	M	I	N	O	L	T	R	E
T	V	U	T	D	M	L	T	U	A
T	B	G	F	O	U	I	E	I	E
A	M	Q	V	C	N	U	Z	N	A
V	N	U	U	H	Q	V	B	F	A
I	H	I	N	N	U	C	N	A	E
A	Z	N	U	H	E	O	L	T	I
A	S	D	V	E	T	R	S	T	A
V	C	I	O	I	T	B	E	I	O

1	Quindi
2	Inoltre
3	Tuttavia
4	Infatti
5	Comunque
6	Dunque

2 Forma delle frasi come nell'esempio.

> Chiavi: sono arrivato tardi perché c'era molto traffico.
> Ti ho telefonato appena ho saputo qualcosa.
> Ero certo di trovarla, infatti mi stava aspettando.
> Non avevo l'indirizzo, quindi non le ho scritto.
> Non era un gran libro, tuttavia l'ho letto tutto.
> Non avevo molta voglia di uscire, inoltre faceva freddo.

3 Completa le frasi con i verbi tra parentesi al trapassato prossimo o al passato remoto.

1 Quando Laura **si svegliò,** Mauro **era già uscito.**
2 Quando Gino e Francesca **andarono** a vivere in Argentina, Isa **aveva appena compiuto** cinque anni.
3 Quando Ennio **tornò** dall'America, **vide** che il suo paese **era** molto **cambiato.**
4 Anna portava sempre la collana che Fausto le **aveva regalato** prima di partire.
5 Appena Franca **seppe** che Paolo **era arrivato,** gli **telefonò** subito per salutarlo.
6 Mente stavano passeggiando per il centro, Marina e Francesco **incontrarono** un amico che **avevano conosciuto** in campeggio l'anno prima.

4 Completa il testo con l'imperfetto, il passato prossimo o il trapassato prossimo dei verbi tra parentesi.

Anna: Allora Ines, che impressione ti fa visitare il paese dei tuoi genitori?
Ines: È un'emozione piuttosto forte.
A.: Non **eri mai stata prima** in Italia?
No, i miei genitori **si erano trasferiti** in Brasile subito dopo la guerra, io non ero ancora nata. Mio padre **sperava** di fare un po' di soldi con una piccola impresa edile che **aveva messo** su con suo fratello e di tornare in Italia dopo qualche anno. Poi invece le cose **sono andate** bene, **c'era** lavoro, siamo nati io e mio fratello e così non **ci siamo** più **mossi** di lì.
A.: C'era qualcuno ad aspettarti quando **sei arrivata** in Italia?
Sì, devi sapere che i miei genitori **venivano** da un piccolo paese del Friuli dove ci sono ancora dei lontani parenti di mia madre. Mi **hanno accolto** come una figlia. Zia Gina, per esempio, pensa che conserva ancora una mia fotografia di quando ero piccola che gli **aveva mandato** mia madre molti anni fa.
Dev'essere stato bello incontrare delle persone di cui **avevi sentito** parlare tante volte, ma che non **avevi mai conosciuto.**
È stato fantastico. Mi **hanno raccontato** delle storie incredibili di quando mio padre era giovane, di come **aveva conosciuto** mia madre, della lotta contro i genitori di lei che erano contrari al matrimonio, cose d'altri tempi.
: Ti piacerebbe venire a vivere in Italia?
L'Italia mi piace molto e spero di tornare qui magari una volta ogni due anni. Ma ormai io sono brasiliana, **ho vissuto** sempre a Rio, **ho studiato** in Brasile. Lì ho tutti i miei amici.
Comunque non si può mai dire, magari un giorno, chissà…
: Ad ogni modo, quando vuoi tornare, a casa mia c'è sempre posto…
Grazie, Anna, sei molto gentile, restiamo in contatto…
: Certo, con la posta elettronica adesso è facile.

Completa le frasi con il passato remoto.

> Chiavi: 1 conobbe; 2 visse; 3 nacque; 4 furono; 5 ebbe; 6 si rividero; 7 fu; 8 vinse 9 fece; 10 scrissero.

1 Insieme a un compagno, guardate le immagini e dite cosa rappresentano.

La serie di attività che segue intende stimolare gli studenti ad applicare alcune tecniche di lettura già conosciute. Insista sul valore di queste tecniche ancora una volta.

Cominciamo con un po' di inferenza attraverso le immagini per continuare con una lettura rapida nella seconda attività.

L'attività sulle immagini è già di per sé un momento di introduzione: se commentando le immagini si dà vita a una piccola conversazione, non blocchi gli studenti.

 2 Leggi velocemente le notizie e abbina ognuna a una figura.

Durante questa fase non si preoccupi di eventuali termini nuovi per gli studenti e li inviti a leggere per fare quanto indicato nella consegna.

Se pensa che i suoi studenti non siano in grado di staccarsi da una lettura parola per parola, cronometri la lettura rapida, non più di 4 minuti.

Approfondimento culturale

Riprendiamo alcune osservazioni anticipate nella guida all'unità 8.

Questa unità riguarda un tema molto sentito nell'Italia di oggi, quello che genericamente possiamo includere nell'espressione "sensibilità ecologica".

A parole, tutti gli italiani sono ipersensibili al problema della salvaguardia dell'ambiente e della natura; nei fatti le cose stanno diversamente:

con le elezioni del 2001, che hanno portato al secondo governo Berlusconi, il movimento dei verdi è praticamente scomparso almeno in quanto a consensi elettorali, quindi l'ecologismo non ha più una voce politica autonoma in parlamento. Per cui tutti i partiti possono dirsi portatori delle preoccupazioni ambientalistiche, ma di fatto nessuno è poi responsabile;

nelle grandi opere (ferrovia ad alta velocità, raddoppio dell'Autostrada del Sole tra Bologna e Firenze, la tangenziale di Mestre, dove si imbottiglia tutto il traffico tra Europa sud-occidentale e sud-orientale), la difesa dell'ambiente serve a piccoli comuni per bloccare o ritardare il passaggio delle grandi vie di traffico sul loro territorio, ma tutti gli altri comuni, le province, le regioni, lo stato stesso – e soprattutto la gente – ritengono che, pur con rammarico, l'ambientalismo vada messo a tacere trattandosi di infrastrutture fondamentali;

i parchi nazionali, poi, sono un caso eclatante: tutti applaudono l'istituzione dei parchi regionali (che si aggiungono a quelli di p. 123) come quelli del delta del Po, quello di Portofino in Liguria, dell'Isola d'Elba, ecc. – ma poi nessuno vuole che la propria area diventi parco naturale, per non perdere la possibilità di costruire, di far strade, ecc.

3 Trova un titolo per ogni notizia. Poi, a coppie, confrontate i vostri titoli e aiutatevi a migliorarli se necessario.

Scrivere titoli di giornale non è semplice.
Dopo aver fatto quest'attività in cui gli studenti probabilmente produrranno titoli molto strutturati, faccia vedere loro attraverso ritagli di giornali, oppure la connessione a siti Internet di giornali e riviste italiani, come si costruiscono i titoli degli articoli. Sottolinei l'estrema destrutturazione del discorso. Se vuole, in una classe monolingue può rinforzare la riflessione leggendo alcuni titoli di giornale nella lingua degli studenti.

 4 La salute del nostro pianeta è una delle emergenze principali della nostra epoca. Tu cosa fai per comportarti in maniera ecologica? Completa il test.

Parlare di futuro senza parlare di ecologia, coscienza ambientale, non è possibile.
Per fortuna questi temi sono oggi estremamente sentiti in molti paesi e gli studenti possono apportare esperienze personali coinvolgenti. Introduca l'argomento chiedendo loro se nella vita di tutti i giorni seguono comportamenti rispettosi della natura e dell'ambiente.
Dia una mano per capire tutte le parole del test.

 5 Quali altri comportamenti ecologici potresti aggiungere? Scrivili sotto forma di domande per il test.

Sicuramente ci sono molti altri comportamenti ecologici.
Controlli passando tra i banchi come formulano i loro quesiti per il test e li aiuti sia per quanto riguarda la lingua sia con eventuali idee se li trova in difficoltà.

Appunti:

_____
_____
_____
_____
_____
_____
_____
_____
_____
_____
_____
_____
_____
_____
_____
_____
_____
_____

7 Che cosa ci aspetta nel futuro? Ascolta l'intervista…

A questo punto non chieda agli studenti cosa pensano che il futuro riservi loro, in quanto questa riflessione è l'oggetto dell'attività 9.

Intervistatore:	*Allora Roberto, parlaci un po' di te.*
Roberto:	*Mi chiamo Roberto Marino e vivo a Napoli.*
Intervistatore:	*Sei di Napoli?*
Roberto:	*No, sono calabrese di nascita, ma da quando studio all'università, sto a Napoli. Sono al secondo anno di giurisprudenza.*
Intervistatore:	*Cos'altro fai nella vita oltre a studiare legge?*
Roberto:	*Faccio parte di un'associazione ambientalista che è presente in tutto il mondo e lavora sui problemi legati all'inquinamento, all'ecologia.*
Intervistatore:	*Interessante! E cosa farai quando avrai finito l'università?*
Roberto:	*Quando mi sarò laureato, lavorerò o meglio, mi piacerebbe lavorare in una organizzazione internazionale che si occupi di problemi ambientali. Magari per cercare di far rispettare le leggi per la difesa dell'ambiente o per crearne dove non ne esistono… Non lo so. Per il momento è solo un sogno.*
Intervistatore:	*Nessun altro progetto o sogno nel cassetto?*
Roberto:	*Dunque… formare una famiglia, forse… ma almeno per il momento non ci penso e soprattutto credo che possa interferire con i miei progetti. Trovare un lavoro fisso… anche questo potrebbe essere un obiettivo, così poi potrei fare dei figli. Ma sinceramente è come se pensassi con la testa di un altro… No, io vorrei lavorare sulle cose che mi interessano e poter conoscere il mondo, viaggiare.*
Intervistatore:	*Ma ci vuole molta fortuna e soldi…*
Roberto:	*E' vero, molta fortuna! Soldi… non credo siano il problema maggiore: a me non interessa diventare ricco, anzi! Comunque conosci il detto, vero? La fortuna va aiutata! E io sono molto cocciuto.*

> **Chiavi:** **oggi studia legge a Napoli, fa parte di un'associazione ambientalista.**
> **Fra alcuni anni vorrebbe laurearsi, trovare lavoro in un'organizzazione internazionale per la difesa dell'ambiente, viaggiare e conoscere il mondo.**
> **Non vorrebbe sposarsi e avere figli, né diventare ricco.**

 8 ▶▶ Alla scoperta della lingua. Ascolta nuovamente l'intervista e completa le frasi.

E' opportuno che la riflessione su questo punto venga condotta prima dagli studenti individualmente, ma che poi sia ripresa e verificata con tutta la classe.

> **Chiavi: avrai finito; mi sarò laureato.**

 9 Ora pensa a te stesso. Quali delle seguenti situazioni credi che possano essere vere…

Quest'attività e le prossime due permettono di utilizzare il futuro anteriore. Forse gli studenti faranno un po' di confusione tra i due futuri. Legga le frasi assieme agli studenti, prima di lasciar svolgere l'attività. Chieda quali azioni saranno ancora in svolgimento tra cinque anni e quali invece si saranno già concluse.

 10 Aggiungi altre cose che probabilmente farai o avrai fatto fra cinque anni.

In classi poco numerose faccia leggere le frasi a ogni studente a turno mentre gli altri ascoltano. In classi numerose segua uno di questi modi:
raccolga le frasi di ognuno e poi ne legga una da ogni foglio alla classe (nel mentre, le corregga tutte) senza dire chi le ha scritte. Sono gli studenti che devono indovinarne l'autore;
faccia scambiare il quaderno o il foglio tra compagni. A vicenda si correggono le frasi. Questo secondo modo, avendo cura di rimescolare le coppie, mantiene più interesse per l'attività successiva.

 11 Ora scrivi cinque domande che vorresti fare a un compagno per scoprire…

Mentre scrivono le domande, passi tra i banchi e dia una mano, soprattutto sull'uso dei due futuri. Ovviamente le domande non potranno essere del tipo: "Cosa farai tra cinque anni?"

Unità 12

guida per l'insegnante

un mondo migliore

lessico

 1 Osserva il disegno: è lo studio di una radio ecologista.

Incoraggi gli studenti a stilare una lista con varie ipotesi e le confronti con tutta la classe.

 2 Ascolta il notiziario e rispondi alle domande.

Prima di ascoltare la registrazione inviti gli studenti a leggere le domande e li aiuti a capirle.
Poi faccia ascoltare il testo un paio di volte, ma non di più. Alla fine controlli le risposte con tutta la classe.

Un caro saluto verde a tutti i nostri ascoltatori sempre più inquinati. Sono Flavio il Rosso, vi parlo dalla vostra radio, l'unica che vi vuol bene e ci vuole bene: Radio Verde Speranza!
Diamo un'occhiata ad alcuni dati che sono appena giunti in redazione.
Partiamo dalle temperature di oggi e dai problemi che ormai da settimane stanno causando il caldo, l'afa a quelle creature assurde che si chiamano uomini (e donne naturalmente).
A Roma, la massima ieri è stata di 35° e oggi è prevista in ulteriore aumento, l'umidità sarà superiore al 70% e quindi preparatevi a sudare, sudare e sudare. Mentre il sole continua a splendere e a scaldare.
A chi di voi rientra nelle categorie a rischio, e se lo può permettere, raccomandiamo di non uscire di casa nelle ore più calde: il livello di ozono è ulteriormente aumentato e ormai ha raggiunto livelli preoccupanti.
Capito voi bambini e tutti i nonni e le nonne?
Una buona notizia per tutti voi che pensate in modo verde: da domani il centro storico resterà chiuso al traffico. Potranno circolare solo le auto con targa dispari, dopodomani sarà il turno di quelle con targa pari. E così fino a nuovo ordine. Motorini e moto per questa volta si salvano! I loro gas di scarico sono migliori, dicono, voi ci credete?
Volete sapere quali sono i gas tossici e le altre sostanze che ci stanno avvelenando in questi giorni e che stanno uccidendo voi e l'ambiente? Credete che sia la solita vecchia anidride carbonica?
Stavolta non ve lo dico, continuate a vivere inquinati e in pace. Ma sentite questa! Un iceberg dalle dimensioni più o meno del Lussemburgo si è staccato dall'Antartide, vi sembra cosa da poco? Altro che il Titanic: qui stiamo distruggendo il mondo e ci continuano a dire che non è colpa dell'effetto serra?
Voi ci credete? Sapete, amici, di quanto è aumentato il livello del mare nel corso del secolo appena finito? E la temperatura?
O qualcuno mi sa dire quant'è l'estensione di foreste pluviali che si stanno distruggendo ogni anno?
Telefonateci al numero verde che più verde non si può 800 606606 e provate a indovinare.
Chi vincerà potrà scegliere tra una maschera antigas e un biglietto di sola andata per il Tibet... [Sfuma]

> **Chiavi: 1 35°; 2 oltre il 70%; 3 ozono, anidride carbonica; 4 moto e motorini; 5 aumento del livello del mare, della temperatura (distruzione delle foreste pluviali).**

 3 Ascolta nuovamente la registrazione.

Faccia ascoltare la registrazione ancora una sola volta. Non dica il significato delle parole che gli studenti non conoscono. Dovranno cercarle sul dizionario che avranno portato con sé per questa lezione o che lei avrà fornito loro.

> **Chiavi: ambiente; anidride carbonica; effetto serra; gas di scarico; inquinare (inquinati).**

 4 Cerca sul dizionario le parole che non conosci.

Possono fare quest'attività in coppia.

abilità

 1 Leggi il racconto di Stefano Benni.

Se gli studenti chiedono il perché delle evidenziazioni nel testo, dica loro che serviranno per attività successive. Il testo è di fantascienza, genere che spesso interessa agli studenti, ma che presenta difficoltà di tipo lessicale. Aiuti gli studenti a individuare le parole inventate dall'autore: Bleton, bletoniano, ecc. e avverta che ce ne sono altre. E' un racconto divertente, cerchi di stimolare in loro la voglia di leggere qualcosa in italiano per il piacere della lettura e non con un fine di tipo linguistico. Una lettura più attenta a questi aspetti verrà fatta in seguito. Alcune note sull'autore: Stefano Benni è di Bologna, è nato nel 1947, è uno scrittore di racconti e romanzi comici fantastici. Dopo la prima lettura se gli studenti hanno trovato troppo difficile il testo, leggetelo insieme.

143

2 Ora scrivi il finale di questa storia.

Inviti gli studenti a scrivere la fine della storia. Dica loro che sono sufficienti poche righe, ma devono cercare di far finire in qualche modo di loro invenzione il racconto.

 3 Insieme ad altri due compagni, a turno leggete le vostre conclusioni della storia e scegliete la migliore.

Dopo che i gruppi avranno letto e scelto il finale migliore, cioè quello che sembra loro più adatto alla storia, ma anche quello che risulta per loro scritto meglio in italiano, li inviti a fare l'attività 4.

 4 Ora landate a pag.V e leggete la parte finale scritta dall'autore. Vi piace come termina la storia? Ve lo aspettavate?

Prima di rispondere alle domande della consegna, ma dopo che gli studenti avranno finito di leggere la storia, li aiuti a chiarire punti oscuri nel testo.

 5 Leggi nuovamente il racconto e completa la tabella indicando a cosa si riferiscono le parole evidenziate.

Nelle attività 5 e 6 di questa unità approfondiamo elementi che troppo spesso gli studenti trascurano, ma che oltre a far comprendere meglio il testo da un punto di vista linguistico, permettono di apprezzarlo di più da un punto di vista letterario.

 6 Individua nel racconto gli elementi che ti fanno capire chi è il narratore e qual è il suo tono.

Il lavoro sul narratore come quello precedente sulla referenza può dischiudere nuove frontiere nella fruizione di un'opera letteraria.

L'uso della letteratura nella classe di lingua avviene spesso, ma crediamo che sia necessario essere molto accorti nella gradazione del materiale e nel modo di sfruttarlo a fini linguistici. Infatti è esperienza comune a molti insegnanti notare che gli studenti vivono il testo letterario come qualcosa di troppo difficile per loro in quanto stranieri e non sono portati ad avvicinarvisi. In realtà, sia la scelta del materiale, sia il tipo di attività possono suscitare un interesse maggiore e indurre un indispensabile piacere nella lettura.

Il narratore è in prima persona, usa una lingua molto colloquiale e moderna, arricchita da termini fantascientifici inventati o meno, spesso si rivolge al pubblico dei lettori (Ragazzi...). Faccia notare il nome del personaggio io narrante: Erasmo il venditore del cosmo; Erasmo è un nome "antico" che fa ritornare subito alla mente Erasmo da Rotterdam, il grande umanista olandese e qui viene associato a un personaggio che si muove in un futuro fantastico e che fa il venditore!

 7 In fondo questo racconto può sembrare una favola e come tutte le favole potrebbe avere una morale. Insieme a un compagno pensate a quale può essere secondo voi.

È un'attività da fare oralmente; è un modo per terminare questa parte dell'unità che potrebbe portare a una conversazione di classe. Cerchi di stimolarla, magari aggiungendo la o le morali che la storia suggerisce anche lei.

grammatica

 1 Scegli fra futuro semplice e futuro anteriore.

Chiavi: 2 avrò fatto, andrò.
3 Avrò finito, tornerò.
4 Cenerò, guarderò

 3 Completa le frasi con i pronomi personali.

Chiavi: 2 li; 3 te lo; 4 ci; 5 mi; 6 li; 7 gli; 8 gli.

 4 Carlo ha 15 anni e un padre molto severo e apprensivo. Scrivi delle frasi su ciò che Carlo non può fare.

Chiavi: 2 suo padre non lo lascia andare in discoteca.
3 Suo padre non gli lascia bere alcolici.
4 Suo padre non gli lascia usare il motorino.
5 Suo padre non lo lascia stare fuori dopo la mezzanotte.
6 Suo padre non gli lascia guardare la televisione per più di due ore al giorno.

 5 Completa le frasi con fare o lasciare.

Chiavi: 2 far; 3 lasci; 4 fa; 5 lascio; 6 fa.

civiltà

 1 Ascolta il dialogo...

Scusa, dove hai messo il foglio sullo smaltimento dei rifiuti?
Eccolo... dicono che oggi è possibile recuperare quasi tutto, prima di tutto la carta, poi l'alluminio...
Che cos'è l'alluminio?
Beh, è un metallo, sai ci fanno soprattutto le lattine per le bibite e le scatolette...
Ah, ho capito...
Poi naturalmente si può riciclare il legno, e soprattutto bottiglie, vasetti, tutto quello che è di vetro insomma.
C'è scritto che rice.. uhm riciclano anche le medicine che non si usano più?
Io visto dei raccoglitori davanti alle farmacie...
Per ora i farmaci scaduti possono essere solo distrutti in modo controllato perché sono molto nocivi, peri-colosi, per l'ambiente, quindi è bene portarli negli appositi raccoglitori.
Anche le pile usate vengono eliminate nello stesso modo. Ah, poi ci sono anche le batterie delle macchine, per esempio, anche queste inquinano e non si devono gettare nei raccoglitori per i rifiuti organici.
Cosa sono i rifiuti organizzati?
Ma che organizzati! Si chiamano organici... perché sono naturali, sono tutti i rifiuti della cucina per esempio, gli scarti delle verdure, frutta, gli avanzi di cibo, tutto quello che non si mangia a tavola...
Ho capito.... . Ma senti, in Italia come va il riciclamento dei rifiuti?
Ma Pierre, non si dice riciclamento, si dice riciclaggio. Insomma in questi ultimi anni sta migliorando molto. Lo sapevi che l'Italia è la prima in Europa e la seconda nel mondo per la raccolta del PET, sai la plastica delle bottiglie dell'acqua, le bibite e dei vari materiali alimentari...

Chiavi: medicine (farmaci) scadute, batterie, pile usate = S.
Tutto il resto può essere riciclato= R.

 2 Che cos'è il PET? Qual è la posizione dell'Italia in Europa e nel mondo nel riciclaggio del PET?

Chiavi: il PET è un materiale di plastica che viene usato per i prodotti alimentari, bottiglie per l'acqua, bibite e prodotti alimentari. L'Italia è la prima in Europa e la seconda nel mondo per il riciclaggio di questo materiale.

fonologia • l'italiano regionale: le varietà campana e calabrese • /ts/ vs. /tts/ e /dz/ vs. /ddz/

 1 Nel dialogo iniziale Roberto Marino dice di essere calabrese, ma di vivere a Napoli. In Calabria e in Campania si parlano delle varietà meridionali dell'italiano. Oltre ad avere delle caratteristiche comuni il campano e il calabrese presentano anche delle differenze.

Si tratta di un'attività centrata sull'italiano regionale. Si assicuri che gli studenti capiscano il significato dell'aggettivo meridionale, campano e calabrese. Può indicare sulla cartina geografica dove sono si trovano le regioni della Campania e della Calabria, nonché i relativi capoluoghi. Le zone colorate della cartina indicano l'Italia meridionale. Abbiamo cercato di evidenziare le analogie e le differenze che esistono tra le varietà di italiano di queste due aree. Sarà utile sottolineare ancora una volta che non ci stiamo riferendo al dialetto, ma all'italiano parlato in queste zone delle penisola! Abbiamo isolato alcune caratteristiche per dare un'idea delle analogie e delle differenze tra le due varietà. La prima delle caratteristiche comuni è il Raddoppiamento sintattico.
Se vuole può ricorrere alla cartina dell'Unità 10 dove abbiamo riportato le regioni in cui si realizza questo fenomeno. La seconda caratteristica è la pronuncia intensa dei suoni /b/ e /dʒ/ intervocalici.
Anche quest'ultimo è un tratto largamente comune all'italiano centro-medionale, Roma compresa (cfr. Unità 15). Lo stesso vale per il troncamento degli infiniti dei verbi, o dei nomi sulla sillaba tonica. Una differenza tra le due caratteristiche è invece costituita dal sistema vocalico che in Calabria e in Sicilia è caratterizzato da soli 5 suoni mancano cioè le vocali "chiuse" /e/ e /o/.

 2 Ascolta questi brevi monologhi pronunciati da parlanti provenienti da diverse città del nord, del centro e del sud.

L'attività ha lo scopo di far ascoltare agli studenti degli altri esempi di italiano regionale. Le consigliamo uno o due ascolti. Se crede dopo il primo ascolto può chiedere agli studenti se hanno riconosciuto qualche caratteristica fr quelle descritte in precedenza. Si tratta di brevissimi monologhi in cui le persone descrivono se stesse con un reg stro informale. Se la classe si dimostra interessata al tema delle varietà di italiano può proporre la visione di brev spezzoni cinematografici, in cui sia riportata la varietà di italiano di cui stiamo parlando. Per il napoletano potreb be trovare qualche vecchio film con protagonista Massimo Troisi, un'attore particolarmente amato dagli italiani

 3 Ascolta e leggi.

L'obiettivo è la pronuncia dei suoni /ts/ vs /tts/ e /dz/ vs. /ddz/. Faccia leggere e ascoltare le parole.
Una volta dovrebbe essere sufficiente. Poi passi al post-it.

Il post-it fa riferimento a caratteristiche articolatorie dei due suoni, entrambi appartengono al gruppo dei suo che abbiamo definito "rafforzati" che devono essere pronunciati con maggiore intensità rispetto ai corrisponden suoni brevi. Faccia anche notare come al solito che in questi casi la pronuncia del suono /ts/ o /dz/ è preced da una pausa, tanto più lunga quanto è intenso il suono. Inoltre, questi due suoni sono legati a caratteristiche tipo regionale. Infatti, nell'Italia centro-meridionale e quando questi due suoni sono in posizione intervocalica c la tendenza a pronunciare i suoni come se fossero intensi, ad esempio, azione è pronunciata /at'tsione/, ment nell'Italia del nord si preferisce la pronuncia breve /a'tsione/.
D'altra parte, la tendenza a pronunciare suoni brevi, piuttosto che intensi, anche quando sono rappresentati gr ficamente, è una caratteristica tipica dell'italiano settentrionale. Infine, anche la scelta tra suono sordo (/ts/), sonoro (/dz/) è una particolarità legata alle pronunce regionali. A parte alcune parole, la cui pronuncia è più st bilmente accettata dai parlanti, ad esempio pazzo /'pattso/ e non /'paddzo/, oppure zanzara /dzan'dzara/ e nc /tsan'tsara/, in molti altri casi i parlanti oscillano tra una pronuncia sorda e una sonora spesso legata al luogo provenienza del parlante. Ad esempio, zio è più facilmente pronunciato /'dzio/ nell'Italia settentrionale e /'tsi nell'Italia centro-meridionale, lo stesso vale per zucchero /'dzukkero/ (settentrionale) o /'tsukkero/ (centro-me dionale), benché anche la pronuncia /'dzukkero/ sia ormai comune anche nell'Italia centrale! La ragione di qu ste oscillazioni è dovuta, in parte, al fatto che questi due suoni sono tra i meno frequenti del sistema fonologi italiano e, in parte, al fatto che c'è un solo grafema «-z-» per due suoni diversi.

 4 Leggi le parole dell'attività precedente insieme a un compagno.

A questo punto faccia leggere le parole dell'attività precedente in coppia.

Unità 12
guida per l'insegnante
un mondo migliore

sommario

Ecco come si presenta Ludovico De Luigi sul sito http://www.venetia.it/deluigi/deluigi.htm

LUDOVICO DE LUIGI
Sono Ludovico De Luigi e nacqui nel segno dello Scorpione; non a caso da questa congiuntura astrale ho ereditato il coraggio necessario per vivere solo d'arte e per pronunciare le mie profezie pittoriche.
Sono l'ultimo in linea genealogica dei pittori veneziani che hanno avuto un rapporto, più o meno doloroso, con la città ed il suo contesto, e che traspare evidente in quasi tutte le mie tele.
Mi impadronii totalmente del linguaggio dei maestri che mi precedettero per esprimere l'eterna attualità della dimensione Venezia, sinonimo della vera dimensione umana e di essa la più alta espressione.
Consensi pubblici e privati mi hanno sempre stimolato a continuare la mia linea di sviluppo.
Tradizione e talento individuale sono i responsabili del posto che di diritto occupo oggi nel contesto dell'arte pittorica veneziana e mondiale.

Ludovico De Luigi
Svedutista Visionario Veneziano

TEST

1 Completa i brevi dialoghi con il futuro anteriore.

Chiavi: sarò laureato; avrò imparato; sarò arrivato; avrete visto; sarà stato.

2 Completa il testo seguente inserendo le parole contenute nel riquadro.

Fuori, il traffico della città, lo smog, l'inquinamento. Meglio chiudersi in casa, verrebbe da pensare. Ma attenzione: anche tra le pareti domestiche qualche volta si possono trovare sostanze dannose per la salute. Infatti, l'80% dell'inquinamento domestico è dovuto a colle e vernici, che rilasciano nell'aria sostanze nocive che in gran parte provengono dai mobili, dai pavimenti, dalle pareti. A questo si aggiungono i detersivi e i detergenti usati per le pulizie e i prodotti contro gli insetti messi negli armadi. La stanza particolarmente a rischio è senza dubbio la cucina.

Qui l'umidità prodotta dalla cottura dei cibi si combina con la combustione dei fornelli formando una specie di vapore tossico. Durante la cottura dei cibi è importante quindi mantenere l'ambiente ventilato per disperdere i vapori.

Se poi in casa c'è un fumatore l'aria domestica si appesantisce dei veleni contenuti nel fumo di tabacco che vengono assorbiti da tendaggi, tappeti e libri da cui sono rilasciati piano piano nel tempo. L'accumulo di sostanze tossiche in casa può provocare mal di testa, vertigini, insonnia, allergia. Fortunatamente possiamo fare molto. Arieggiare gli ambienti due volte al giorno, evitando però di aprire le finestre nelle ore di punta. Anche dopo l'uso della lavatrice è importante aprire le finestre per disperdere i vapori del detersivo. I detersivi poi bisognerebbe tenerli sempre chiusi in un armadio. Non bisognerebbe invece mai chiudere subito nel guardaroba gli abiti ritirati dalla lavanderia. Meglio arieggiarli prima.

Forma delle frasi.

Chiavi: 1 smettila, non ne posso più di ascoltarti.
2 Maria non la finisce mai di parlare al telefono.
3 Se torni da queste parti fatti sentire.

Unità 13
guida per l'insegnante
non di solo lavoro...

Ahiaiahi il congiuntivo!

Cominciamo ad affrontare in quest'unità il congiuntivo, certamente non è l'ambito grammaticale più semplice. E' inutile chiederci se è giusto insegnarlo, ma sicuramente è utile riflettere su quanto e che tipo di spazio attribuirgli. A questo punto il risultato principale da raggiungere dipende molto dalla provenienza degli studenti: se si tratta di parlanti la cui madrelingua conosce il congiuntivo, l'obiettivo può essere già più alto, ma in diversi casi, in realtà, il primo approccio serve proprio per sensibilizzare alla presenza di un "canale" verbale diverso da quello cui gli studenti sono abituati.

Inoltre, la scelta fin dall'inizio è quella di fornire esempi d'uso del congiuntivo corretti, cioè nel rispetto della norma, non quella dei puristi, ma quella della lingua italiana in un registro medio, dove alcune forme ancora oggi stonano, ad esempio: "credo che lui è spagnolo". Nonostante sia molto frequente sentire una frase come questa, ora il nostro intento è dare agli studenti gli strumenti per riconoscere l'uso del congiuntivo affinché possano poco alla volta utilizzarlo.

Come al solito l'insegnamento di una struttura grammaticale non è l'unico obiettivo dell'unità, anzi come sempre la riflessione sulla struttura è "diluita" all'interno dell'unità e vi si arriva a poco a poco dopo aver cercato di acquisirne i tratti il più possibile attraverso un uso contestualizzato dell'esponente grammaticale.

 1 Stai aspettando il tuo turno dal medico. Quali di queste pubblicazioni sceglieresti?

Come detto sopra, la presentazione della struttura avviene senza pregiudicare gli altri obiettivi dell'unità. In quest'attività l'obiettivo è indirettamente linguistico. Lo scopo principale è continuare a incoraggiare gli studenti a leggere i giornali in italiano intendendo in questo modo perseguire vari fini: di tipo culturale e linguistico.

Se dispone di una connessione Internet, visiti i siti indicati sul sito dedicato a Rete! (www.rete.co.it) giusto per dare un'idea agli studenti di quali sono i quotidiani e le riviste principali in Italia, in alternativa o, se preferisce, in aggiunta porti in classe diverse copie di giornali italiani e le mostri agli studenti. In tutti e due i casi lasci che gli studenti sfoglino le varie testate e accumulino impressioni. Alla fine faccia un giro di domande per raccoglierle.

 2 Rispondi alle domande pensando a te stesso.

Le attività che seguono non servono per schedare gli studenti, ma per fornire una certa varietà di termini specifici. Lo faccia presente, soprattutto per quelle culture o singoli molto attenti alla tutela della privacy.

Se teme che gli studenti possano sentirsi in qualche modo offesi da un controllo delle loro risposte si limiti ad assicurarsi che abbiano colto il significato di tutto il lessico utilizzato.

 3 In un giornale ci sono tante sezioni. Tu quali leggi o guardi soprattutto? Metti in ordine di importanza la lista seguente.

 4 Ora in piccoli gruppi confrontate e commentate le vostre risposte e parlate della stampa nel vostro paese.

Dica agli studenti di limitarsi a discutere della stampa nel loro paese se pensa che parlare con gli altri di proprie abitudini possa risultare in qualche modo spiacevole per loro.

Unità 13
guida per l'insegnante
non di solo lavoro...

 5 Completa il dialogo tra Maria e Sandro.

Si tratta di un'attività di ascolto e dettato per cui faccia ascoltare la registrazione più volte.

Sandro: Allora, Maria ci vediamo in questi giorni.
Maria: Va bene, ti chiamo presto.
Sandro: Cosa fai stasera?
Maria: Non saprei. Sono un po' stanca. Penso che sia meglio che stia in casa a riposare... e poi ho alcuni giornali che non sono ancora riuscita a leggere.
Sandro: Ma non li trovi noiosi?
Maria: Un po' sì, ma credo che ci siano sempre dei begli articoli, se hai la pazienza di cercarli.
Sandro: Ti consiglio un ottimo film alla tv.
Maria: Quelli sì, non li sopporto! I film con la pubblicità in mezzo mi rendono isterica!
Sandro: La solita intellettuale...
Maria: Intellettuale... sembra sempre che tu abbia qualcosa da dire contro di me. Perché non mi inviti a cena piuttosto. Ho l'impressione che in casa non ci sia niente da mangiare.
Sandro: Questo succede perché non sto mai zitto...

  6 ▶▶ Alla scoperta della lingua. Il congiuntivo.

Non è ancora il momento di parlare delle forme del congiuntivo.
Qui è sufficiente capire il meccanismo che lega l'uso del congiuntivo a certi verbi ed espressioni, oltre naturalmente a cominciare a sentirlo in modo più consapevole.

 7 Guarda il grafico insieme a un compagno. Anche nel tuo paese i giovani impiegano così il tempo libero? E tu?

A meno che lei non porti in classe statistiche su come i giovani del paese dei suoi studenti impiegano il tempo libero, le riflessioni che scaturiranno saranno basate sull'esperienza dei singoli e nulla più.

8 Ti piace la tv? Quali programmi...

Se i suoi studenti provengono dallo stesso paese, anziché spiegare che tipo di programmi sono quelli elencati sotto, inviti la classe a dare il titolo di programmi famosi che conoscono e che corrispondono ai vari generi. Negli altri casi chieda loro di spiegare di che programmi si tratta.

 9 Ora tocca a voi. Quali programmi scegliereste? In piccoli gruppi, parlate dei vostri programmi preferiti.

Se ha accesso a Internet, visiti i siti dei vari canali televisivi italiani attraverso i collegamenti proposti sul sito di Rete!. In caso contrario o in aggiunta a questo, fotocopi o ritagli le programmazioni di vari canali da un quotidiano italiano e le faccia commentare a piccoli gruppi. Poi lasci che gli studenti parlino dei loro gusti personali.

 10 Ascolta una persona che cambia continuamente programma. Di quali programmi si tratta? Usa la lista dell'esercizio 8.

Chiavi: 2 documentario; 3 gioco tv/varietà; 4 programma sportivo; 5 cartoni; 6 film.

 11 Ascolta nuovamente l'ultimo programma. Riesci a immaginarti quello che vede il telespettatore? Descrivi la scena per iscritto.

Gli studenti dovranno cercare di immaginare cosa avviene, dia il tempo necessario perché riescano a completare la descrizione. Li aiuti se hanno bisogno di lessico che non conoscono, ma li inviti a mantenere un livello in armonia con quanto sanno, senza cercare di strafare, semplificando il linguaggio utilizzato per aggiustarlo alle loro conoscenze.

 12 In piccoli gruppi leggete le descrizioni che avete scritto e scegliete quella che vi piace di più.

Alla fine faccia leggere tutte le scene scelte dai gruppi e scegliete la migliore.

 13 A gruppi provate a recitare la scena.

Potrebbe diventare un momento divertente e creativo. Se gli studenti lo richiedono o se lei lo ritiene necessario, faccia ascoltare ancora una volta la registrazione della scena e permetta loro di prendere appunti. Poi proveranno la scena tra di loro, ma quando la reciteranno davanti alla classe non potranno leggere i propri appunti.

Unità 13
guida per l'insegnante
non di solo lavoro...

abilità

Il cinema italiano ha prodotto lungo i decenni numerosi autori e attori di valore mondiale. Qui cominciamo a conoscere qualcosa, ma questo ambito viene esplorato più approfonditamente in altre parti di Rete! Chieda agli studenti se conoscono il nome di attrici, attori e registi italiani oppure titoli di film famosi recenti o vecchi che siano.

 1 Film, film, film. Andate spesso al cinema o preferite vedere i film in tv o videocassetta? Quali sono i pro e i contro di questi diversi modi di vedere un film? In piccoli gruppi rispondete a queste domande.

Ora ascolti quanto rispondono i gruppi ai vari quesiti, passando tra i banchi e correggendo gli studenti se lo ritiene necessario, ma non faccia un controllo con tutta la classe.

 2 Ascoltate il vostro insegnante che vi racconta un film che ha visto recentemente. Fategli delle domande per saperne di più del film.

Durante il racconto del film si interrompa per dar modo agli studenti di fare domande. Andranno incoraggiati in questo senso. Cerchi di utilizzare verbi ed espressioni che reggono il congiuntivo.

 3 Leggi il riassunto del film "*L'Assedio*" di Bernardo Bertolucci e individua gli elementi principali della storia.

Prima di iniziare l'attività 3, faccia dare un'occhiata alle locandine dei film di Bertolucci e chieda se qualcuno riconosce i film. Probabilmente qualcuno ricorderà *Ultimo tango a Parigi* o *L'ultimo imperatore*, ma se così non fosse non insista troppo. Superfluo, tuttavia, sottolineare l'opportunità di far vedere agli studenti uno di questi film, ma solo se lo trova in versione sottotitolata.

Se gli studenti non dimostrano interesse all'argomento o per altre ragioni altrettanto o ancora più valide, tralasci questa parte e lavori sui contenuti legati alle strategie d'apprendimento. Usi questi spunti per un ragionamento sul come si fa il riassunto di una storia e quali ne siano le componenti principali. E poi lavori sulla differenza tra riassunto e recensione/commento.

Unità 13
guida per l'insegnante
non di solo lavoro...

 4 Una recensione, un commento a un film, a un libro, ecc. hanno caratteristiche diverse. Qui gli elementi di prima si mescolano alle riflessioni dell'autore del testo.

Aiuti gli studenti a capire tutti e due i testi, il riassunto e il commento.
Faccia poi delle domande semplici per capire se hanno colto nel concreto la differenza:
- quale dei due testi tratta di quello che succede nel film?
- quale parla di che cosa succede e di com'è il film?

 5 Pensa a un film che hai visto di recente. Scrivi il riassunto del film e un breve commento.

Quest'attività può richiedere un certo tempo.
Decida lei se assegnarla come compito a casa oppure se farla in classe. In ogni modo corregga tutti gli scritti, sia da un punto di vista linguistico che nell'impostazione.
Devono essere ben distinte le due parti del loro scritto.

Dedichi un po' di tempo alla lettura conclusiva della scheda su Bertolucci.
Questo ruolo assegnato alla cultura con la C maiuscola si intreccerà sempre più nel prosieguo di questo corso con l'altra cultura, quella della quotidianità in Italia.
Le due cose, crediamo, non possono essere disgiunte se scopo è trasmettere conoscenze linguistiche in senso moderno.
Lingua e cultura insieme dunque, anzi varie culture!

Appunti:

_____
_____
_____
_____
_____
_____
_____
_____
_____
_____
_____
_____
_____
_____
_____
_____
_____
_____

grammatica

 1 Metti i verbi al congiuntivo presente.

Chiavi: 2 che noi partiamo; 3 che tu finisca; 4 che lui vada; 5 che loro escano; 6 che tu prenda; 7 che lei faccia; 8 che noi sappiamo; 9 che loro diano; 10 che io voglia; 11 che tu tenga; 12 che lui venga; 13 che voi possiate; 14 che voi diciate.

 2 Rispondi alle domande.

Chiavi: 2 penso che abiti a Bologna; 3 penso che abbia 35 anni; 4 no, penso che sia divorziato; 5 penso che abbia una figlia; 6 penso che viva con la sua nuova compagna.

 3 Trasforma le frasi.

Chiavi: 2 è necessario che spediate questa merce entro stasera.
3 Può darsi che Filippo sia promosso anche quest'anno.
4 Temo che Gianni non passi l'esame.
5 Le ferrovie sono in sciopero. Non è possibile che partiate oggi.
6 Credo che Biagio sia di Firenze.
7 Mi sembra che oggi mia moglie non lavori.
8 E' meglio che tu smetta di fumare.

 4 Completa le frasi con senza che, nel caso che o prima che.

Chiavi: 2 prima che/nel caso che.
3 Senza che.
4 Nel caso che.
5 Senza che.
6 Nel caso che.

 5 Esprimi delle opinioni personali.

Queste frasi possono diventare lo spunto per una discussione in classe, ponendole oralmente ai vari studenti dopo che hanno eseguito l'esercizio per iscritto.
In tal modo si salda la riflessione lenta dell'esercizio con l'uso immediato, rapido, dell'orale.

lessico

 1 Quali delle parole del riquadro si riferiscono

Le attività di questa sezione permettono di sistematizzare e riassumere il lessico già presentato in quest'unità, ma anche di introdurre nuovi termini di quest'ambito.
Inoltre vengono qui ripresi e ampliati ambiti già trattati in altre unità in precedenza.

> **Chiavi: alla televisione:**
> annunciatore; canale; cartone animato; cavo; sintonizzare; suono; studio; telecamera; immagine; trasmettere; satellite; schermo; trasmissione; notizie.
> **Ai giornali o riviste:**
> pubblicare; stampare; stampa; informazioni; pagina; notizie.
> **Alla musica:**
> cantante; canzone; concerto; registrare; cuffia; stereo; suono; CD; cassetta; sintonizzare; studio.

 2 Sport e hobby. Insieme a un compagno guarda la lista che segue e esprimi le tue opinioni su alcuni di questi sport e hobby.

Come nell'ultimo esercizio della sezione grammaticale, anche questo esercizio serve per passare dalla lentezza e ponderatezza dello scritto all'immediatezza dell'oralità.

 3 Guardando ognuna delle espressioni che riguardano gli sport, riesci a trovare il nome dello sport?

> **Chiavi: nuoto; corsa (atletica); calcio; vela; alpinismo; equitazione; automobilismo.**

 4 A quali sport associ queste parole?

Faccia un controllo delle risposte con tutta la classe. Ovviamente sono numerosi gli sport in cui si usano questi termini.

civiltà
UNA TV ALTERNATIVA?

Guardare la televisione è ormai da anni il passatempo preferito dagli italiani, e non solo. Tra tante emittenti televisive che trasmettono nel nostro paese la guerra per conquistare l'audience sembra non finire mai. Soprattutto
tra i tre canali della Rai (la televisione pubblica) e quelli di Mediaset (la più grande TV privata), la lotta per la conquista del numero maggiore di telespettatori è particolarmente intensa. Se questo fenomeno contribuisse a
migliorare la qualità dei programmi, potrebbe essere ben accettato da tutti, ma purtroppo questa guerra non fa
bene a nessuna delle due grandi emittenti. Negli ultimi anni del secolo che ci ha appena lasciato sono stati trasmessi due programmi che hanno avuto e continuano ad avere un grosso successo di pubblico. Stiamo parlando
di *Blob* e di *Striscia la notizia*. Le foto sono state tratte dai siti: www.rai.it e da www.mediasetonline.it.

 1 Ascolta il dialogo tra i due ragazzi e prendi appunti nella tabella.

Ragazzo: E tu cosa hai visto ieri sera in TV?

Ragazza: Ho visto Blob, su Rai tre, è stato troppo forte! Pensa che ieri hanno fatto vedere....

: Hai...?, aspetta un minuto, che accidenti è Blob? Io non l'ho mai visto.

*: Non l'hai mai visto? Dunque è una trasmissione divertentissima, fanno vedere dei pezzi molto corti di altre trasmis-
sioni televisive o di film, insomma pezzi di tutto quello che si è visto in Tv durante la giornata o anche nel passato.
Ma di tutte le Tv, proprio tutte, anche di quelle più sconosciute. Poi, è difficile da spiegare, mettono insieme i pezzi in
modo che tutto si mescola in modo molto comico. Per esempio fanno vedere un uomo politico che fa un discorso
molto serio in Parlamento, poi improvvisamente si cambia pezzo e fanno vedere magari una trasmissione comica
dove c'è qualcuno che dice qualcosa di molto comico e sembra proprio detto come risposta al discorso dell'uomo
politico.*

: Non ho capito bene, ma... come fanno a... .

*: Vedi tutti i pezzi delle tante trasmissioni che fanno vedere sono solo pochissimi secondi o minuti. Tutto quello che
vede e si sente cambia completamente di significato perché sono messi in un altro contesto, in un contesto diverso.
Immagina di vedere 40 secondi di un'intervista a un uomo politico che parla di cose molto serie e importanti, poi
subito dopo vedi 10 secondi di un film dove qualcuno dice: "Non ci ho capito un cavolo!". L'effetto è molto comico!*

: Sì, forse ho capito, ma forse è meglio se lo guardo. Quando lo fanno vedere?

: È più o meno tutte le sere su Rai Tre verso le otto, otto e dieci.

*: Ok domani provo a guardarlo... Sai io invece ho visto Striscia la notizia, su Canale 5..., non riesco a capire proprio
tutto, anche perché molte notizie parlano di situazioni e persone italiane che io non conosco...*

: ...e dimmi ti piace Striscia?

*: Mi piace molto. Mi piace l'idea del telegiornale presentato da due attori comici con notizie diverse dal classico
telegiornale, ma sempre interessanti. A volte è quasi più interessante del telegiornale vero! Mi diverto un sacco...*

: È vero anch'io mi diverto, lo guardo spesso, è alle otto e mezzo vero?

: Sì, alle otto e mezzo su Canale 5.

: Sai però c'è una cosa che non mi piace tanto, le veline...

: Chi?

*: Ma sì le veline, le due ragazze che ballano. Sono molto belle e brave, ma io non trovo giusto che siano lì solo per
far vedere le gambe e tutto il resto... Non capisco perché in tutte le trasmissioni mettono sempre le donne quasi
nude per aumentare l'audience.... Io dico che è ora di finirla*

: Sai che ti dico? Io vado a casa a vedere la TV fra mezz'ora ci sono le veline, Ciao, ciao!

Chiavi:	BLOB	STRISCIA LA NOTIZIA
Chi guarda	Ragazza	Ragazzo straniero
TV e canale su cui vanno in onda	Rai – terzo canale	Mediaset - Canale 5
Orario	8 – 8,15 di sera	8,30 di sera
Descrizione delle trasmissione:	E' fatto di pezzi molto corti di molte trasmissioni di tutte le televisioni della giornata ma anche del passato.	È come un telegiornale ma è presentato da due attori comici e le notizie sono diverse dal classico telegiornale.
Opinioni dei ragazzi	Ragazza: Blob è una trasmissione divertentissima, con effetti molto comici.	Ragazzo: Si diverte un sacco e poi gli piacciono molto le veline.

2 Ascolta nuovamente il dialogo tra i due ragazzi e completa i tuoi appunti.

3 Avete mai visto altri programmi della televisione italiana? Se sì, quali preferite...

fonologia • Accento nelle parole (1): *dia vs. abbia*   • /k/ vs. /kk/ e /g/ vs. /gg/

 1 Ascolta le parole.

L'obiettivo è la distinzione del suffisso *–ìa* accentato, dal suffisso *–ia* non accentato. Faccia ascoltare le parole una sola volta, poi passi all'attività successiva.

 2 Ascolta di nuovo le parole dell'attività precedente e sottolinea quelle che sono accentate...

Gli studenti riascoltano le parole dell'attività precedente sottolineando le parole che contengono il suffisso *–ìa* accentato. Faccia fare due ascolti, con un controllo intermedio tra l'uno e l'altro. Se lo ritiene opportuno, dopo aver dato le chiavi, può precisare che quando il suffisso *–ia* non è accentato si tratta di un possibile dittongo come in sappia /'sappja/, oppure di un semplice segno grafico per trascrivere la pronuncia palatale /tʃ/, o /dʒ/ o /ʎ/, ad esempio, in faccia /'fattʃa/, o voglia /'vɔʎʎa/.

> Chiavi: dìa; pizzeria; energia; stìa; farmacìa; polizìa; allegrìa.

 3 Giochiamo un po'. Dividiamoci in due squadre. La prima squadra deve trovare le 9 parole...

L'obiettivo di questa e della prossima attività è la distinzione dei suoni suoni /k/ vs. /kk/ e /g/ vs /gg/. Divida la classe in due gruppi, le consigliamo di assegnare alternativamente ogni studente alla squadra A, o alla squadra B e cosi via di seguito. Le parole che compaiono tra i due schemi appartengono all'uno, o all'altro schema. Gli studenti dovranno trovare solo quelle che appartengono alla schema loro assegnato. Se crede, due, o più membri di una stessa squadra possono lavorare insieme. Dia un tempo limite per cercare le parole negli schemi; due - tre minuti dovrebbero essere sufficienti, ma se vuole può concedere più tempo. Faccia comunque presente che anche se non si trovano tutte le parole, l'attività prosegue anche nell'esercizio successivo. Soprattutto con studenti giovani può far leva sullo spirito di competizione. Prima di passare alla fase di verifica può concedere un paio di minuti per un controllo intermedio tra studenti. A questo punto può far presente, se non l'ha già fatto, che le parole dello schema A contengono il suono breve /k/, o il suono intenso /kk/. Invece, quelle dello schema B contengono i suoni /g/ e /gg/.

 4 Ora ascolta le parole dell'attività precedente. Prima quelle dello schema A e poi quelle...

In questa fase, gli studenti ascoltano le parole che si trovano nei due schemi prima quelle dello schema A (orizzontali e poi verticali) e dopo quelle dello schema B (orizzontali e poi verticali). L'obiettivo è duplice. In primo luogo la correzione dell'attività precedente, in secondo luogo, cominciare a prestare attenzione alla pronuncia dei suoni in esame. Per quanto riguarda le caratteristiche articolatorie dei suoni rimandiamo al post-it seguente.

> Chiavi: **schema A**: Orizzontali: tabaccaio; schema; calciatore; occhiali.
> Verticali: bocche; macchia; giocatore; bistecca; sacco.
> **schema A**: Orizzontali: alberghi; lego; leggo; sostenga; tolga; reggono.
> Verticali: aggressione; regga; ingorghi.

Il post-it si riferisce alle modalità di articolazione dei suoni /kk/ e della sua variante sonora /gg/. Entrambi appartengono al gruppo dei suoni che abbiamo definito "rafforzati" che vanno articolati con una maggiore intensità sonora rispetto ai corrispondenti suoni brevi. Se alcuni studenti hanno difficoltà a pronunciare i suoni intensi faccia pronunciare delle parole inventate con dei suoni esageratamente intensi: sa-ccco, re-ggga ecc. faccia notare come sia naturale aumentare la pausa prima della pronuncia di questo suono, in questo modo l'aria può accumularsi dietro la glottide per essere rilasciato improvvisamente.

 5 In coppia, leggete prima le parole delle schema A e poi quelle dello schema B.

A questo punto, faccia leggere le parole dell'attività 3 in coppia.

Unità **13**
guida per l'insegnante
non di solo lavoro...

sommario

Abbina le frasi o espressioni alla descrizione sotto.

Chiavi: a con 1; b con 3; c con 6; d con 4; e con 2; f con 7; g con 5; h con 8.

TEST

In questo riquadro si nascondono altri 6 nomi, oltre all'esempio, che si riferiscono ai vari generi di film. Trovali e scrivili nella tabella.

A	D	*G*	*I*	*A*	*L*	*L*	*O*	C	G	C
C	F	A	V	N	U	I	M	*E*	E	O
O	R	R	O	R	E	I	O	R	R	M
M	B	A	D	V	N	V	P	O	D	I
M	A	D	G	N	C	O	P	T	U	C
E	I	Z	A	V	R	E	A	I	N	O
D	R	A	M	M	A	T	I	C	O	M
I	U	I	S	T	B	C	A	O	U	I
A	V	V	E	N	T	U	R	A	E	S

Inserisci nel cruciverba il nome dei vari programmi televisivi.

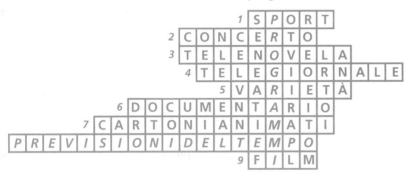

1 S P O R T
2 C O N C E R T O
3 T E L E N O V E L A
4 T E L E G I O R N A L E
5 V A R I E T À
6 D O C U M E N T A R I O
7 C A R T O N I A N I M A T I
8 P R E V I S I O N I D E L T E M P O
9 F I L M

Completa le frasi con i verbi tra parentesi al congiuntivo presente.

Chiavi: 1 possa   5 l'abbia
        2 telefoniate, sia   6 usciate
        3 sappia   7 faccia
        4 finiate   8 stiano

Completa i seguenti messaggi di segreteria telefonica con le forme del congiuntivo presente dei verbi tra parentesi.

Chiavi:

Marta, stasera andiamo a vedere l'ultimo film di Woody Allen. Pare che **sia** carino. Credo che ci **vengano** anche Francesco e Laura. Spero che tu **senta** il messaggio in tempo. Io sono a casa fino alle sette. Caso mai dammi un colpo di telefono. Bacioni.

Sono Antonella ciao. Senti, ti chiedo un gran favore. Il prossimo fine settimana vengono Sophie e Hélène. Penso che **restino** a Venezia un paio di giorni e che poi **vadano** a Firenze. Potresti ospitarle tu? Penso che da te **stiano** più comode. Come sai casa mia è un buco. Spero che per te non **sia** un problema. Comunque ti richiamo, ciao.

Ciao tesoro, sono la mamma. Allora hai trovato la gonna che ti ho lasciato sul letto? Spero che ti **piaccia** e che ti **vada** bene. Nel caso tu la **voglia** cambiare, lo scontrino ce l'ho io. Basta che tu me lo **dica**.
Ciao, fatti viva.

1 Che cosa chiedi al genio di Aladino per il tuo futuro? Puoi esprimere tre desideri.

Prima di dare il via a quest'attività, ricordi agli studenti che per esprimere un desiderio si usa solitamente il condizionale: *mi piacerebbe, vorrei, desidererei,* ecc. Per come è strutturato l'inizio dell'unità non è necessario pensare ad attività di motivazione e riscaldamento.

 2 In piccoli gruppi date un'occhiata ai vostri desideri per il futuro e motivateli. Quali desideri si ripetono più spesso?

Anziché seguire questo sviluppo, potrebbe invitare gli studenti a scrivere i propri desideri su dei foglietti, poi raccoglierli e leggerli alla classe. Gli studenti dovranno cercare di indovinare chi li ha scritti. Soprattutto in classi affiatate, composte da persone che apprezzano la possibilità di socializzazione e di conoscenza che offre il corso di lingua, quest'attività può costituire un momento di ulteriore approfondimento del rapporto tra gli studenti.

 3 Ora sei tu il genio della lampada di Aladino. Scrivi un breve messaggio a uno dei tuoi compagni spiegandogli perché il regalo che hai deciso di fargli potrà aiutarlo a migliorare la sua vita.

Quest'attività non esclude la possibilità di seguire il percorso alternativo proposto per l'esercizio precedente.

 4 Quali sono i tuoi valori? Metti in ordine di importanza le voci che seguono. Poi aggiungine altri due che ritieni importanti per te.

Dia una mano a capire tutti i termini della lista, per lo più sostantivi astratti e forse per qualcuno non immediatamente comprensibili. Insista sulla seconda parte della consegna: gli studenti devono aggiungere altri due valori. E' sul confronto dei due valori aggiunti da ogni singolo studente che potrebbe cercare di stimolare una breve discussione di classe.
Senza dare la sensazione che si sta passando all'attività successiva, chieda poi agli studenti se qualcuno di loro ha mai pensato o sta pesando a un cambio radicale di vita. Parlatene!

 5 Ascolta il dialogo e completa il testo.

Dopo un primo ascolto, probabilmente agli studenti mancherà ancora qualche elemento, faccia riascoltare il dialogo, anche due volte, se necessario.

Sandro: Ti è piaciuta la cena?
Maria: Sì, molto buona, non sapevo che fossi un cuoco così bravo.
Sandro: Magari sapessi cucinare bene o fare qualcos'altro bene…
Maria: Che depressione! Cosa ti succede?
Sandro: Niente. Sono stanco di stare qui, me ne vado per un po'.
Maria: Credo che tu sia diventato matto.
Sandro: Sì, Maria, volevo che lo sapessi subito, per questo ti ho invitato a cena, per dirtelo.
Maria: Ed è per questo che mi hai dato tanto vino da bere?
Sandro: Dai, non scherzare. Vado in Africa a lavorare.
Maria: In Africa? Ma…
Sandro: Sì, bisognava che facessi qualcosa di nuovo, era importante che trovassi qualche stimolo nuovo.
Maria: E dove vai?
Sandro: In Burundi, una rivista mi ha chiesto di fare un servizio fotografico e video su quel paese…
e poi chissà, magari…
Maria: E quanto ci rimarrai?
Sandro: Un paio di mesi almeno… Mi mancherai molto Maria, ma ho bisogno di… tu mi capisci, vero?
Maria: Certo che ti capisco, e vorrei che tu fossi felice, anche se…
Sandro: Lo so. Mi dispiace Maria.

Riguardo al post-it sull'uso di "magari": controlli come hanno risposto alla consegna e poi spieghi agli studenti che a volte può significare "forse", ma altre volte ha altri significati, esprime un desiderio, ad esempio; sottolinei che è talvolta difficile riuscire a usarlo in maniera corretta.

6 ▶▶ | Alla scoperta della lingua. | Che tempi vengono utilizzati nel dialogo?

A quest'attività di scoperta della lingua dedichi più tempo. Conduca gli studenti a scoprire la regola, eventualmente guidandoli a una prima analisi sul rapporto temporale che c'è tra le azioni della principale e della secondaria al congiuntivo. Non faccia però ora la classica spiegazione alla lavagna!

 7 Culture a confronto. Insieme a un compagno guarda l'elenco dei mestieri e a turno spiegate quali sono più prestigiosi nel vostro paese. Secondo voi perché?

Quest'attività potrebbe offrire la possibilità di parlare a lungo. Incoraggi qualsiasi discussione! Ecco alcune indicazioni sull'Italia degli inizi del XXI secolo: sicuramente fare lo sportivo o il cantante, o qualsiasi altra professione del mondo dello spettacolo, quindi anche il giornalista televisivo, ad esempio, sono professioni molto ambite. Gli italiani (mediamente) associano a queste attività alcuni dei valori (o disvalori?) più di moda, il denaro facile, la ricchezza, la popolarità, il successo.

L'operaio, il commesso, il meccanico, l'insegnante, il contadino sono lavori poco prestigiosi, perché a salario fisso o con guadagni ridotti, ecc.

L'artigiano come qualsiasi altro mestiere con rapporto di lavoro non subordinato, cioè tutti i lavori autonomi, viene oggi "nobilitato" attraverso il termine "imprenditore". L'imprenditore incarna il valore del self-made man, di colui che rischia personalmente per raggiungere il successo economico; soprattutto per certe correnti di pensiero politico che si ispirano genericamente a una forma liberistica dell'economia, gli imprenditori sono il vero cuore, il centro dell'economia e quindi della società. E' vietato però, pena svilire l'alto concetto, considerare un contadino un imprenditore, nel senso che la nobilitazione del termine "imprenditore" passa proprio attraverso l'ambiguità, la genericità della parola, è spesso il mistero che circonda chi si definisce "imprenditore" che assegna a questa persona quel qualcosa in più che non avrebbe se si definisse "artigiano" o "commerciante".

Il medico come l'avvocato sono professioni spesso oggetto di un certo prestigio sociale. E' ancora così oggi, anche se, ad esempio, il medico pubblico tende a non essere più così considerato. Un lavoro pubblico è in Italia sinonimo di stipendi più bassi rispetto al lavoro nel settore privato o della libera professione e quindi poco prestigioso in una società in cui il valore dominante è sempre e comunque il denaro.

I politici sono poi considerati spesso come dei ladri, il valore alto che veniva assegnato alla politica anni fa non è più espressione di quest'epoca. Per molti il politico è colui che detiene il potere, ma non colui che lavora per guidare la società verso un futuro migliore.

Il pittore è tuttora considerato un personaggio un po' strano, in un certo senso ai margini della normalità: sono pochi, si pensa solitamente, i pittori che vivono della propria arte e quindi non godono della positività attribuita ad altri "artisti" quali cantanti o sportivi coperti d'oro.

Il sacerdote: a volte è ancora viva nell'immaginario collettivo di molti paesi l'idea di un'Italia cattolica, molto religiosa, ma non è più così. L'Italia ha subito l'evoluzione materialistica conosciuta dalla gran parte dei paesi del mondo e anche la chiesa ha notevolmente diminuito la propria presenza nella vita dell'italiano medio. Il sacerdote non ha più il ruolo sociale che ha avuto per secoli e quindi nemmeno il prestigio sociale a esso collegato. Tuttavia da recenti inchieste è emerso che nel sud d'Italia la Chiesa rimane la principale forma di istituzione della società, prima del Comune, dello Stato, delle forze di polizia, ecc.

8 Se ti chiedessero di fare una lista di cinque italiani famosi, chi sceglieresti?

Dopo che gli studenti hanno compilato la loro lista, parli un po' di italiani famosi senza rivelare troppo di quanto verrà fatto nella parte di civiltà. Soprattutto accenni ai personaggi che probabilmente i suoi studenti possono conoscere o hanno elencato.

10 Leggi l'articolo che segue. In quale occasione è stato scritto?

Varie informazioni su Benigni possono essere ricavate dall'attività di lettura del libro di casa. Decida lei se valga la pena affrontare qui quell'esercizio con tutta la classe o utilizzarne solamente alcune informazioni.

Quest'attività di lettura segue varie fasi di sviluppo; lei dovrebbe accertarsi che il tempo dedicato a ogni singola fase sia commisurato alla consegna, ad esempio la prima lettura dovrà essere veloce, la seconda più lenta, ma senza spiegare singoli termini non noti, la terza lettura (attività 12) è abbinata a un'attività di scrittura di un riassunto dei vari paragrafi. In quest'ultima fase intervenga spiegando eventuali parole e invitando a rielaborare il testo nel momento della stesura del riassunto. Si tratta peraltro di un riassunto parzialmente guidato e quindi più facile da fare.

Le prime due fasi di lettura (attività 10 e 11) vanno comunque controllate con tutta la classe

Chiavi: dopo che Benigni ha ricevuto i premi Oscar nel 1999.

11 Ora leggi il primo paragrafo e rispondi alle domande.

Chiavi: 1 Roberto Benigni.
2 Da Los Angeles.
3 Normale, come sempre.
4 Le domande solite dei momenti di vita normale, nulla di speciale.
5 Che Roberto sia a Pasqua con i genitori e la famiglia in Toscana.
6 Un buon pranzo.

 13 Ascolta l'intervista a Benigni dopo la cerimonia degli Oscar.

Chiavi: 2 vero
3 falso
4 vero
5 falso
6 vero

Problema (e provocazione) culturale

Siamo perfettamene consapevoli che la scelta di Benigni può risultare provocatoria per molti dei docenti che usano questo manuale:

a. non è un autore "alto", come spesso si ritiene debba essere la cultura; al contrario, appartiene alla categoria dei giullari, dei fool shakespeariani, esattamente come Dario Fo, che ha vinto il Premio Nobel lo stesso anno in cui Benigni ha ricevuto l'Oscar;

b. non usa un italiano "corretto", anzi è uno dei pochissimi attori che riesce a usare un italiano parlato, con gli anacoluti, le ripetizioni, le esitazioni – che venivano tradizionalmente considerati segno di pessima recitazione

c. il suo italiano spesso deborda nel dialetto toscano e quindi viene considerato un cattivo maestro da molti colleghi insegnanti;

d. soprattutto, ha fatto un film come "La vita è bella", che molti colleghi di cultura islamica tendono a considerare un falso storico. Non vogliamo intervenire qui nella polemica sull'olocausto a seconda dei punti di vista: gli studenti stranieri vanno comunque informati, per onestà culturale, che gli italiani ritengono l'olocausto una verità storica e che una delle classiche gite scolastiche che si organizzano verso la fine delle scuole superiori è quella che va verso i vari campi di concentramento nazisti. Si tratta di una realtà culturale che l'Italia ha fatto propria, soprattutto riflettendo sul lager situato alla risiera di San Sabba, a Trieste, in cui anche gli italiani (non importa qui di quale colore politico) si sono affiancati ai nazisti nel perseguitare ebrei, zingari, armeni, omosessuali.

Perché dunque inserire una pagina su Benigni, se la scelta è tanto provocatoria?
Perché Benigni è una delle voci culturali italiane più apprezzate nel mondo, perché gli italiani lo ritengono uno dei loro grandi attori e registi attuali, perché l'onestà intellettuale impone di proporre non solo l'Italia che alcuni docenti vorrebbero, ma quella che è…

P. S. A uno dei due autori, tra l'altro, Benigni non piace proprio… ma ciò nonostante è stato d'accordo nell'inserirlo!

Lessico

 2 In piccoli gruppi, a turno fatevi delle domande per indovinare le parole.

Gli studenti potrebbero trovare difficoltà nel coniare oralmente delle definizioni. Se pensa che l'attività sia troppo difficile per la sua classe, permetta agli studenti di scrivere tre definizioni e li aiuti passando tra i banchi.

 3 Sempre in piccoli gruppi, confrontate i vostri schemi e ampliateli con parole dei compagni.

Alla fine lasci che gli studenti in gruppi di tre o quattro confrontino gli schemi e aggiungano termini dei compagni. Lei dovrebbe passare tra i banchi e verificare la correttezza di parole che potrebbero essere state "inventate" dagli studenti.

4 Ascolta l'intervista a tre italiani di diverso sesso e età, e completa la tabella.

Mi chiamo Antonio Giovannardi, ho 45 anni e faccio l'avvocato. Vedo qui una serie di valori elencati tra i quali direi che metto sicuramente ai primi posti la salute perché è un problema che mi porto appresso da quando… sono… piccolo… siccome… ho sempre avuto qualche piccolo problema di salute insomma per me è un tema a cui devo stare molto attento. L'amicizia sì, l'amicizia c'ha una certa importanza perché effettivamente… anche se… è difficile poter dire d'avere delle… poter vantare delle vere amicizie. Poi ecco, sicuramente per me è importantissimo l'amore perché senza l'amore ??? La vita non abbia senso. La ricchezza è importante fino a un certo punto perché… credo che sia essenziale più che altro… diciamo la sicurezza economica. La cultura, sì la cultura… credo di coltivarla… abbastanza, mi interesso di… leggo, vado a vedere le mostre.

Tra questi altri valori che vedo qui elencati certo… escluderei non mi pare tra i miei valori fondamentali la fama perché non ci tengo tanto alla fama, mi interessa soltanto avere una sicurezza economica come dicevo e… una tranquillità nel mio lavoro. Ecco per l'appunto la tranquillità, quest'altro valore io lo reputo per me di grande importanza perché… non voglio vivere nell'ansia, nell'angoscia, negli stress. Poi, ecco viaggiare non lo reputo un grande valore, se c'è, se si può viaggiare bene se non si può viaggiare non è poi così importante. Mentre invece certo… è senz'altro un valore la solidarietà, io quando posso cerco… per quello che posso eh… di essere solidale con il prossimo, con chi è più sfortunato di me.

Mi chiamo Valeria Randoni, ho 58 anni e sono maestra di scuola e nel mio lavoro, in cui ho a che fare con i bambini, mi capita spesso di dover riflettere su quali siano i valori veramente importanti per me come donna e come insegnante. Cerco infatti di comunicare ai miei alunni l'importanza di valori come la pace, la giustizia sociale, la solidarietà, la cultura, la famiglia e come tutti questi valori siano in stretto rapporto tra loro. E non sempre è facile essere chiari e credibili perché… spesso ci si scontra con valori che vengono trasmessi ai bambini dai propri genitori o dalla televisione. Non di rado infatti, nelle discussioni di classe, soprattutto con i più grandicelli, vengono fuori parole come ricchezza, divertirsi, non intesi come mezzi, ma come unici obiettivi nella vita, risultato questo, a mio parere, di falsi modelli offerti dalla televisione, dalla nostra società. Per quanto riguarda me come donna, naturalmente… altri valori sono altrettanto importanti come la salute che, non a caso, viene detto che vien prima di tutto, l'amicizia, l'amor… e la tranquillità, certo per i più giovani magari questo è difficile da capire, ma per chi ha raggiunto ormai la mia età… la tranquillità è veramente un valore importante cui fare riferimento.

Ciao sono Sara Belli ho 22 anni e studio all'Università, faccio Giurisprudenza. Ehm, vedo qua una scheda di valori… posso dire che… diciamo per me la giustizia sociale è molto importante diciamo che è stato questo che ha fatto sì che io scegliessi questa facoltà perché voglio… voglio informarmi, voglio… mi interessa questo argomento. Poi fra i valori che vedo qua nella tabella sinceramente ce ne sono alcuni che non… di cui non mi importa sinceramente, per esempio… la tranquillità… cioè per me la tranquillità è sinonimo di una calma piatta non… io ho ancora voglia di divertirmi quindi per me il divertimento, la felicità eh… anche il viaggiare sì a volte anche il viaggiare però a volte anche i viaggi diventano noiosi è molto facile che diventino noiosi insomma. La sicurezza economica per me sinceramente non è molto importante, anzi direi che lo stimolo che mi dà una ricerca continua di lavoro magari anche o anche di… di sicurezza mi stimola molto insomma, è una cosa che mi piace. Ecco l'amicizia, l'amicizia è importante, l'amicizia è importante direi molto più dell'amore, l'amore sinceramente non so, non so se non mi interessa, non ci credo non l'ho mai incontrato, non lo so l'amicizia è importantissima ho parecchi amici e insomma mi trovo bene e trovo che questa sia una cosa molto molto importante per me. La salute beh la salute non ho mai avuto problemi di salute quindi probabilmente diventerà importante quando non ci sarà più… ehm la ricchezza, beh no, questa si riallaccia alla sicurezza economica, la ricchezza sinceramente non è una cosa che mi interessa molto anzi direi che… appunto, esattamente il contrario… mi interessa una ricerca… una… un fastidio che viene dato dalla mancanza di ricchezza ecco diciamo così. La pace beh la pace, la solidarietà… senz'altro voglio dire non… sono cose che riguardano il mondo intero… cioè sono cose che… che ritengo dei valori, naturalmente e quindi niente… insomma io adesso… beh penso d'aver concluso e… la famiglia!… no! la famiglia, c'è la famiglia, beh no, la famiglia… mi riallaccio all'amore sinceramente no, … preferisco l'amicizia.

	importante ✗
	non importante ✓

	Uomo	Donna	Ragazza
Salute	✓	✓	✓ in futuro
Amicizia	✓	✓	✓
Amore	✓	✓	✗
Ricchezza	✓ ✗	✗	✗
Cultura	✓	✓	
Pace	✓	✓	✓
Solidarietà	✓	✓	✓
Viaggiare	✗		✗ ✓
Felicità			✓
Divertirsi		✗	✓
Tranquillità	✓	✓	✗
Fama	✗		
Giustizia sociale		✓	✓
Famiglia		✓	✗
Sicurezza economica	✓		✗

	Uomo
Nome	Antonio
Cognome	Giovannardi
Età	45
Professione	avvocato

	Donna
Nome	Valeria
Cognome	Randoni
Età	58
Professione	Insegnante

	Ragazza
Nome	Sara
Cognome	Belli
Età	22
Professione	Studente universitaria di giurisprudenza

Quando controlla le tabelle con tutta la classe sottolinei le eventuali differenze tra le tre persone intervistate e confronti quanto dicono con la realtà dei paesi dei suoi studenti. Ovviamente un approccio di questo tipo non pretende di avere alcuna rilevanza di tipo statistico. Sono le convinzioni di singoli individui, anche se chiaramente collocati nello spazio e nel tempo (per gli intervistati, l'Italia del 2000).

abilità
Continuiamo con il nostro "bombardamento" finalizzato a far acquisire le tecniche e le conoscenze necessarie per affrontare articoli di giornale in italiano. Ovviamente lo scopo culturale è quello di invitare gli studenti a leggere, leggere, leggere! Per introdurre questa parte, se dispone di un collegamento Internet, inviti gli studenti a cercare le ultime notizie relative all'Italia attraverso i link a giornali e agenzie di stampa indicati sul sito di Rete! Se non dispone di collegamento Internet a scuola/università inviti gli studenti che hanno accesso a Internet a casa, per la prossima lezione, a recuperare notizie "fresche" sull'Italia, ovviamente in italiano.

Giunti a questo punto il recupero di informazioni aggiornate sull'Italia tramite Internet potrebbe diventare una costante del suo modo di insegnare. Potrebbe ad esempio assegnare diversi compiti a diversi studenti: ci sarà l'incaricato delle notizie di cronaca, delle notizie di politica, sportive, artistiche, economiche ecc.
All'inizio di ogni lezione potrebbe sempre dedicare 5 minuti all'informazione della classe sull'attualità in Italia.

Tornando alle attività che seguono: gli esercizi potrebbero risultare un po' difficili da un punto di vista linguistico, ma dato che l'obiettivo è prima di tutto sulle strategie, lei potrebbe optare per una lettura collettiva da lei condotta, aiutando così gli studenti a superare le difficoltà linguistiche.
Gli studenti non possono ricavare l'impressione che il loro livello d'italiano non sia ancora sufficiente per affrontare testi giornalistici.
Non dimentichi tuttavia che la lettura ad alta voce è metodologicamente sbagliata! A meno che i suoi studenti non stiano studiando per diventare preti, giornalisti televisivi o poco altro, ben difficilmente si troveranno a leggere ad alta voce. Quindi è giusto utilizzare la lettura ad alta voce per un controllo collettivo, magari della pronuncia o per fornire supporto nella comprensione del lessico, ma la lettura vera e propria deve essere condotta sottovoce. In questo caso dia alcuni minuti agli studenti per leggere il testo a bassa voce individualmente e sottolineare ciò che non capiscono, quindi faccia fare l'attività 1 di abbinamento del titolo e poi conduca una lettura collettiva. Alla fine con o senza il suo aiuto gli studenti potranno affrontare l'attività 2.

Il tema trattato può risultare interessante per gli studenti perché spalanca una finestra su una realtà italiana che difficilmente all'estero (ma anche in Italia) riesce facile contestualizzare. Spesso mafia è il film o il ricordo di avvenimenti del passato, magari negli Stati Uniti piuttosto che in Italia; toccare con mano una realtà estrema come quella descritta nell'articolo potrebbe aiutare a uscire da facili stereotipi.

2 Leggi nuovamente il testo e scegli tra quelle che seguono la spiegazione corretta per ogni parola o espressione.

Chiavi: 2 a; 3 b; 4 a; 5 b; 6 b; 7 a; 8 b; 9 a; 10 b; 11 b; 12 b; 13 a.

 3 Ora suddividi l'articolo che hai appena letto nelle tre parti: introduzione, svolgimento e conclusione.

Dedichi un po' di tempo alla riflessione su come è costruito un articolo di cronaca controllando le risposte degli studenti e riguardando l'articolo.

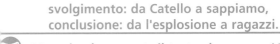

Chiavi: introduzione: da doveva a sorrentina,
svolgimento: da Catello a sappiamo,
conclusione: da l'esplosione a ragazzi.

 4 Leggi velocemente il testo che segue. L'articolo riporta il commento del giornalista?

Anche in questo caso forse è necessario dopo la lettura rapida proposta da quest'attività, procedere a una lettura collettiva da lei condotta che permetterà di rispondere alle domande dell'esercizio 5.

Chiavi: riporta il commento del sindaco e del colonnello dei Carabinieri.

 5 Leggi nuovamente l'articolo di commento e rispondi alle domande.

Chiavi: risposte aperte, sul piano linguistico.

**6 Scegli una delle notizie e sviluppala, scrivendo un articolo di cronaca con commento.
Poi inventa un titolo.**

Se le attività di lettura si sono protratte per troppo tempo assegni la scrittura dell'articolo come compito a casa. La volta prossima dovrà però correggerli tutti.
In alternativa può dire agli studenti di collegarsi a un sito Internet di agenzia di stampa e scegliere la notizia che vogliono per trasformarla in un articolo.

grammatica

 1 Trasforma le frasi usando il congiuntivo passato.

> Chiavi: 2 penso che Mirella abbia venduto la sua vecchia casa.
> 3 Penso che Antonio abbia aperto uno studio da psicologo.
> 4 Penso che Paolo e Daniela abbiano cambiato numero di telefono.
> 5 Penso che Zulema abbia ottenuto il visto per venire in Italia.
> 6 Penso che i genitori di Marina siano andati in pensione.
> 7 Penso che i nostri amici non siano ancora arrivati perché il film è più lungo del previsto.
> 8 Penso che il supermercato non abbia ancora aperto.

 2 Trasforma le frasi usando il congiuntivo imperfetto.

> Chiavi: 2 pensavo che Siena fosse una città più grande.
> 3 Pensavo che i soldi non mi bastassero per vivere a Londra.
> 4 Pensavo che Luigi volesse divorziare da Sara.
> 5 Pensavo che Lara fosse felice dopo aver visto Fabio.
> 6 Pensavo che le sigarette fossero sul tavolo.
> 7 Pensavo che il professore fosse molto bravo.
> 8 Pensavo che Marzia avesse una macchina nuova.

 3 Esprimi un desiderio, con *mi piacerebbe, vorrei, sarebbe bello*.

> Chiavi: a volte più risposte possibili.
> 2 Vorrei che smetteste di chiacchierare.
> 3 Vorrei che telefonassi a tua madre.
> 4 Mi piacerebbe che domani ci fosse il sole.
> 5 Mi piacerebbe che facesse bello.
> 6 Vorrei che ascoltaste più attentamente.
> 7 Sarebbe bello che veniste al mare da me questo fine settimana.
> 8 Mi piacerebbe che Stefania continuasse a scrivermi.

 4 Abbina le frasi di sinistra a quelle di destra.

> Chiavi: 2 con e
> 3 con f
> 4 con a
> 5 con b
> 6 con h
> 7 con c
> 8 con g

 5 Completa con il verbo al tempo giusto. Usa uno dei verbi del riquadro

> Chiavi: 2 stessero
> 3 sia già arrivato
> 4 venisse
> 5 imparassero
> 6 sia piovuto
> 7 possa
> 8 facciano
> 9 abbia mai visto
> 10 pensassi

Magari Camilleri!

In siciliano *macari* significa "anche" e in tal modo lo utilizza Camilleri nei suoi libri, in cui usa un italiano fortemente interferito dal siculo.
Spesso qualche siciliano lo usa anche nella vita reale, non solo nella prosa di Camilleri.

6 Analizza le situazioni seguenti. Che funzione ha magari in ognuna di esse?

Chiavi: 2 desiderio; 3 desiderio; 4 possibilità; 5 adesione entusiastica; 6 desiderio.

civiltà

Il concetto base di questa pagina è quello della bella figura… fatta non con le proprie capacità, ma con gli oggetti, gli status symbol.

I ragazzi italiani sono schizofrenici a questo riguardo:

a. da un lato ci sono dei momenti in cui sembrano collezionisti di oggetti simbolici: il telefonino all'ultimo grido, la maglietta supergriffata, magari comprata in un banchetto per pochi euro (le copie si dicono spesso "taroccate": una maglietta taroccata, un Cartier taroccato, ecc.).

b. spesso il massimo dello snobismo è quello di avere una griffe evidentemente falsa: è una specie di sfida, portare un Versace o un Dolce & Gabbana chiaramente falso – addirittura con due griffe concorrenti, una sul petto e una sulla schiena!

c. d'altro canto normalmente la moda è assolutamente minimale: jeans e maglietta, spesso grigia o bianca o nera, cioè di colori neutri, senza alcuna griffe – anche perché costate 2 euro!

Appunti:

_____
_____
_____
_____
_____
_____
_____
_____
_____
_____
_____
_____
_____
_____
_____
_____
_____
_____
_____
_____
_____
_____
_____

fonologia • L'italiano parlato in Toscana • L'accento nelle parole (2)

Nell'intervista a Benigni forse hai notato alcune caratteristiche linguistiche tipiche dell'italiano...

Prosegue il nostro viaggio nell'italiano regionale, questa volta ci occupiamo dell'italiano parlato in toscana. La prima caratteristica che abbiamo evidenziato è il fenomeno del Raddoppiamento sintattico di cui abbiamo già parlato nell'Unità 10 a cui rimandiamo per approfondimenti. Il secondo tratto è sicuramente il più riconoscibile e quello maggiormente conosciuto, si tratta della pronuncia aspirata di /p/ /t/ /k/ intervocalici (cosiddetta "gorgia toscana"). Se crede, può dire agli studenti che lo stereotipo della pronuncia toscana è riassumibile nella frase "una cocacola con la cannuccia" che alle orecchie non toscane suona come ['una 'hoha'hola hol'la han'nuttʃa] invece di /'una 'koka 'kola kon 'la kan'nuttʃa/. Anche la caratteristica successiva è tipica dell'italiano toscano specialmente la pronuncia /ʒ/ invece di /dʒ/. Vale la pena di ricordare che questo suono (/ʒ/) non esiste nell'italiano standard o neo standard e corrisponde al suono francese di *abat jour* /aba'ʒur/. Invece, la pronuncia /ʃ/ per /tʃ/, la si può ascoltare in tutta l'Italia centrale, Roma inclusa; il suono /ʃ/ è il suono contenuto, ad esempio, nella parola *pesce* /'peʃʃe/. Infine, se lo ritiene opportuno, può dire ai suoi studenti che mentre fino ad alcuni decenni fa la pronuncia toscana equivaleva alla pronuncia italiana (eccetto che per la gorgia), oggi non è più così. Anzi, la distanza tra italiano neo-standard e toscano è sempre maggiore: quindi l'italiano parlato in Toscana è sentito dagli altri parlanti italiani come un italiano marcato regionalmente, non particolarmente prestigioso.

1 Ascolta questi brevi monologhi pronunciati da persone provenienti da tre città del nord, del...

Benché in forma ludica l'obiettivo è verificare se gli studenti hanno acquisito un minimo di sensibilità nel riconoscere i diversi italiani regionali. In realtà, si tratta di un'abilità che fa parte del bagaglio sociolinguistico degli italiani e che si costruisce e si affina con il tempo. Quindi se i suoi studenti non sono ancora in grado di riconoscere, le provenienze ciò non può costituire certo un problema! Al contrario, se la sua classe è particolarmente abile può chiedere di riconoscere anche le altre due persone. Ad ogni modo, suggerisca agli studenti di prestare attenzione a quanto dicono le persone e di utilizzare anche le loro conoscenze del mondo. Infatti, il primo parla di montagne "vicine alla mia città", la terza parla di mare: quindi, presumibilmente, non sono loro i parlanti fiorentini. Faccia fare almeno due ascolti. Come in precedenza, se la classe si dimostra interessata al tema delle varietà di italiano, può proporre la visione di brevi spezzoni cinematografici, in cui sia riportata la varietà toscana o fiorentina, potrebbe anche ricorrere a un film dello stesso Benigni.

Chiavi: 1 Milano; 2 Firenze; 3 Napoli.

2 Ascolta le parole e sottolinea la vocale tonica.

L'obiettivo consiste nell'individuare la sillaba tonica in parole diversamente accentate. Prima di far ascoltare le parole, chieda agli studenti di leggere in silenzio e sottolineare, se sono in grado di farlo, la posizione degli accenti nelle parole. Se ritiene che la sua classe non sia in grado di farlo, passi direttamente all'ascolto. Faccia ascoltare tre volte, la prima volta senza scrivere, la seconda e la terza volta sottolineando gli accenti, mentre ascoltano. Come di solito, tra il secondo e il terzo ascolto faccia controllare gli studenti tra di loro. Dopo aver dato le chiavi agli studenti, faccia osservare, ancora una volta che a parte alcune eccezioni, in italiano non esiste una posizione fissa per l'accento e che questo non dipende dalla lunghezza delle parole. Inoltre, in alcuni casi, l'aggiunta di pronomi clitici dopo il verbo crea delle parole particolarmente lunghe e con accento anche sulla quartultima sillaba, cosa abbastanza rara in italiano nel quale la maggior parte delle parole sono accentate sulla penultima sillaba. Ad esempio, *andate > andatevene*. Questo può provocare qualche difficoltà nella pronuncia. Infine, si assicuri che gli studenti comprendano il significato delle parole *quartultima, terzultima, penultima e ultima*, naturalmente riferite alle sillabe su cui cade l'accento. Queste parole, inoltre, saranno essenziali per svolgere il relativo esercizio sul libro di casa. A questo punto passi alla lettura del post-it.

Chiavi: desider_a_re; inquinam_e_nto; guarder_à_; dici_a_moglielo; and_ò_; des_i_dero; cucin_a_vano; depressi_o_ne; finestr_i_no; fin_ì_; universalit_à_; ammal_a_to; and_a_tevene; circolazi_o_ne.

Il post-it fornisce alcune indicazioni di massima sulla posizione dell'accento in alcuni suffissi. In particolare, negli infiniti verbali e con i suffissi *–zione; -mento* e con il suffisso dei participi passati di 1° coniugazione *–ato*. In realtà, benché meno frequenti, ciò vale anche per i suffissi di 2° e 3° coniugazione *–uto* e *–ito*.

3 Leggi le parole dell'attività precedente con un compagno.

Faccia leggere in coppia le parole dell'attività precedente.

sommario

Abbina le frasi o espressioni alla descrizione sotto.

Chiavi: a con 2; b con 1; c con 4; d con 3.

TEST

1 Completa le frasi con il congiuntivo passato o imperfetto dei verbi tra parentesi.

Chiavi: 1 fosse
2 abbia finito, sia ritornata
3 siano lasciati, andasse
4 sia uscito
5 avesse, sia stato
6 veniste, prendesse
7 abbia visto
8 pensassi

2 Associa il nome alla professione corrispondente. Osserva l'esempio.

H	F	C	B	G	D	E	A
1	2	3	4	5	6	7	8

4 Leggi il testo di questa conversazione. 10 verbi non sono coniugati correttamente.
Trova gli errori e scrivi accanto la forma corretta.

Chiavi:

Luisa: ciao Clara sono Luisa.

C: Luisa, quanto tempo! Che fine hai fatto? Credevo che FOSSI morta!

L: Vivo a Roma, non te l'avevano detto?

C: Sì, adesso che ci penso qualcuno me ne AVEVA PARLATO. Cosa fai di bello?

L: Sono giornalista, mi occupo di cinema. Scrivo per una rivista specializzata.

C: Però, dev'essere un lavoro molto interessante.
A me almeno piace molto, conosci un sacco di gente giri di qua e di là. Quando ho cominciato credevo veramente che FOSSE un sogno. Avevo l'impressione di ESSERE in un mondo fantastico.

C: Ma guarda, non sapevo che avessi una vita così intensa. Non dirmi che SEI STATA anche a Hollywood.

L: Sì, ci sono stata quando ha vinto l'Oscar Benigni.

C: Credo che SIA STATA una festa pazzesca.

L: Sì, poi sai com'è lui. Sembrava che fosse impazzito, saltava sulle sedie... Senti, in settembre FACCIO un salto a Venezia per la mostra del cinema, ci sarai?

C: Penso di sì. Mi piacerebbe che venisse anche Fabio.

L: Fabio non c'è più. Ci siamo lasciati.

C: Mi dispiace, non sapevo che fosse...

L: Non ti preoccupare. Adesso sto con un fotografo di Milano.
Penso che SIA proprio quello giusto.

C: Ti auguro che VADA tutto per il meglio.

L: Senti poi quando vengo su a Venezia mi racconti tutto di te d'accordo?

C: Magari AVESSI tante cose da raccontare come te!

L: Sono sicura di sì, ci vediamo allora, a presto.

C: Ti aspetto, ciao.

Riordina le frasi.

Chiavi: 1 Mi dispiace che tu non possa venire da me
2 Non sapevo che Marco e Lisa non vivessero più insieme
3 Avevamo l'impressione che Bianca avesse talento per la musica

1 I giovani d'oggi!
Pensa ai giovani del tuo paese e indica se le affermazioni secondo te sono vere o false.

Faccia osservare attentamente le immagini dei ragazzi italiani d'oggi.
Scopo è cercare di dedurre qualcosa su come sono i ragazzi italiani, evidenziando eventuali differenze rispetto agli stereotipi. Sicuramente i ragazzi non sono più quelli di "Ladri di biciclette" o di "Suscià" o di altri film del neo-realismo, e questo è ovvio. Riuscire però a definire dei modelli può essere più difficile.
Molto probabilmente balzerà all'occhio come l'abbigliamento risenta dell'influenza americana, ma non è l'unico tratto.
Se insegna in Italia o i suoi studenti hanno avuto o hanno contatti con giovani italiani cerchi di elicitare alcune loro esperienze e idee, ma attenti a non ricadere negli stereotipi!

La tabella che segue dà alcuni elementi statistici sicuramente interessanti perché in certa misura sono probabilmente diversi rispetto a quanto si aspettano i suoi studenti.

 2 Confronta le tue risposte con quelle di un compagno. Quali differenze ci sono? Motivate le vostre opinioni.

Questo esercizio, oltre a controllare la comprensione del testo della tabella, intende far riflettere sulle risposte dei singoli e sulle ragioni di queste risposte. Scopo finale è quello di eliminare dove possibile generalizzazioni stereotipate.
Questo esercizio è soprattutto adatto a un contesto monolingue con un unico paese di provenienza degli studenti, ma anche in un contesto multilingue può essere affrontato: sarà suo compito invitare a motivare le ragioni nel modo più oggettivo possibile o, al contrario, a relativizzare tutto quello che è solo frutto di un'esperienza soggettiva, ad esempio qualche studente avrà di recente letto qualche statistica come quella riportata qui, ma più probabilmente si baserà sulla propria esperienza.

 3 Continuate a lavorare in coppia. Secondo voi come sono i giovani italiani? Completate la tabella con le risposte riguardanti l'Italia.
Faccia sempre attenzione al problema degli stereotipi, ma in un primo momento lasci che gli studenti rispondano attraverso l'immagine, l'idea che hanno dei giovani italiani.

Chiavi: in Italia: 1 vero; 2 vero; 3 vero; 4 falso; 5 falso; 6 falso; 7 falso; 8 vero; 9 falso; 10 falso.

 4 Ora leggi la prima parte del testo e controlla se ciò che pensi sui giovani italiani è corretto.

Aiuti a comprendere il testo se vede i suoi studenti in difficoltà. Alla fine chieda di commentare quanto hanno scoperto dopo aver corretto le risposte.

5 Leggi la seconda parte dell'articolo e completa la tabella.

La tabella è un ulteriore esercizio di pratica su come prendere appunti: inviti gli studenti a rielaborare minimamente il testo per riassumerlo negli spazi indicati.

La rete Internet fornisce enormi possibilità didattiche e opportunità di reperimento di materiali utilizzabili in classe. Nel caso specifico consigliamo una visita a qualche sito musicale, come www.italianissima.net, oppure http://musicaitaliana.com, o ancora www.vascorossi.it per cercare i testi e anche le musiche, se possibile, di canzoni che sono state e a volte sono ancora simboli del mondo giovanile: *Vita spericolata* di Vasco Rossi ad esempio.

 6 Ascolta la conversazione e rispondi alle domande.

Per questo esercizio occorre solo un ascolto.

Chiavi: 1 un professore e alcuni alunni.
2 Leggendo articoli e navigando in Internet.
3 Di lingua italiana, di dialetti, di linguaggi giovanili.

 7 Ascolta nuovamente la conversazione e correggi le affermazioni dove necessario.

Se possibile faccia riascoltare la registrazione solo una volta, poi corregga le risposte.

Prof. De Luca: *Allora, ragazzi vi è piaciuto l'articolo sui valori giovanili?*
Pat: *Carino e anche molto interessante.*
Ingrid: *Sì, però se fossi italiana impazzirei a vivere con i miei genitori. A 18 anni sono andata a vivere con un'amica.*
Pat: *E' vero, anch'io, se vivessi qui non resisterei con questo sistema.*
Prof. De Luca: *Attenti però a non generalizzare. Sono fenomeni che spesso non durano nel tempo. Ora è così, ma ad esempio quando io avevo la vostra età, anch'io non vedevo l'ora di raggiungere l'indipendenza.*
Ingrid: *Secondo me è essenziale essere indipendenti se uno vuole diventare adulto.*
Prof. De Luca: *Giusto, ma la responsabilità di badare a se stessi a volte è molto scomoda e poi i genitori italiani di oggi lasciano così tanta libertà ai figli che questi preferiscono restare in famiglia. Ma parliamo d'altro... Ho trovato alcuni siti sul linguaggio giovanile. Guardate!*
Pat: *Che titolo simpatico! MANUALE DI CONVERSAZIONE DELLA METROPOLI PERIFERICA.*
Prof. De Luca: *Ci sono tante frasi strane, non preoccupatevi se non le capite. Anch'io faccio molta fatica e poi mi sento un dinosauro!*
Ingrid: *Prof., è così anche in inglese... ci sono tante cose che capirei ad esempio solo se abitassi a New York in certe zone.*
Prof. De Luca: *Esatto. Quello che è importante per voi è riuscire a distinguere tra le espressioni o le parole che sono dell'italiano standard e quelle che invece sono dei linguaggi diciamo giovanili oppure dialettali.*
Pat: *Già il dialetto, in certe parti d'Italia ho sentito dire cose che proprio non capivo... che rabbia!*
Prof. De Luca: *I dialetti sono un'immensa ricchezza, non lo dimenticate! Guardate qui, quasi tutte le frasi sono basate sull'italiano parlato a Roma. Questo invece è un sito dell'Università di Padova, ci sono tante cose e anche un dizionario delle parole giovanili...*

Chiavi: 2 no, alle ragazze non piace il modo di vivere in famiglia dei giovani italiani.
3 Va bene.
4 No, sui linguaggi giovanili.
5 No, anche lui a volte fa molta fatica a capire.
6 Va bene.

Unità 15
guida per l'insegnante
sogni e realtà

 8 ▶▶ | Alla scoperta della lingua. | Ascolta ancora la conversazione e completa...

> Chiavi: -Se fossi italiana impazzirei a vivere con i miei genitori. A 18 anni sono andata a vivere con
> un'amica.
> - E' vero, anch'io, se vivessi qui non resisterei con questo sistema.

Come funziona la struttura? Che modi e che tempi del verbo si usano? Dopo se che cosa ci vuole?
Provi a controllare se hanno capito la struttura chiedendo loro di formulare alcune frasi con *se* + congiuntivo imperfetto + condizionale semplice. Se vuole, può passare agli esercizi nella sezione di grammatica.

 9 | Culture a confronto. | Scrivi 5 frasi in cui metti a confronto i giovani del tuo paese con i giovani italiani. Per sottolineare le differenze usa parole e espressioni come *invece, mentre, al contrario, comunque, tuttavia, anzi*.

Verifichi se gli studenti conoscono il significato delle parole consigliate nella consegna.

 10 In piccoli gruppi leggete le vostre frasi e spiegate l'opinione che vi siete fatta sui giovani italiani.

Se questa riflessione non è stata fatta alla fine dell'esercizio 4, le dia il rilievo necessario, raccogliendo le riflessioni dei gruppi e concludendo con un'attività di classe.

lessico

Abbiamo voluto concludere questo secondo volume di Rete! con una parte sicuramente rilevante, ma molto effimera e transitoria come sono i linguaggi giovanili.
Può però essere un momento simpatico per i suoi studenti e un modo per dare freschezza e una carica ulteriore di realismo alla lingua che abbiamo presentato in tutto il volume.
Conduca la lettura e la comprensione del testo che in certi punti può essere un po' difficile. Da un punto di vista della civiltà può "nobilitare" il tutto subito con letture sui dialetti.

🖋 1 Abbina le parole ai significati.

| Chiavi: 2 con a; 3 con e; 4 con b; 5 con c.

Unità 15
guida per l'insegnante
sogni e realtà

abilità

🎲 **1 Leggi il titolo del libro. A che cosa ti fa pensare?**

Il titolo è l'ultima parte della filastrocca del gioco per bambini "girotondo". Chieda di fare ipotesi su quale può essere il contenuto del libro, un romanzo che si intitola così a cosa fa pensare?
Ecco alcune informazioni sul libro e l'autore.
Il libro, ambientato a Torino, tratta di un giovane degli anni '90 che trova lavoro in una libreria.
L'autore, Premio Montblanc nel 1993, Premio Ginzane Cavour nel 1995 come autore esordiente, ha scritto vari racconti e romanzi (ad esempio *Paso doble* anche questo pubblicato da Garzanti nel 1995).

🎲 **2 Leggi rapidamente il testo e rispondi alle domande.**

Chiavi: le risposte possono essere diverse. Ad esempio, non c'è scritto il nome della città.
Chi conosce l'Italia sa che è Torino, ma in realtà potrebbe essere qualsiasi città.

🎲 **3 Leggi nuovamente il testo e completa le frasi.**

Chiavi: 1 a; 2 b; 3 c; 4 c.

Appunti:

Unità 15
guida per l'insegnante
sogni e realtà

grammatica

 1 Abbina le frasi di sinistra a quelle di destra.

Chiavi: 2 con e; 3 con b; 4 con a; 5 con f; 6 con c.

 2 Trasforma le frasi usando il periodo ipotetico della possibilità.

Chiavi: 2 se non avessi il colesterolo alto, mangerei salume.
3 Se non dovessi guidare, berrei vino.
4 Se mi piacesse questo mondo, avrei dei figli.
5 Se non adorassi il paesaggio della sua campagna, non vivrei in Toscana.
6 Se capisse l'italiano mi risponderebbe.

 3 Completa le frasi con un verbo.

Chiavi: 2 desse, sarei
3 veniste, preparerei
4 trovassi, comprerei
5 fosse, sarebbero
6 esistessi, dovrebbero

 4 Lavora con un compagno. Lo studente A va a pag. V, B va a pag. VI.

A turno fatevi delle domande e date risposte personali.
E' l'ennesima attività di grammatica comunicativa.
Passi tra i banchi, controlli ed eventualmente corregga gli errori interrompendo gli studenti alla fine della frase sbagliata.

Per sua comodità riportiamo anche in questa pagina gli stimoli che gli studenti trovano a pagina V e VI:

Per lo studente A a pag. V:
Avere 60 anni.
Essere miliardario.
Rinascere.
Dover scegliere tra un posto di lavoro nel tuo paese con uno stipendio normale e cinque anni in un impianto petrolifero in mezzo al deserto, guadagnando molti soldi.
Ricevere un bacio in ascensore da una ragazza/ragazzo stupendo che non conosci.

Per lo studente B a pag. VI:
Ereditare un milione di euro.
Trovare un portafoglio pieno di soldi con i documenti del proprietario.
Dover scegliere tra un lavoro interessante e mal pagato e uno noioso e ben pagato.
Avere 6 figli.
Trovare un biglietto in tasca con il numero di telefono di un/a ragazzo/a che dice di averti visto in autobus e di essersi innamorato/a di te.

civiltà

 1 La libertà.....

Ecco il testo dell'intervista originale in modo che lei possa controllare i vari appunti dei ragazzi, non contano le risposte uguali al testo dell'intervista, ma il senso globale.

Cominciamo dal motorino. Come vi comportate se i vostri genitori non ve lo vogliono comprare?

1: «L'unica strategia è quella del tormentone: insistere e insistere. Loro hanno paura del traffico, degli incidenti. Ti chiedono di aspettare. Ma cosa cambia se te lo comprano fra due anni?».

2: «In classe sono tra i pochi fortunati ad avercelo. È stato un premio per i buoni risultati a scuola».

3: «Io non ce l'ho e nemmeno lo voglio. Il motorino è pericoloso e inutile. Per essere dove voglio e quando voglio, il tram e la metro vanno benissimo».

4: «Io lo vorrei per arrivare a scuola all'ultimo momento: per dormire di più...».

Nella vostra classe ci sono pochi motorini, ma molti cellulari. Li avete chiesti voi?

: «A me l'ha regalato mia madre. Così, quando esco mi può sempre chiamare. Mi dà un po' fastidio averlo. Ho paura che me lo rubino. E poi non mi piace essere sempre controllata».

: «Idem per me: lo ha comprato mia madre per sapere che cosa faccio e a che ora rientro».

: «Mia madre non era d'accordo e io me lo sono fatto regalare da mia nonna».

:«No, ancora non ce l'ho. Ma ho fatto un patto con i miei: se verrò promossa, alla fine dell'anno me lo compreranno».

i vostri genitori il telefonino serve per controllarvi. E a voi? Che uso ne fate?

: «È utile e pure divertente: io mando tantissimi messaggi anche ai miei ex compagni delle medie».

: «Ma dai, serve solo per le emergenze. Se ti capita qualcosa o hai un contrattempo e devi dirlo ai tuoi. Io lo uso così».

: «Sì, col cellulare qualcuno ci fa il cretino. Ma per noi non è uno status symbol come per gli adulti».

: «Secondo me con il cellulare si hanno meno responsabilità. Per esempio, non si rispettano più gli orari. Credo che alla nostra età sia inutile: serve solo a farsi belli».

il computer? Ce l'avete tutti? E che uso ne fate?

: «Sì, ce l'abbiamo più o meno tutti. Io lo uso per giocare. Due o tre volte la settimana per un paio di ore».

: «Io c'ho preso gusto a chattare. Vado su un sito tutto per studenti fra i tredici e i diciotto anni, inglesi e italiani. I miei genitori? Gli fa piacere, sono contenti».

: «I miei invece non vogliono. Vado sulle chat di nascosto, quando loro non sono a casa».

: «Io avevo otto anni quando ho iniziato a usarlo per la scuola, per le ricerche. Il computer lo usano molto anche i miei genitori. Quando è libero, il pomeriggio o la sera, me ne vado a chattare».

no solo fra il motorino e il computer: che cosa scegliete?

: «Il computer, è più utile».

: «Sono due cose troppo diverse. Il computer io e mio fratello lo usiamo per scaricare la musica da Internet. a è una cosa di famiglia, come il televisore».

: «Io dico motorino, per la libertà che ti regala».

: «No, viva il computer. Internet ti regala più libertà...».

unità 15
guida per l'insegnante
sogni e realtà

fonologia • L'italiano parlato a Roma

1 Nei brani tratti dal QUARTO MANUALE DI CONVERSAZIONE DELLA METROPOLI PERIFERICA si fa riferimento a una varietà giovanile di italiano parlato a Roma. Alcune caratteristiche della varietà romana in generale sono:

Questa è l'ultima varietà di italiano regionale presentata, la varietà romana. Innanzitutto, osserviamo il Raddoppiamento sintattico che è tipico dell'Italia centrale, benché possano esserci alcune differenze sulle parole che provocano il raddoppiamento. Ad esempio a Roma, a differenza di Firenze, le parole *dove* e *da* non producono Il raddoppiamento. Il secondo tratto, già menzionato anche per il toscano, è la pronuncia /ʃ/ per /tʃ/ intervocalico; ad esempio, il nome *Cecilia* diventa /tʃeˈʃilja/. La terza caratteristica è riconosciuta dagli altri parlanti italiani come uno stereotipo tipico del romanesco ed è la pronuncia intensa di /b/ e /dʒ/ intervocalici; altri esempi oltre a quelli citati *roba* /ˈrobba/, *agile* /adˈdʒile/ ecc. In effetti, tuttavia, si tratta di una pronuncia tipica di tutto il centro-sud (cfr Unità 12). Infine, un tratto tipico della varietà meno curata e più popolare, ossia l'articolo *er* che sostituisce l'articolo *il* dell'italiano standard (cfr. anche la preposizione *der* invece di *del* nell'ultima vignetta a p. 200).

2 Caccia all'intruso! Ascolta questi brevi monologhi, tre sono pronunciati da parlanti romani, mentre uno è di un non romano. Riesci a individuare qual è la persona che parla con accento diverso da quello romano?

Questa attività si presenta sotto forma di gioco, gli studenti devono individuare il parlante non romano, fra i quattro. Faccia ascoltare due, o tre volte; se crede, può approfittare di eventuali divergenze tra studenti, per cercare di esplicitare le scelte che hanno fatto in una discussione di gruppo. La quarta parlante è senz'altro quella che presenta le caratteristiche della parlata romana più marcate. Invece, il primo e il secondo parlante, pur essendo romani sono meno evidenti. Se ha una classe in grado di farlo, può chiedere anche la provenienza del non romano. Infine, come nelle altre unità in cui si parlava di italiano regionale, se la classe si dimostra interessata al tema delle varietà di italiano può proporre la visione di brevi spezzoni cinematografici, per il romano ci sono numerosi attori che si servono di questa varietà, ad esempio Alberto Sordi, o, più recentemente, Carlo Verdone. Dato che questa è l'ultima unità, può dedicare più tempo a quest'aspetto facendo vedere in contrasto anche altri esempi di parlati regionali, ugualmente tratti da film.

Chiave: la terza è milanese.

Unità 15
guida per l'insegnante
sogni e realtà

TEST

1 Il comune in cui vivi offre per i giovani una serie di servizi di aiuto e prevenzione. Per capire di cosa si tratta e dove si possono trovare associa gli elementi della colonna A con quelli contenuti nella colonna B.

Chiavi:	B	A	F	D	E	C
	1	2	3	4	5	6

2 Completa il testo con il periodo ipotetico.

	Chiavi:
Carlo:	Gigi ti muovi stasera?
Gigi:	Che si fa?
C:	Mah! Se ci fosse posto si potrebbe andare a magiare un boccone dalla Maria.
G:	Però che palle sto tempo! Non la smette di piovere.
C:	Che problema c'è? Ti passo a prendere con la macchina e se piove ancora ti do uno strappo al ritorno. La verità è che sei pigro, se tu potessi, staresti tutto il giorno davanti alla televisione.
G:	Che male c'è? Poi ci si vede sempre con la stessa gente, mi annoio…
C:	Se ti dicessi che c'è anche Laura, verresti?
G:	Allora cambia tutto. Quella mi fa morire! Se fosse per lei andrei anche in Patagonia!
C:	Allora passo alle otto, d'accordo?
G:	Non puoi un po' prima?
C:	Se potessi verrei anche subito, ma devo finire due faccende a casa. Poi Laura non scappa…
G:	Ti aspetto.
C:	Ciao.

Hai inserito nel tuo computer degli appunti su due carte di credito, ma un virus ti ha mescolato i testi. Prova a ritrovare quali appunti si riferiscono alla carta 1 e quali alla carta 2.

Chiavi:	Cartasì Campus	Cartasì Affari
	B	G
	A	C
	E	D
	H	F

Leggi le risposte e formula delle domande. Osserva l'esempio.

Chiavi: varie risposte possibili.

Marco Mezzadri   Paolo E. Balboni

Corso multimediale d'italiano per stranieri
[chiavi del libro di casa]

Guerra Edizioni

>lessico

Cruciverba

>leggere

1 Leggi velocemente gli annunci di lavoro. Quale lavoro ti piacerebbe di più fare?

2 Leggi nuovamente gli annunci e rispondi alle domande.

Chiavi: 2) 7; 3) 6; 4) 7; 5) 1, 3; 6) 2, 4; 7) 1, 6; 8) 4, 5, 7.

>ascoltare

1 Quanti modi per trovare lavoro!...

Chiavi: 1 giornalista alla Rai; 2 attraverso un concorso pubblico; 3 ad agosto dell'anno scorso;
4 più di 3000; 5 due; 6 trentatré; 7 nell'azienda del padre; 8 di pubbliche relazioni e import export;
9 per imparare a lavorare nelle pubbliche relazioni; 10 l'informatore scientifico del farmaco;
11 attraverso un annuncio sul giornale; 12 sostenere un colloquio e partecipare a un corso di
formazione di circa due mesi.

>grammatica

1 Forma l'avverbio.

Chiavi: 2 nobilmente; 3 grandemente; 4 leggermente; 5 bene; 6 male; 7 nuovamente; 8 anticamente; 9 attentamente; 10 probabilmente.

2 Completa le frasi con un avverbio dal riquadro.

Chiavi: 2 mai; 3 poco; 4 bene; 5 spesso; 6 abbastanza; 7 molto; probabilmente; 8 troppo, velocemente, niente.

3 Rispondi facendo un'ipotesi con il futuro.

Chiavi: varie risposte possibili. 2 Starà facendo la doccia; 3 saranno nella tua borsa; 4 staranno già dormendo; 5 starà lavorando; 6 starà litigando.

4 Fa' le domande.

Chiavi: 2 Sai dove abita Simona? 3 Sai di che nazionalità è Zoran? 4 Conosci Michele? 5 Sai cucinare? 6 Conosci Il nome delle rosa?

>civiltà

L'ITALIA IN UN COLPO D'OCCHIO

1 Scrivi negli appositi spazi sulla cartina le definizioni elencate nel riquadro che segue:

Chiave: 1 Svizzera; 2 Fiume Po; 3 Torino; 4 Mar Ligure; 5 Francia; 6 Appennini; 7 Roma; 8 Mar Tirreno; 9 Sicilia; 10 Austria; 11 Alpi; 12 Slovenia; 13 Venezia; 14 Lago di Garda; 15 Milano; 16 Pianura Padana; 17 Bologna; 18 Firenze; 19 Fiume Arno; 20 Fiume Tevere; 21 Napoli; 22 Mar Ionico; 23 Mar Mediterraneo.

Se conosci altre città, luoghi, regioni, ecc. prova ad aggiungerli sulla cartina, poi va' a controllare in un atlante geografico o confronta quello che hai scritto in classe con i compagni e l'insegnante.

È possibile, come in quasi tutte le sezione di civiltà del libro di casa, riprendere l'attività in classe chiedendo agli studenti una correzione a gruppi o a coppie con esposizione finale delle informazioni corrette da parte di un gruppo. Gli studenti possono integrare le informazioni richieste con quanto approfondito a casa e condividere le nuove informazioni con i compagni.

Chiavi del Libro di casa - unità 2

>grammatica

1 Completa con l'articolo determinativo dove necessario.

Chiavi: 2 Maria viene da Rio de Janeiro. 3 L'amore è una cosa meravigliosa. 4 Ho perso le chiavi, come faccio a entrare in casa? 5 Dove hai messo il libro che ti ho prestato? 6 Il Signor Ruffolo non è in ufficio in questo momento. 7 L'Africa è più grande dell'Europa. 8 Il Nilo è il fiume più lungo del mondo.

2 Articolo determinativo, indeterminativo o niente?

Chiavi: 2 mio padre lavora in una banca in centro. 3 Camilla frequenta una scuola di danza. 4 Mi scusi, dov'è la chiesa di San Rocco? 5 Quello è il marito di Patrizia? 6 Napoli non è una città molto tranquilla.

3 Trasforma le frasi al plurale.

Chiavi: 2 Michele e Fiorenza sono due bei bambini e sono anche molto buoni. 3 Quegli attori hanno fatto dei begli spettacoli. 4 Di recente abbiamo visto dei film interessanti. 5 Giordano e Marco hanno risolto i problemi. 6 I sistemi scolastici italiano e greco devono essere riformati. 7 Quelli sono gli psicologi tedeschi di cui ti abbiamo parlato. 8 Cristina e Andrea arrivano subito. Devono finire di stirare delle camicie. 9 Le farmacie del centro sono chiuse. 10 Romolo e Numa Pompilio sono stati i primi re di Roma.

4 Correggi le frasi dove necessario.

Chiavi: 2 Gianni è il mio compagno di banco; 3 giusta; 4 giusta; 5 mio padre si chiama Gabriele; 6 dove vivono i tuoi zii? 7 giusta; 8 giusta.

>lessico

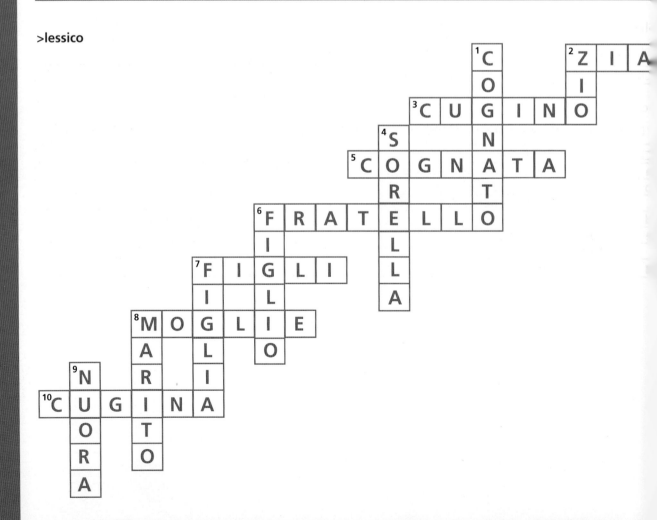

> ascoltare

1 Abbina le frasi del riquadro alle persone della tabella.

Chiavi: nonna: è in pensione. E' ancora molto in gamba. Va a far spesa. Cucina. Pulisce in casa.
Ci vede poco. Apparecchia.
Padre: lavora in banca. Stira. Cura il giardino. Lava i piatti.
Madre: è insegnante. Stira. Fa il bucato. Pulisce e riordina la casa. Cuce.
Figlio: lavora in una ditta di trasporti. Non fa niente in casa. Fa dei regali a tutti.
E' molto generoso. Vive con i genitori. Apparecchia.
Figlia: ha 25 anni. Ha finito l'università e vive con due amiche.

2 Ascolta la descrizione che Silvia fa della propria famiglia e controlla la tua tabella.

Non so se la mia famiglia sia una tipica famiglia italiana. A volte penso di sì. Per esempio: mio fratello che ha già 28 anni vive ancora con i miei, e questo è tipico dell'Italia di oggi, però io che ho solo, beh si fa per dire, 25 anni vivo in un appartamento con due amiche e questo non è molto normale. Anche perché è più di un anno che ho finito l'università e in teoria quindi non dovrei più vivere lontana dalla mia famiglia. E invece sono tornata nella mia città, ma non riesco più a vivere con i miei e con mia nonna. Ecco: mia nonna, cominciamo da lei, è il vero centro della famiglia, è in pensione e anche se adesso ci vede poco per l'età e non può fare più tutto quello che faceva prima è ancora molto in gamba. Ad esempio ora è mia madre che deve cucire i vestiti, ma mia nonna cucina, va a fare la spesa, pulisce e riordina la casa, apparecchia. Mia madre anche lei pulisce in casa e si occupa del bucato, stira ecc., ecc. E' insegnante e ha abbastanza tempo libero. Mio padre invece lavora in un ufficio, in una banca e quando torna a casa si cambia e va in giardino a fare tutti i lavori necessari. In inverno quando c'è meno lavoro in giardino, arriva a casa più tardi perché si ferma al bar a giocare a carte con gli amici. In casa non fa niente o quasi. Stira un po' quando mia mamma si arrabbia perché non l'aiuta o lava i piatti. Chi proprio usa la casa come un albergo è mio fratello: lui lavora in una ditta di trasporti e quando torna a casa si mette a guardare la tv o ascoltare la musica nella sua camera. Però è molto gentile e generoso, fa dei regali a tutti e così nessuno si arrabbia troppo con lui. A dire il vero quando ha molta fame apparecchia. Allora, la mia famiglia vi sembra tipicamente italiana? Secondo voi ho fatto bene ad andare a vivere da sola?

leggere

Leggi la lettera e indica se la affermazioni sono vere o false.

Chiavi: 1 falso; 2 vero; 3 falso; 4 vero; 5 falso; 6 vero; 7 vero; 8 vero.

civiltà

Ricordi le strategie proposte nel libro di classe sull'uso delle proprie conoscenze e del dizionario?

Chiavi: FATTORI POSITIVI	FATTORI NEGATIVI
Meno suicidi e depressione giovanili.	Immaturità.
Meno alcolismo tra i giovani.	Mammismo.
Meno gravidanze non volute per le ragazze minorenni.	Dipendenza psicologica.
Meno divorzi.	Dipendenza economica.
Meno abbandoni di donne con bambini piccoli.	
Maggiori contributi alle spese delle famiglia.	
Maggiore disponibilità di denaro per i giovani.	

>leggere

1 Leggi la lettera dell'agenzia di viaggio e completa la tabella.

Agenzia	Vagabondo
Hotel	Hotel Victor
Data della prenotazione	23 giugno 2001
Tipo di camera	Camera doppia con bagno e aria condizionata
Trattamento	Mezza pensione
Servizi offerti dall'hotel	Telefono in tutte le camere, fax, e-mail, molti altri
Pagamento	La fattura alla fine del mese

>ascoltare

1 Guarda la tabella che hai completato per l'esercizio precedente...

2 Ora scrivi le tue risposte.

3 Ora ascolta la conversazione e confronta le tue risposte.

Receptionist: Buongiorno, posso esserle utile?
Tu: Sì, ho una prenotazione a mio nome.
Receptionist: Come si chiama?
Tu: Mi chiamo Domenico Cerusico.
Receptionist: Come scusi, può dirmi come si scrive il cognome?
Tu: C-e-r-u-s-i-c-o.
Receptionist: Benissimo, mi faccia cercare... ma lei ha fatto la prenotazione direttamente per telefono?
Tu: No, l'ho fatta attraverso un'agenzia. La Vagabondo di Bari.
Receptionist: Ah, capisco e che tipo di camera ha prenotato?
Tu: Una camera doppia con bagno.
Receptionist: Una doppia con bagno... molto strano e che trattamento ha richiesto: solo pernottamento?
Tu: No, mezza pensione.
Receptionist: Per caso l'agenzia le ha dato il voucher?
Tu: Sì, eccolo qua.
Receptionist: Ecco, l'ho trovata. Era nella carpetta delle prenotazioni arrivate via fax. Sì, è tutto a posto. Mi dà un documento per favore?
Tu: Ecco a lei.
Receptionist: Glielo restituisco quando scende. La sua stanza è la 232. Può prendere l'ascensore in fondo al corridoio. Vuole che chiami un facchino per il bagaglio?
Tu: No, grazie faccio da solo.
Receptionist: Benissimo... a che ora desidera la sveglia domattina? La colazione è dalle 6.30 alle 9.30.
Tu: Alle 7 per favore.

>scrivere

1 Scrivi il dialogo tra il cliente e l'addetto dell'albergo, sviluppando lo schema.

Esecuzione libera.

>grammatica

1 Trasforma le frasi con *tutto/i*.

Chiavi: 2 tutti gli anni faccio le ferie in luglio. 3 Tutti i cittadini italiani hanno diritto all'assistenza sanitaria. 4 In tutte le regioni italiane si trovano monumenti di grande valore. 5 Arrivo sempre tardi a tutti gli appuntamenti. 6 Ricordo tutti i momenti della visita del Presidente della Repubblica nella mia città.

2 Rispondi alle domande.

Chiavi: 2 ci sto mettendo solo un paio di jeans e tre magliette. 3 Ci vado il mese prossimo.
4 Ci sono stato l'anno scorso. 5 Ci vuole un paio d'ore, forse meno. 6 Sì, ci penso spesso.
7 Ci gioca con alcuni vecchi amici. 8 Sì, ce la farò.

3 Rispondi con il verbo *avere*.

Chiavi: 2 ce le ho io; 3 sì, ce l'ho; 4 sì, ce l'ha Maurizio.

4 Rispondi alle domande.

Chiavi: 2 ne abbiamo fatte cinque. 3 Ne ho fatti molti. 4 Ne ho parecchi. 5 Ne voglio pochi,
solo questi quattro. 6 Ne devi comprare una. 7 Non ne conosco nessuna. 8 Li inviterò tutti.
9 Non ne ho letto nessuno. 10 Le ascolto tutte.

>civiltà

Le attività che seguono, anche se gli studenti non possiedono la registrazione della canzone, si possono fare senza ascolto. Non è comunque difficile reperire una registrazione di questa famosissima canzone. In questo caso consigliamo di fare ascoltare il brano alla fine della lezione per poi assegnare le attività che seguono come compito a casa. Nella lezione successiva si può riascoltare la canzone, correggere gli esercizi con tutta la classe e avviare una discussione partendo dalle seguenti domande:
Vi piace la canzone? Discutine con i compagni e l'insegnante.
Conoscete canzoni d'amore nella vostra lingua che vi piacciono in modo particolare?
Provate a parlarne e a cantarle ai compagni.
Come sempre si può cantare tutti insieme!

1 Sono moltissime le canzoni d'amore...

Chiave: *Questo piccolo grande amore.*

2 Cancella i termini che non si riferiscono alla canzone.

Chiavi: termini da cancellare

CHI	DOVE	QUANDO	AZIONI	SENTIMENTI
Un gruppo di amici Un ragazzo	In montagna A casa	In agosto In inverno L'anno scorso	Mangiare Nuotare	Odio Allegria Tristezza

3 Trova, tra le definizioni che seguono, quella giusta per ogni espressione in neretto nel testo.

Chiavi: 1 sei una frana; 2 adesso me ne sto rendendo conto; 3 non me lo levo dalla mente;
4 mi manca da morire; 5 io ci andavo matto.

lessico

Il cielo in una stanza fu la prima canzone di grande successo...

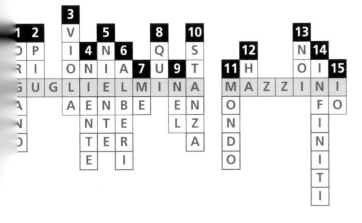

>leggere

1 Quanto sai dei cibi che consumiamo?

Chiavi:	VITAMINE
	Vitamina A: derivati del latte, tuorlo d'uovo, vegetali verdi, carota, fegato, albicocca, melone.
	Vitamina B: fegato, lievito di birra, derivati del latte, vegetali verdi, tonno, pollo, legumi secchi, uova, pane integrale.
	Vitamina C: agrumi (arancia, pompelmo, limone, ecc.), verdure fresche, cavolfiore, pomodoro, cavolo, peperone.
	Vitamina D: uova, fegato, pesce, derivati del latte.
	Vitamina E: olio di mais, lattuga, tuorlo d'uovo, latte, burro, banana.
	Vitamina K: vegetali verdi.

Chiavi:	MINERALI	
	Calcio:	latte, burro, formaggi, panna, vegetali verdi, agrumi.
	Fosforo:	lo si trova abbondantemente negli alimenti.
	Ferro:	uovo, fegato, carne magra, pollo, prugne, vegetali verdi, pane integrale, lenticchie.
	Cloro e sodio:	principalmente nel sale da tavola, nella carne, cereali, verdure e specialmente nel succo di frutta.
	Magnesio:	nei vegetali verdi, cereali, noci.
	Zolfo:	in tutti i tipi di carne, latte, uova.
	Iodio:	nel latte, formaggio, cipolla, uovo.

>ascoltare

1 Saresti un bravo dietologo?

2 Ascolta la prima parte della conversazione e controlla se hai risposto correttamente.

Dottore: Signora buongiorno. Si segga e mi dica tutto.
Marzia: Buongiorno. Grazie. Allora, come vede sono grassa. E molto. Sono più o meno 10 chili in più del mio peso forma. Voglio fare una dieta.
Dottore: Mmm, vediamo un po'. Lei ha altri problemi fisici oltre al peso eccessivo?
Marzia: Guardi, alcuni mesi fa ho scoperto di essere un po' ipertesa, ho la pressione alta.
Dottore: Io consiglio una dieta che è molto efficace e che può controllare lei stessa a computer…
Marzia: Ma quando sarò in dieta potrò mangiare di tutto?
Dottore: Sì, tutto ciò che le piace, ma seguendo le quantità e gli abbinamenti che le propone il computer.
Marzia: E per la pressione alta cosa devo fare?
Dottore: Pare che il sale sia collegato all'aumento della pressione e quindi le consiglio di ridurre gli alimenti che contengono sodio: legga attentamente le etichette degli alimenti e non usi prodotti che contengano sodio (Na) o derivati. Riduca il consumo di prodotti quali: salumi, formaggi, olive, crostacei, molluschi. Non adoperi carni o pesce in scatola.
Marzia: Posso mangiare anche dolci o panini?
Dottore: Sì, rispettando sempre le quantità e gli abbinamenti del programma, il numero di calorie massimo al giorno e poi importante è non superare i quattro pasti giornalieri. Quindi niente spuntini qua e là.
Marzia: Quindi posso mangiare anche cibi che contengono molti grassi.
Dottore: Rispettando la percentuale degli stessi secondo il bisogno giornaliero, non solo si possono consumare bensì si devono consumare. Essi sono uno dei 6 nutrienti fondamentali insieme ai glucidi, proteine, vitamine, minerali e acqua. L'ingestione di grassi è assolutamente necessaria per evitare una cattiva nutrizione. E poi si sa che i grassi possono frenare l'appetito. Ovviamente se lei non ha problemi legati al colesterolo alto…
Marzia: Dottore, diceva che anche l'acqua può essere considerata come nutriente?
Dottore: Sì certamente, è fondamentale!

Marzia: Posso bere quando voglio?

Dottore: No, non esattamente. Bere poco durante il pasto... ma quant'acqua si vuole durante la giornata.

Marzia: Se faccio molta ginnastica dimagrisco?

Dottore: Facendo soltanto esercizio fisico non si perde peso.
     In questo caso l'ideale è combinarlo con una dieta di basse calorie, perché questo permette di bruciare il 100% dei grassi; mentre una dieta senza attività fisica permette di bruciarne meno.

Marzia: Si dice che il pane integrale e la margarina hanno meno calorie del pane bianco e del burro, è vero?

Dottore: No, non è vero. Hanno approssimativamente lo stesso contenuto calorico.

3 Ascolta la seconda parte della conversazione...

Marzia: Dottore, insieme a questa dieta, quali consigli mi darebbe per aiutarmi a dimagrire?

Dottore: Ci sono piccoli trucchi che aiutano in qualsiasi dieta.
     Mangiare lentamente.
     Bere poco durante il pasto.
     Rispettare sempre i quattro pasti.
     Faccia attenzione alle quantità di condimenti.
     Condisca lei stessa le sue insalate.
     Se non ci sono controindicazioni, usare sostitutivi dello zucchero.
     Non dimenticare che camminare è la miglior ginnastica.
     Eviti di usare la macchina quando fa percorsi corti; è anche un modo piacevole e benefico di consumare calorie.
     Usi sempre la bilancia per poter calcolare esattamente la quantità di alimenti da consumare per pasto.
     Non lasciare spazi vuoti durante la giornata.
     La noia è un grande nemico della bilancia.
     Non tenere biscotti o altri dolci a portata di mano quando lavora.
     Portare a tavola il cibo già distribuito in porzioni individuali.
     Se vuole comprare qualcosa per fare a se stessa un regalino, per gratificarsi, non compri mai cibo!

Marzia: Accidenti dovrò mettermi a studiare per dimagrire!

scrivere

Dettato. Ascolta la descrizione e scrivi ogni frase.

Chiavi: la casa di mia nonna era molto grande, /c'erano 10 stanze e un giardino immenso.
     /La cucina si trovava al piano terreno /ed era luminosa e accogliente.
     /La nonna a quel tempo aveva 70 anni, /era una vecchia dolce e simpatica,
     /si vestiva di nero...

Unità 4
chiavi del Libro di casa
quando ero piccolo

> lessico

1 Le parole che mancano nel testo...

Il testo è stato ascoltato per l'attività 11 a pagina 57; può essere fatto riascoltare, per la correzione, tenendo presente che abbiamo eliminato la parte centrale.
Le parole che mancano sono le seguenti – e sono ripetute più volte:

Io sono cresciuta in **città**, *ma come molti bambini della mia epoca, sono nata in* **campagna** *dove ho vissuto fino ai 4 anni di età. Poi mio padre ha trovato un lavoro in* **città** *e siamo venuti a vivere in questa casa, qui in mezzo, la vede nella foto?*
I miei fratelli erano più grandi di me e andavano già a **scuola**...
La scuola!... Hanno avuto tanti problemi, soprattutto perché in casa parlavamo sempre in dialetto e invece a **scuola** *dovevano parlare, scrivere, ascoltare e leggere tutto in italiano. Nelle scuole di* **campagna** *i maestri erano più tolleranti.*
La cosa che più mi mancava della **campagna** *erano gli animali: vivevo tra loro, in mezzo a galline e conigli. In città avevo solo un gatto! E poi il mangiare: le uova fresche, il latte appena munto! L'unico momento di festa in* **città** *era quando, in estate, mia mamma mi lasciava comprare un gelato: pensi una volta ogni due settimane: eravamo molto poveri allora.*

> grammatica

1 Scrivi le forme dell'imperfetto dei seguenti verbi.

Chiavi: 1 io parlavo; 2 lei diceva; 3 tu facevi; 4 lui andava; 5 io finivo; 6 tu dormivi; 7 tu leggevi;
8 lei era.

2 Trasforma i verbi dell'esercizio 1 al plurale.

Chiavi: 1 noi parlavamo; 2 loro dicevano; 3 voi facevate; 4 loro andavano; 5 noi finivamo;
6 voi dormivate; 7 voi leggevate; 8 loro erano.

3 Trasforma le frasi usando la forma *stare* + *gerundio* dove è possibile.

Chiavi: 2 non si può usare stare + gerundio con il verbo essere.
3 Mentre stavo baciando Simona, è arrivata Patrizia.
4 Ieri pomeriggio mentre stavo correndo, sono caduto e mi sono fatto male a un ginocchio.
5 Giorgio stava guardando la televisione quando ha visto il suo amico Carlo al telegiornale.
6 Romina stava lavorando quando il suo capo le ha detto che doveva andare in ufficio da lui.
7 Non potevo credere ai miei occhi quando, entrando in chiesa, ho visto Luigi che si stava sposando.
8 Non si può usare stare + gerundio con il verbo avere.

4 Abbina le frasi della colonna di destra a quelle di sinistra.

Chiavi: 2 con a; 3 con f; 4 con b; 5 con c; 6 con e.

5 Completa con un verbo all'imperfetto o al passato prossimo.

Chiavi: 1 giocavo; 2 ho saputo, è andata; 3 ho visto/ascoltato, è piaciuto; 4 stavo guardando, ha
chiesto; 5 avevo, fumavo; 6 ero, leggeva, faceva, dovevo.

> civiltà

1 Spesso i nostri nonni o bisnonni ci parlano della loro infanzia ricordando i giochi...

Si può continuare quest'attività in classe chiedendo agli studenti di spiegare agli altri questi giochi usando l'imperfetto. Si può anche chiedere agli studenti di parlare, possibilmente usando i tempi del passato, di giochi antichi dei loro paesi.

> Chiavi: 1 mosca cieca; 2 mestieri muti; 3 bandiera; 4 mondo, settimana, campanon, am salam
> (ci sono molte denominazioni in Italia); 5 nascondino.

Chiavi del Libro di casa - unità 5

> ascoltare, leggere e scrivere

1 Ascolta i consigli che un insegnante sta dando ad alcune future segretarie e completa il testo.

Allora continuiamo la nostra chiacchierata con alcuni consigli. Siete ancora stanche? Non vi terrò ancora a lungo. Vi dirò alcune cose e poi vi farò fare un paio di attività. Diciamo una mezzora circa.
Dunque primo consiglio. Quando fate una telefonata di lavoro, prima di tutto dovete dire in modo lento e chiaro chi siete, di che ditta siete e qual è il vostro ruolo nella ditta. La seconda cosa che è importante fare è verificare che il numero sia quello giusto: dovete cioè chiedere se appartiene alla persona o alla ditta che cercate. Ad esempio potreste chiedere:
"Parlo con la Ditta Mamma Mia?" Oppure: "Parlo con il Sig. Filippi?".
Ecco, se non vi siete sbagliati, dite subito la ragione della vostra telefonata, ad esempio: "Vorrei parlare con il direttore, per favore." Mi raccomando. E' importantissimo che siate sempre cordiali e gentili. Ed è anche molto importante che vi si capisca bene, non importa se si sente che non avete un accento da madrelingua.
Anzi la maggior parte delle persone sono più comprensive e tolleranti se capiscono che la persona dall'altra parte della linea sta facendo uno sforzo per comunicare. Ecco, se la persona che cercate non c'è, non dimostratevi arrabbiate o seccate, anzi mantenete la calma, anche se è una questione urgente e chiedete di lasciare un messaggio. Se state chiamando all'estero, non fate confusione con gli orari. Accertatevi prima della differenza di fuso orario e date gli appuntamenti telefonici con l'orario del paese che state chiamando. Attenzione alle pause pranzo e agli orari di apertura! Beh, il messaggio poi è fondamentale che sia chiaro e semplice. Se non siete in grado di improvvisare in lingua straniera, preparatevi prima della telefonata per iscritto il contenuto del vostro messaggio. In particolare ricordatevi di essere chiari quando lasciate il vostro numero di telefono. Un'altra piccola astuzia, se la vogliamo chiamare così. Mandate un fax prima della vostra telefonata in modo tale da non cogliere di sorpresa le persone che chiamate. Soprattutto se dovete comunicare molti dati, numeri, ecc.

> Chiavi: 1 nome/incarico/ruolo; 2 corretto/giusto; 3 perché; 4 cordiali e gentili, in modo chiaro;
> 5 arrabbiati/seccati; 6 (fuso) orario; 7 chiaro e semplice; 8 fax.

Ascolta le telefonate e scrivi i numeri di telefono.

> Chiavi: Le lascio il mio numero di telefono cellulare 0339 4339671
> Sì, allora il mio numero telefonico è 0102344335
> Guardi, le do il nostro numero di fax, così potete mandarmi subito un'offerta.
> Ha da scrivere?...051 9867665.
> Il nostro corrispondente in Inghilterra si chiama Wilkins. Il numero di telefono è, dall'Italia naturalmente ci vuole il numero di prefisso internazionale: 00, poi 44 171 58687900.

3 Ascolta i messaggi e scrivili.

1 - Non siamo in casa. Lasciate un messaggio dopo il segnale.
- Siamo Flavio e Monica; siamo tornati dalle vacanze e volevamo invitarvi a cena al nuovo ristorante messicano, sabato sera. Scrivetevi l'indirizzo! El taco, via Cavour 18. Ci vediamo lì alle 8, altrimenti chiamateci.

2 - Signor Antelmi, se vuole, può lasciare un messaggio. Lo darò all'Ingegnere appena ritorna.
- Ottimo, grazie: allora, ho ricevuto l'ordine di 300 biciclette per la Corico, ma mi mancano alcuni dati importanti. Per favore mi richiami urgentemente.

3 - I nostri uffici sono chiusi, potete lasciare un messaggio dopo il segnale acustico.
- Mi chiamo Cardoso, chiamo da San Paolo in Brasile. Ho mandato il deposito per l'iscrizione a un corso di lingua ma non ho ancora ricevuto il certificato di iscrizione che mi serve per il visto. Per favore inviatemelo al più presto al mio indirizzo.

> lessico

1 In ufficio trovi tante cose. Alcune le hai imparate...

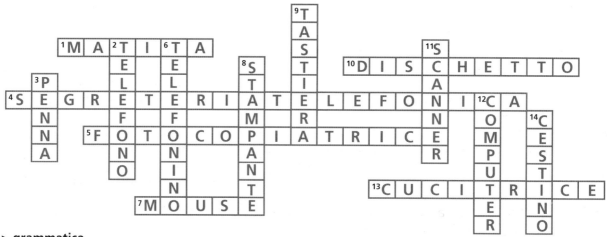

> grammatica

1 Completa le frasi con un pronome combinato.

Chiavi: 2 te ne; 3 me ne; 4 ve la; 5 gliela; 6 te lo; 7 ve l'; 8 te le.

2 Fa' delle domande.

Varie risposte possibili.

3 Completa le frasi con un indefinito dal riquadro.

Chiavi: 2 niente/nulla; 3 poco, alcuni; 4 ognuno; 5 qualcuno; 6 un po'; 7 qualcosa; 8 nulla/niente.

> civiltà

1 Leggi l'articolo e fa' un elenco delle ragioni che determinano la disoccupazione...

Il testo può essere analizzato a diversi livelli di profondità.

> ascoltare e scrivere

3 Ascolta la parte del programma *Salute oggi*, ...

Conduttore: Dottor Marziali, grazie per aver accettato il nostro invito e benvenuto a "Salute oggi". Prima di iniziare ricordo che oggi è l'ultima volta che andiamo in onda prima delle vacanze estive. Come tutti gli anni Salute oggi vi dà appuntamento al primo sabato di settembre. Allora, Dottore, i nostri ascoltatori si pongono la domanda di sempre: cos'è l'Omeopatia? Riesce a rispondere in poche parole?

Dottor Marziali: Ci provo. La Medicina Omeopatica è un metodo clinico e terapeutico che esamina il paziente nella sua globalità, prendendo in considerazione unitariamente sia gli aspetti fisiologici sia quelli emotivi, mentali.
Per il medico omeopatico, il paziente non è un insieme di parti, di organi, ma prima di tutto il paziente è il suo mondo emozionale e psichico, che ha un ruolo importante nella malattia così come nel raggiungimento della salute.

Conduttore: Guardiamo un po' tra le lettere arrivate, ecco questa mi sembra la domanda che vada meglio ora. La Sig.ra Catia di Firenze chiede se nell'omeopatia ogni paziente è diverso dagli altri anche se soffre degli stessi problemi?

Dottor Marziali: Sì, è così. Il medico omeopatico tiene conto delle differenze individuali, della "storia" del paziente e cura ogni persona con il suo rimedio, scelto su misura dopo un'attenta visita. Non vi sono cure uguali per tutti, ma ciascuna va personalizzata e adattata al singolo, caso per caso. Dietro ogni malattia infati c'è un MALATO. È il malato che va innanzitutto curato per poter far scomparire la malattia.

Conduttore: Un'altra domanda e complimenti per le sue capacità di sintesi. Dov'è nata l'Omeopatia?

Dottor Marziali: L'Omeopatia nasce in Germania, ad opera del dottor Samuel Hahnemann, un medico che scoprì le semplici leggi naturali che regolano la salute e la malattia. Questo verso la fine del '700; da allora si è diffusa ovunque, e in molti stati è stata riconosciuta come medicina ufficiale.

Conduttore: Dottore, un'altra domanda di un'altra giovane ascoltatrice che chiede se l'omeopatia ha bisogno che il malato ci creda per funzionare?

Dottor Marziali: Assolutamente no! L'Omeopatia può curare chiunque, che ci creda o no. Basti pensare che si curano omeopaticamente anche gli animali, come pure i bambini molto piccoli. Quindi non si basa su "fede" o "suggestione".

Conduttore: La Sig.ra Mimma di Reggio Calabria chiede cosa sono i rimedi omeopatici?

Dottor Marziali: Sono delle preparazioni ottenute esclusivamente da principi attivi naturali ottenuti dal mondo minerale, vegetale, animale.
I prodotti omeopatici si vendono esclusivamente in farmacia e possono essere prescritti solo da medici, vale a dire laureati in Medicina e Chirurgia, abilitati all'esercizio della professione medica e iscritti all'Albo dell'Ordine dei Medici.

Conduttore: È vero che non intossicano?

Dottor Marziali: Sì, è vero, i medicinali omeopatici non hanno alcuna tossicità. Non hanno quindi alcuna controindicazione, né effetti collaterali.

Conduttore: Dottore, una mamma ci chiede se va bene per i bambini?

Dottor Marziali: I bambini sono ideali per questo tipo di cura.
Proprio sui bambini la cura omeopatica si rivela dolce, potente e sicura; l'organismo dei piccoli pazienti reagisce infatti prontamente allo stimolo terapeutico, rinforzandosi. Inoltre la cura omeopatica risulta gradevole per i bambini e viene accettata bene.

Conduttore: L'ultima domanda, Dottore. Se lo chiedono tanti ascoltatori: cosa cura l'Omeopatia?

Dottor Marziali: Non è possibile fornire un preciso elenco delle malattie che si possono curare, perché innanzitutto ciascun caso va considerato di volta in volta, e poi perché prima della malattia l'Omeopatia cura il malato, indipendentemente dal 'nome' della malattia di cui soffre.

Conduttore: Dottor Marziali, noi la ringraziamo e andiamo avanti con il nostro programma.

Chiavi: l'omeopatia è un metodo clinico e terapeutico che esamina il paziente nella sua globalità.
Per il medico omeopatico ogni paziente è prima di tutto il suo mondo emozionale e psichico, che ha un ruolo importante nella malattia così come nel raggiungimento della salute.
Le cure sono personalizzate e adattate al singolo, caso per caso.
L'omeopatia è nata in Germania, verso la fine del `700.
L'omeopatia può curare chiunque.
I prodotti omeopatici si vendono esclusivamente in farmacia.
Con i bambini l'omeopatia si rivela dolce, potente e sicura.

> leggere

Leggi il testo e indica se le affermazioni sono vere o false.

Chiavi: 1 vero; 2 falso; 3 vero; 4 vero; 5 falso.

> lessico

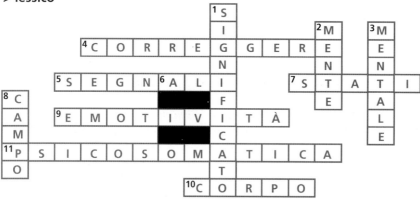

> civiltà

Chiavi: 1\A\i; 2\B\ii; 3\C\iii.

> grammatica

1 Scrivi le forme del condizionale.

Chiavi: 2 faremmo; 3 direbbero; 4 usciresti; 5 capireste; 6 sarei; 7 berremmo; 8 riceveresti.

2 Completa le frasi con un verbo al condizionale.

Chiavi: 2 andrei; 3 verresti; 4 giocherei; 5 dovrebbe/potrebbe; 6 piacerebbe.

3 Fa' delle richieste o da' dei suggerimenti usando il condizionale.

Chiavi: spesso sono possibili varie risposte.
2 Vorrei una pizza e una birra, per favore.
3 Potrebbe aspettare in linea, per favore?
4 Dovresti smettere di fumare/fumare meno sigarette.
5 Dovresti mangiare meno/cercare di dimagrire.
6 Dovresti uscire meno e studiare di più.
7 Verreste con me in discoteca?
8 Dovresti svegliarti dieci minuti prima.

4 Forma delle frasi.

Chiavi: 2 Signora, *mi saprebbe dire/saprebbe dirmi* che ore sono?
3 Sei in disordine *dovresti farti/ti dovresti* fare la barba.
4 Domani la temperatura *dovrebbe abbassarsi/si dovrebbe abbassare.*
5 Professore, per favore, *potrebbe darmi/mi potrebbe dare* un bel voto?
6 Credo che Napoli *potrebbe piacervi/vi potrebbe piacere* molto.

Chiavi del Libro di casa - unità 7

> **leggere**

2 Ora leggi nuovamente il testo e rispondi alle domande.

Chiavi: risposte da elaborare personalmente attraverso il testo.

> **ascoltare**

1 Ascolta la conversazione tra i due amici e scegli la risposta giusta.

Chiavi: 2 a volte il passaporto o solo la carta d'identità a seconda dei paesi.
3 Avere la carta di credito o i traveller's cheques, ma anche dei contanti.
4 Dormire in treno spostandosi da un posto all'altro.
5 Il necessario per sopravvivere, dovendo lavarsi i vestiti sporchi.

Alessio:	Tommaso puoi abbassare un po', non riesco a sentirti bene...
	Tommaso: Ecco qua, dicevo che non so se fare quello che hai fatto tu due anni fa. Sai l'Inter Rail....
Alessio:	Beh, io sono stato bene da dio. C'era anche Ilaria, e stavamo insieme da poco. Però è dura...
Tommaso:	Dammi qualche informazione. Che documenti occorrono?
Alessio:	Dipende se vuoi stare nell'Unione Europea o andare anche all'est. Se non vai all'est basta la carta d'identità, mentre per i paesi dell'Est Europa ci vuole il passaporto, a volte anche il visto d'ingresso.
Tommaso:	Io volevo farmi i paesi occidentali e magari la Scandinavia. Ma ci vorranno un sacco di soldi...
Alessio:	Per un figlio di papà come te i soldi sono l'ultimo dei problemi... però forse se devi girare con tre carte di credito e in giacca e cravatta, ti consiglierei un Club Mediterranée o qualcosa di simile.
Tommaso:	Dai, smettila. Però i soldi ci vogliono: cos'è meglio la carta di credito, i traveller's cheques...?
Alessio:	Va bene tutto, però occhio che spesso se frequenti i posti dove vanno quelli che girano con l'Inter Rail, ti servono i contanti. Ma ricordati di mettere documenti e soldi divisi in varie tasche e se puoi nascondi qualcosa... Se però sei sfigato ti lasciano in mutande e senza neanche più l'Inter Rail, allora sì sono guai.
Tommaso:	Oh, ma tu porti sfortuna! Dove si dorme?
Alessio:	Se vuoi risparmiare soldi, ma soprattutto utilizzare il tempo di notte per spostarti da una città all'altra o da un paese all'altro è meglio che ti programmi per viaggiare di notte. Magari non dimenticare che ogni tanto è meglio fare una doccia, soprattutto d'estate. Ma allora trovi bagni pubblici, piscine, un po' dappertutto, basta che non ti metti in testa di voler fare cinquanta cose in un giorno...
Tommaso:	In che senso?
Alessio:	Se speri di vedere tutta Parigi o Londra in due giorni è meglio che cambi idea. Se fai l'Inter Rail, dei vari posti riesci a prendere un assaggio, soprattutto delle città grandi. Però conosci un sacco di gente ed è un modo per conoscere te stesso, fuori dalle comodità della nostra vita così pigra... e poi è la sensazione di libertà...
Tommaso:	E per mangiare?
Alessio:	Mangi quando torni a casa o telefoni alla mammina e ti fai spedire le lasagne per corriere espresso!
Tommaso:	Smettila di prendermi in giro...
Alessio:	Dai non te la prendere... ci sono migliaia di posti dove mangiare, o meglio ancora dove far spesa... Però abituati rapidamente a capire quanto costa la vita...
Tommaso:	Che cosa avevi messo nello zaino.
Alessio:	Dipende io sono andato al nord e c'avevo anche vestiti pesanti...
Tommaso:	Era pesante?
Alessio:	Un po' sì, soprattutto il casino è stato lavare la biancheria, le magliette...
Tommaso:	Hai dovuto lavare tu?
Alessio:	Non preoccuparti, c'è sempre il corriere espresso della mamma...
Tommaso:	Avevi anche uno zaino più piccolo o una borsa?
Alessio:	Sì, uno zainetto per quando lasciavo lo zaino grande in stazione. Cioè quasi sempre.
Tommaso:	Avevi il sacco a pelo.
Alessio:	Portarsi il sacco a pelo è un po' un casino, ma spesso è utile...
Tommaso:	Altre cose, consigli?
Alessio:	Beh, non dimenticarti una borraccia, un accendino, un coltello tipo esercito svizzero, una sveglia, e poi delle buone cartine. Ah, e non lasciare a casa la testa, soprattutto sta a casa tu se continui a non voler parlare neanche una lingua straniera.

Unità 7

chiavi del Libro di casa
sì, viaggiare

Unità 8

chiavi del Libro di casa
descrizioni

> lessico

1 Sai chi è lo stilista italiano che ha disegnato gli Eurostar...
Riempi il treno con le parole...

Chiavi: lo stilista è Pininfarina, autore anche della Alfa 166 che si vede nella foto.
Le parole sono: PERDERE; BINARI; SCENDERE; SEMAFORO; BINARIO; SECONDA.

>grammatica

1 Completa le frasi con un verbo del riquadro

Chiavi: 2 si leggono; 3 si spendono; 4 si fa; 5 si guardano; 6 si trovano.

2 Completa le frasi con un verbo al passato prossimo.

Chiavi: 2 si sono registrate; 3 si è battuto; 4 si è avuta; 5 si sono pubblicati; 6 si è trovata.

3 Replica alle affermazioni.

Chiavi: 2 sto per; 3 sto per; 4 stanno per; 5 sta per; 6 sta per.

4 Trasforma le frasi usando il gerundio.

Chiavi: 2 sollevando la valigia, ho sentito un dolore molto forte alla schiena. 3 Non avendo gli occhiali, non riesco a leggere la tua lettera. 4 Vivendo in Italia, potrò visitare molti posti interessanti. 5 Non avendo soldi, oggi non si riesce a vivere decentemente. 6 Studiando, Luig ascolta la musica.

5 Completa le frasi scegliendo la preposizione corretta.

Chiavi: 1 a; 2 in; 3 dal; 4 al, a; 5 in; 6 in; 7 da; 8 in, in; 9 a; 10 in, a; 11 dal.

Chiavi del Libro di casa - unità 8

>grammatica

1 Completa le frasi con il pronome relativo.

Chiavi: 2 che; 3 cui; 4 cui; 5 cui; 6 cui; 7 cui; 8 che.

2 Sostituisci le parole in corsivo, modificando la frase dove necessario.

Chiavi: 2 Ciò che volevo dirti, ma è molto difficile, è che mi sono innamorata di te.
3 Chi arriva in ritardo a teatro non può entrare prima della fine del primo atto.
4 A chi indovinerà, verrà dato un premio bellissimo.
5 Ciò che meno mi piace di te è che sei sempre nervoso.
6 È meglio non contare su chi non dice la verità.

3 Completa le frasi con un aggettivo in -issimo dal riquadro.

Chiavi: 2 ricchissime, poverissime; 3 bellissima; 4 altissimo; 5 grassissimo; 6 noiosissimo; 7 lunghissimo; 8 simpaticissimo.

4 Metti i nomi o gli aggettivi alterati.

Chiavi: 2 librone; 3 palazzone; 4 gattaccio; 5 ragazzona; 6 periodaccio; 7 bellino; 8 fattaccio.

>leggere >lessico

1 Leggi il testo...

Chiavi: 1 in buona fede; 2 imbranato; 3 consorteria; 4 tesserato; 5 alzare le mani; 6 petulante.

civiltà

Ragazzo: Buongiorno, è libero?
Ragazza: Sì, prego.
Ciao, io sono Paolo.
Ciao, mi chiamo Emanuela.
Dove vai?
Vado a Milano per lavoro. Tu?
Io vado a Milano, perché sono di Milano.
Ah, sei di Milano, tu?
Sì, torno a casa.
Ho capito.
Sono in licenza ho fatto, sto facendo il militare.
Ah sì, e dove lo fai il militare?
Eh, a Palermo.
A Palermo? Accidenti.
Eh, è un po' dura sì.
Eh, lo so. Io sono di Firenze comunque.
E cosa fai a Milano?
Eh, perché io faccio la grafica pubblicitaria. Allora vado a Milano perché c'è... collaboriamo con un'agenzia di Milano, ecco insomma.
E fai su e giù tutte le settimane?
Sì, una volta a settimana.
E ti occupi anche di moda? la tua agenzia fa design?
Sì, sì, io mi occupo infatti del settore della moda. Faccio design di moda. Infatti stavo notando il tuo maglione perché io sono molto attenta a certe cose. Stavo notando il tuo maglione è molto bellino.
Ti piace il maglioncino?
Sì, sì, e poi si abbina benissimo con i tuoi pantaloni. È tutto molto sobrio però è...
Sì, beh, a me piace vestire un po' scuro. Questo è il trend del momento.
Sì, no, sì no, avevo notato, infatti. Sì, no. A me piace un po' più di colore addosso. Però addosso a me. Tu così stai benino. Sì.
Ma poi quando si va in giro, uno ci tiene a vestirsi un po' così...
Eh, certo.
Certo, quando uno fa sport, magari... si mette una tuta...
Perché fai degli sport te?
Sì io parecchio. Diciamo che vado al campo sportivo, faccio un po' di atletica, salto in lungo...
Ah, ecco.
Salto in alto...
Ecco, ho capito... Anche d'inverno che è tutto aperto?
Sì, sì, soprattutto d'inverno l'attività, insomma, ferve, ecco...
Io invece vado a cavallo.
Bella l'equitazione. Anch'io una volta c'ho provato. Son caduto però...
Mmm, sì.
Infatti non è che mi piaccia moltissimo.
Eh, beh ma queste cose bisogna riprovarle subito, poi, eh, cioè non ci si deve far scoraggiare.
Ti dispiace se accendo la radiolina, così sentiamo un po' di musica...
No, fai pure. No, no, fai, fai.
Che musica ti piace? Italiana, straniera?
Ma, in genere, guarda, ascolto un po' di tutto. Però, preferisco l'italiana, sicuramente. Capisco quello che dicono.
Eh, no, a me piace un po' più il rock, l'heavy metal, queste cose qua. Però ogni tanto...
Eh, non si direbbe da come sei vestito, eh.
Ma, perché scusa, cioè?
No, sì, no, perché uno magari associa certi gusti a un certo modo di essere o di vestire, invece no è vero, sì hai ragione.
No, ma poi quando vado in discoteca mi scateno.
Eh, capito...
Eh sì, sì...
Senti, io vado un attimo alla toilette. Mi tieni il posto per favore?
Ci mancherebbe, intanto fumo una sigaretta.
A dopo, ciao.

Unità 8

chiavi del Libro di casa
descrizioni

Unità 9

chiavi del Libro di casa
città o campagna

> ascoltare > scrivere

1 Dettato. Ascolta la conversazione e scrivila frase per frase.

Carla: Giorgia, sono innamoratissima!
Giorgia: Tu innamorata? Non ci posso credere.
Carla: Sì, vedi quel ragazzo con i capelli castani che sta parlando con quell'altro un po' più alto…
Giorgia: Quale? Quello a cui stanno versando da bere, con gli occhiali?
Carla: No, quell'altro con i capelli un po' ondulati e la barba.
Giorgia: Ah sì… mmm, interessante! Ma, state insieme?
Carla: Sì, ormai da due mesi… E' una persona eccezionale.
Giorgia: Dai, racconta!
Carla: Ha 28 anni, è laureato in economia e lavora nella ditta di suo padre.
Giorgia: Però, te lo sei scelto con i soldi questa volta.
Carla: Smettila! Lo sai che non me ne importa nulla dei soldi. Mi piace perché mi ascolta.
E' così calmo e educato.
Giorgia: Che noia!
Carla: Ma no, è anche molto simpatico e un po' pazzo. E' sempre allegro e ottimista…
Giorgia: Beh, complimenti! Me lo fai conoscere?
Carla: Forse un'altra volta. Di te non mi fido!

Chiavi del Libro di casa - unità 9

> scrivere > leggere

2 Ora leggi il testo e abbina a ogni titolo il paragrafo giusto.

Chiavi: numero del paragrafo	
Perché il Bioparco?	3
Che cosa è il Bioparco?	2
Cosa succederà nei prossimi mesi?	5
Cosa si potrà fare nel Bioparco?	4
Un progetto specifico.	
"Romolo e Remo", gli animali non selvatici al Bioparco.	1

> ascoltare

1 Ascolta l'intervista e rispondi alle domande.

Intervistatore: Hai degli animali?
Giulia: Sì, ho un cane e un gatto. Il cane è un pastore tedesco e si chiama Axel e il gatto si chiama Spiedino e
tutto nero con una macchiolina sotto il collo.
I.: Litigano spesso?
G.: Beh, non lo so. Quando arriva il gatto, il mio cane lo insegue perché ci vuole sempre giocare.
I.: Ti piacerebbe averne altri?
G.: Sì, mi piacerebbe avere un criceto e un uccellino.
I.: Quale tipo di uccellino ti piace?
G.: A me piacciono tutti.
I.: Un canarino?
G.: Sì.
I.: Ti piace perché canta?
G.: Sì.
I.: E il criceto, l'hai già visto?
G.: No, però la mamma mi ha parlato molto che da piccola c'avevo un cricetino.
I.: E ti ha detto che te lo comprano?
G.: No.
I.: Sei mai stata in una fattoria in campagna?
G.: Sì, ci sono stata.
I.: Cosa ti ricordi della vita nella fattoria?
G.: Che c'erano tante mucche, dei cani, dei gatti, delle galline e ci facevano vedere come si mungevano le
mucche.

Chiavi: 1 Sì. 2 Un cane, un pastore tedesco, e un gatto. 3 Sì, un uccellino e un criceto, 4 Sì. 5 Che c'erano tante mucche, dei cani, dei gatti, delle galline e le facevano vedere come si mungevano le mucche.

> lessico

1 Inserisci gli aggettivi

Chiavi: manca AFFOLLATO.

grammatica

Guarda le figure e fa' delle frasi con i comparativi.

Chiavi: i nomi usati sono inventati. 2 Giorgio è più grasso di Luca; 3 Rino è più forte/robusto di Roberto; 4 Pina è più giovane di Lucia; 5 Sara ha i capelli più lunghi di Elisa; 6 La Ferrari va più veloce della Fiat.

Completa con un aggettivo del riquadro al grado comparativo e di o che.

Chiavi: 2 più antica di, 3 più coinvolgente, che; 4 più vecchio, di; 5 più felice, dell'; 6 meglio, che; 7 più rilassante, del; 8 più interessante, che.

Fa' delle frasi con i superlativi relativi.

Chiavi: 2 la Cina è il paese più popolato/popoloso del mondo; 3 il Nilo è il fiume più lungo del mondo; 4 il Monte Everest è il monte più alto del mondo; 5 Giove è il pianeta più grande del sistema solare; 6 l'Oceania è il continente più giovane/isolato del mondo.

Completa le frasi con i verbi sembrare o piacere e un pronome.

Chiavi: 2 mi sembra; 3 mi piacciono; 4 mi sembrano; 5 mi piacciono; 6 mi sembrano.

civiltà

A NATURA E MAGIA: IL PARCO NAZIONALE DEI MONTI SIBILLINI

Leggi, osserva le immagini e indica le informazioni esatte.

Chiavi: 1; 2; 5; 6; 7; 9; 8; 10.

unità 10
chiavi del Libro di casa
hai le bucate?

Chiavi del Libro di casa - unità 10

>leggere

1 Leggi il titolo dell'articolo. Secondo te come saranno i vestiti presentati da questo stilista?

2 Ora leggi il testo e indica se le affermazioni sono vere o false.

Chiavi: 2 falso; 3 vero; 4 vero; 5 falso; 6 falso; 7 falso.

>ascoltare >scrivere

1 In una boutique. Ascolta la conversazione e leggine il testo. Quali differenze senti.

Commesso: Buongiorno, Signora. Posso esserle utile?
Cliente: Buongiorno. Sì, sto cercando un reggiseno.
Commesso: Vuole un completo…
Cliente: Solo il reggiseno.
Commesso: Come lo vuole? Che taglia porta?
Cliente: Dipende da come sono indicate le taglie. Non saprei, una terza.
Commesso: Ecco questi sono i modelli che abbiamo.
Cliente: Sono tutti così seri, da vecchia.
Commesso: Ho capito. Lei vorrebbe qualcosa di più moderno, magari con del pizzo…
Cliente: Ma, proprio con del pizzo, non credo. Qualcosa con colori diversi dal bianco o nero.
Commesso: Cosa ne dice di questo?
Cliente: Questo potrebbe andare bene. Posso provarlo?
Commesso: Certo, il camerino è là in fondo a destra.

>grammatica

1 Trasforma le frasi usando un imperativo.

Chiavi: 2 non fumare; 3 non bere altro vino; 4 sta' più attento; 5 fa' meno rumore.
6 non trattare così tuo fratello.

2 Metti al plurale le frasi dell'esercizio 1.

Chiavi: 2 non fumate; 3 non bevete altro vino; 4 state più attenti; 5 fate meno rumore;
6 non trattate così vostro fratello.

3 Completa le frasi con un imperativo e i pronomi, dove necessario.

Chiavi: 2 invitalo; 3 dagliele, digli; 4 ascoltale; 5 vacci, fa'; 6 compragliele, chiedile.

>lessico

	C		B		O		O	
S	O	C	O	G		C		O
T	L	O	R	U	B	C		O
I	L	L	S	A	O	H	A	L
V	A	L	E	N	T	I	N	O
A	N	A	T	T	A	E	G	
L	A	N	T	O	O	L	I	
E		T	A		N	I	L	O
			E		O			

				C	S
			C	I	C
A	R	M	A	N	I
N	E	U	L	T	A
E	G	T	Z	U	R
L	G	A	A	R	P
L	I	N		A	A
O	S	D			
	E	E			
	N				
	O				

1 Il commercio legato al mondo della moda...

Chiavi:		
COMMERCIO ESTERO DELL'INDUSTRIA DELL'ABBIGLIAMENTO		
ESPORTAZIONI*	Miliardi di lire	Differenze in percentuale rispetto al 1997
TOTALE GENARALE	27.000	
ABBIGLIAMENTO DONNA	6.000	- 1,7
ABBIGLIAMENTO UOMO	4.400	+ 4.7
PRINCIPALI PAESI IMPORTATORI		
GERMANIA	5.300	
FRANCIA		
STATI UNITI		+ 16%
REGNO UNITO		Aumento senza indicazione di cifra
GIAPPONE		- 11%
SVIZZERA		+ 7%
SPAGNA		+ 7%
PAESI BASSI		

"E ora mi accingo appunto a darvi qualche cifra. Vorrei prima precisare, per i non addetti ai lavori, che quando parlo di abbigliamento mi riferisco a tutti i tipi di vestiario esterno inclusa la maglieria e la calzetteria.
Dunque,... nel 1998 le esportazioni del nostro paese in questo campo sono state ottime, la cifra globale va di poco oltre i 27 mila miliardi di lire, circa 13.500 miliardi di euro.
Di questa cifra, poco più di seimila miliardi riguardano l'abbigliamento donna, mentre il vestiario per l'uomo ha fornito un giro d'affari di circa 4.400 miliardi. Rispetto all'anno passato, le esportazioni per l'abbigliamento uomo sono aumentate del 4,7%, mentre l'abbigliamento donna ha visto un leggerissimo calo, una diminuzione dell'1,7%.
Ma con quali paesi abbiamo esportato di più? I primi otto paesi nella nostra classifica sono nell'ordine: Germania, Francia, Stati Uniti, Regno Unito, Giappone, Svizzera, Spagna e Paesi Bassi.
Il nostro principale importatore rimane sempre la Germania con di una somma di circa 5.300 miliardi (pari a oltre 2.650 miliardi di euro). Per quanto riguarda gli Stati Uniti, il 1998 ha visto un aumento delle esportazioni in quel paese del 16% rispetto all'anno appena trascorso. Sono aumentate anche le importazioni nel Regno Unito, mentre le esportazioni in Giappone hanno subito una diminuzione dell'11%. Mi pare significativo anche il notevole aumento delle esportazioni in Spagna e in Svizzera, in entrambi i casi l'aumento è superiore del 7% rispetto a quella dell'anno passato. Per quanto riguarda gli altri paesi..."

Chiavi del Libro di casa - unità 11

ascoltare

Ascolta l'intervista e rispondi alle domande.

Chiavi: 1 lo spagnolo; 2 per diventare operatore socio-assistenziale; 3 è stato difficile perché non conosceva la lingua; 4 molto soddisfatta; 5 ha cominciato a studiare la grammatica e a leggere libri solo in italiano; 6 la facevano morire.

Al mio arrivo in Italia non sapevo neanche una parola di italiano, ma la vicinanza dell'italiano alla mia lingua di origine che è lo spagnolo mi consentiva in qualche modo di capire e dopo poco tempo, per cercare di inserirmi nel mondo del lavoro, cominciai a frequentare un corso per diventare operatore socio-assistenziale. È stata dura perché erano otto ore di lezione tutti i giorni, facendo uno sforzo notevole di concentrazione. Ma alla fine ero molto soddisfatta perché ero riuscita ad arrivare fino alla fine con risultati pari a quelli delle mie compagne di corso e soprattutto avevo raggiunto un buon livello di italiano. In un secondo momento invece mi sono avvicinata ai libri di grammatica per capire meglio la struttura della lingua, la struttura grammaticale della lingua italiana e cominciai a leggere assolutamente in italiano, solo in italiano per fissare la scrittura delle parole. Le doppie mi facevano morire.

Unità 11
chiavi del Libro di casa
c'era una volta...

>grammatica

1 Scrivi le forme del passato remoto.

> Chiavi: 2 leggesti; 3 chiese; 4 perse; 5 volesti; 6 nacque; 7 fui; 8 avesti; 9 mise; 10 dormii.

2 Metti al plurale i verbi dell'esercizio 1.

> Chiavi: 1 andammo; 2 leggeste; 3 chiesero; 4 persero; 5 voleste; 6 nacquero; 7 fummo; 8 aveste;
> 9 misero; 10 dormimmo.

3 Completa le frasi con un verbo all'imperfetto, passato prossimo/remoto o al trapassato prossimo.

> Chiavi: 1 invitò; 2 diceva, era stata; 3 finirono, era già tornato; 4 aveva preparato, andai;
> 5 avevano parlato, chiamò; 6 aveva appena compiuto, comprò.

>leggere >grammatica

1 Leggi il testo tratto da La testa perduta di Damasco Monteiro di Antonio Tabucchi e completa le frasi con un verbo del riquadro.

> Chiavi: 2 guardò; 3 alzò; 4 aveva regalato; 5 cercò; 6 trovò; 7 avanzò; 8 disse; 9 aveva voluto;
> 10 lasciavano.

>civiltà

1 Ascolta il dialogo tra i due studenti che si scambiano le informazioni sull'immigrazione in Italia e prendi appunti.

1° ragazzo: …ho capito ma lasciami leggere questo articolo, mi sembra interessante….

2° ragazza: Senti un po', questa statistica dell'ISTAT dice che gli stranieri regolari, cioè che hanno un normale permesso di soggiorno e che risiedono in Italia sono esattamente 1.126.00, vale a dire solo il 2% del totale della popolazione.

1°: Hai detto solo il 2% del totale? Aspetta che scrivo.

2°: Esatto solo il 2"%, cioè 1.126.000… Ma saranno molti di più, sai il numero dei clandestini, di quel cioè che non hanno il permesso di soggiorno pare che sia molto alto, è molto difficile sapere quanti siano esattamente… Comunque ho letto che cercano sempre di fare nuove leggi per fare in modo che sempre più clandestini possano regolarizzarsi…

1°: Sì e vero, sembra che siano sempre di più quelli che riescono a diventare regolari, che trovano un lavoro regolare…

2°: Speriamo… ma …Senti qui, scrivono che in Italia si può parlare di immigrazione diffusa…

1°: E che cosa significa?

2°: Aspetta che ti leggo. Dunque [scandisce]… In Italia, a differenza dei paesi di più antica immigrazione, il fenomeno è caratterizzato da un modello di "immigrazione diffusa" dovuto a una presenza straniera molto frammentata dal punto di vista etnico."

1°: Ho capito, significa che in Italia ci sono immigrati di tantissime nazionalità… Infatti leggi qui. Si dice che per esempio nel 1998 gli immigrati dai paesi dell'Europa centro-orientale sono stati il 40% del totale, ma poi la statistica dice che comunque è la comunità marocchina quella più numerosa in Italia, infatti i marocchini residenti in Italia sono 122.000.

2°: Qui dice che dopo i marocchini vengono gli immigrati della ex-Jugoslavia e dell'Albania…

1°: Aspetta, aspetta non correre che devo scrivere… Dunque i marocchini sono i più numerosi, poi ci sono gli immigrati dai paesi della ex-Jugoslavia e dell'Albania, poi….

2°: Poi c'è scritto che è in crescita l'immigrazione dall'Asia e dal Sud America.

1°: Ok ho scritto. Senti adesso dobbiamo trovare dove vivono la maggioranza degli immigrati…

2°: Sì, aspetta che l'avevo visto qui [rumore di fogli]… Sì dunque c'è scritto che la maggioranza è concentrata nel centro e nel nord-ovest, vivono lì il 63% degli stranieri in possesso di permesso di soggiorno e iscritti all'anagrafe.

1°: Aspetta è. Allora il 63% dei regolari vive nel Centro e nel Nord-Ovest.

2°: Esatto. Dicono anche però che le città dove vive il 28% degli stranieri presenti nel paese sono Roma e Milano.

1°: Lo sai però che la maggioranza di loro sono venuti qui da soli e sono ancora soli, sia donne che uomini, poveretti…. Ma scrivono anche che stanno aumentando i ricongiungimenti famigliari.

2°:   *Significa che molte mogli e figli stanno raggiungendo i mariti che sono in Italia.*

1°:   *Giusto, le famiglie si stanno unendo di nuovo... e c'è anche scritto che sono in aumento anche i matrimoni misti sia con donne che con uomini stranieri...*

2°:   *E' vero, l'ho notato anch'io... Ti ricordi per esempio quell'amica di mia sorella che ha sposato...*

lessico

Inserisci nel cruciverba...

(Cruciverba)

- 2 down: TRIANGOLO
- 3 across: SFERA
- 1 down: QUADRATO
- 4 across: CUBO
- across: CILINDRO
- 6 across: RETTANGOLO

Chiavi del Libro di casa - unità 12

leggere

Leggi il testo e rispondi alle domande.

Chiavi: le risposte possono essere formulate in vari modi.

ascoltare

Dettato. Ascolta parte dell'intervista a Roberto e scrivi quello che senti.

nelle chiavi e registrazione:

Intervistatore: *Allora Roberto, parlaci un po' di te.*

Roberto: *Mi chiamo Roberto Marino e vivo a Napoli.*

Intervistatore: *Sei di Napoli?*

Roberto: *No, sono calabrese di nascita, ma da quando studio all'università, sto a Napoli. Sono al secondo anno di giurisprudenza.*

Intervistatore: *Cos'altro fai nella vita oltre a studiare legge?*

Roberto: *Faccio parte di un'associazione ambientalista che è presente in tutto il mondo e lavora sui problemi legati all'inquinamento, all'ecologia.*

Intervistatore: *Interessante! E cosa farai quando avrai finito l'università?*

Roberto: *Quando mi sarò laureato, lavorerò o meglio, mi piacerebbe lavorare in una organizzazione internazionale che si occupi di problemi ambientali. Magari per cercare di far rispettare le leggi per la difesa dell'ambiente o per crearne dove non ne esistono.*

grammatica

Scegli il verbo corretto.

Chiavi: 1 sarà, avrò finito; 2 finirò; 3 avrò lavato, metterò; 4 sarai stato; 5 sarà decollato, accenderò; 6 avranno provato.

3 Completa le frasi con *fare* o *lasciare* e i pronomi se necessario.

> Chiavi: 2 lasciami; 3 farmi; 4 farlo; 5 fai; 6 mi fa; 7 lasciate; 8 fatevi.

>civiltà

Si preferisce non fornire le chiavi, l'attività è piuttosto libera, si tratta di scegliere solo le informazioni principa
Consigliamo di fare correggere l'attività in classe a gruppi (10 min. circa) in modo che insieme gli studenti
arrivino a uno schema semplice e molto ridotto con la spiegazione di alcune parole difficili. Quest'ultima attiv
può essere svolta oralmente come ripasso del lessico appreso durante la lettura.

>lessico

> Chiavi:1 ambiente; 2 ambientali; 3 ambientalista.

Chiavi del Libro di casa - unità 13

> ascoltare e scrivere

1 Ascolta tre spezzoni da diversi film. Secondo te di che cosa trattano?

> leggere

2 Leggi nuovamente l'articolo e rispondi alle domande.

> Chiavi:1 che ha coperto doverosamente, puntualmente, scientificamente un avvenimento quale
> l'eclisse che c'è stata.
> 2 Mediocri ascolti.
> 3 Racconta di un marito premuroso, innamorato della moglie e del bambino che lei aveva g
> prima di incontrarlo. Lui vorrebbe adottarlo, quel bambino che ricambia con tutto il cuore i
> suo affetto, ma la donna non gliela consente. Poi muore in un incidente e il marito comincia
> l'odissea verso l'adozione: scoprirà che quel bambino tanto amato era il frutto amaro di un
> rapimento.
> 4 I film per la tv di produzione americana sono prodotti a basso costo, realizzati per sfrutta
> intensivamente non soltanto set, ma anche soggetti già pronti, interpretati da attori poco
> noti (salvo, talvolta, l'inserimento di una star in qualche ruolo cosiddetto «cameo»), con ter
> di solito sociali o familiari. Ma non sempre.
> 5 Perché sfruttano il set, gli effetti speciali e le storie di successo.

> lessico

1 Come si chiama chi fa le corse in automobile? Trova le sei parole verticali (che indicano chi ama alcuni hobby) e lo troverai nella riga di colore azzurro.

A	B (2A)	C (3C)	D (4F)	E (5N)	F (6S)
	A			N	S
	L	C		U	C
	P	A	F	O	I
P (1)	I	L	O	T	A
I	N	C	T	A	T
T	I	I	O	T	O
T	S	A	G	O	R
O	T	T	R	R	E
R	A	O	A	E	
E	R	F			
	E	O			

>grammatica

1 Metti i verbi al congiuntivo presente.

Chiavi: 2 possiamo; 3 dorma; 4 tenga; 5 diano; 6 voglia; 7 beva; 8 veniamo; 9 abbiano; 10 sia; 11 stia; 12 venga.

2 Trasforma le frasi, esprimendo un'opinione, usa *credere, pensare, sembrare, avere l'impressione*.

Chiavi: i verbi di opinione possono variare.
2 Penso che in Italia vivano 57 milioni di persone circa.
3 Credo che l'Italia abbia la maggior parte del patrimonio artistico del mondo.
4 Mi sembra che il monte più alto sia il Monte Bianco.
5 Penso che il Lago di Garda si trovi nel Nord Italia.
6 Credo che in Italia si parlino molti dialetti.

3 Trasforma le frasi.

Chiavi: 2 è meglio che non partiate oggi.
3 Ho l'impressione che stia ancora nevicando.
4 Bisogna che mandiamo una cartolina alla nonna.
5 Credo che il Parma questa sera possa vincere la partita.
6 Può darsi che Silvano compri una barca a vela.
7 Non so a che ora arrivi l'aereo di Patricia.
8 Temo che Catia quest'anno non riesca a fare le ferie.

4 Scegli la parola o espressione corretta.

Chiavi: 2 probabilmente;
3 credo che;
4 bisogna che;
5 penso che;
6 anche se;
7 nel caso che;
8 prima che.

>civiltà

Leggi l'articolo e fa' l'attività. Scegli l'affermazione giusta.

Chiavi: 1/a; 2/b; 3/c; 4/a; 5/c; 6/a.

> grammatica

1 Trasforma le frasi come nell'esempio.

> Chiavi: 2 quando ero piccolo pensavo che Rimini avesse il mare più bello d'Italia.
> 3 Quando ero piccolo credevo che Venezia si trovasse su una sola isola.
> 4 Quando ero piccolo pensavo che le Alpi fossero nell'Italia del sud.
> 5 Quando ero piccolo credevo che solo le persone più istruite parlassero italiano in Italia.
> 6 Quando ero piccolo pensavo che Firenze fosse in Sicilia.

2 Completa le frasi con un verbo al congiuntivo.

> Chiavi: 2 sia già arrivato; 3 venissi; 4 conoscesse; 5 chiedesse; 6 abbia vinto; 7 studiassero;
> 8 sia, abbia.

> lessico

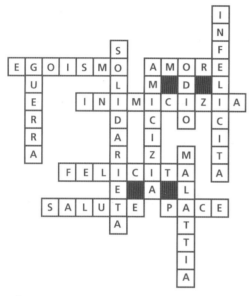

> leggere

2 Leggi nuovamente il testo e indica se le affermazioni sono vere o false.

> Chiavi: 2 falso; 3 vero; 4 vero; 5 falso; 6 falso; 7 falso; 8 vero.

> ascoltare

1 Ascolta le notizie presentate dal Giornaleradio e rispondi alle domande.

> Chiavi: 1 sì; 2 sì; 3 no; 4 no; 5 no.

Rai GR1. Buona giornata a tutti da Massimiliano Colli. Inflazione stabile a dicembre: secondo l'Istat il costo dell vita è cresciuto dello 0,1% rispetto al mese di novembre, del 2,7% rispetto a un anno fa. Estero: ancora una strage a colpi d'arma da fuoco negli Stati Uniti. Alta tensione in Medio Oriente in occasione dell'ultimo venerd di preghiera musulmana del Ramadan. Non accenna ad attenuarsi l'ondata di freddo che dalla Vigilia di Natale è abbattuta sulla parte centrale degli Stati Uniti e il maltempo ci riporta in Italia. Si attenuano le preoccupazion in Campania dove però non mancano le polemiche nelle amministrazioni colpite dall'alluvione di due anni fa. Lotta alla mafia: duro colpo al patrimonio finanziario del figlio di un importante boss latitante.

> civiltà

> Chiavi: 1 / H; 2 / A, G, D; 3 / E, B; 4 / F, C.

▶ **leggere e scrivere**

◀ **Dettato.** Ascolta parte della conversazione tra il Prof. De Luca e le sue studentesse e scrivi quello che senti.

Chiavi e trascrizioni:

Prof. De Luca:	Allora, ragazzi vi è piaciuto l'articolo sui valori giovanili?
Pat:	Carino e anche molto interessante.
Ingrid:	Sì, però se fossi italiana impazzirei a vivere con i miei genitori. A 18 anni sono andata a vivere con un'amica.
Pat:	E' vero, anch'io, se vivessi qui non resisterei con questo sistema.
Prof. De Luca:	Attenti però a non generalizzare. Sono fenomeni che spesso non durano nel tempo. Ora è così, ma ad esempio quando io avevo la vostra età, anch'io non vedevo l'ora di raggiungere l'indipendenza.
Ingrid:	Secondo me è essenziale essere indipendenti se uno vuole diventare adulto.
Prof. De Luca:	Giusto, ma la responsabilità di badare a se stessi a volte è molto scomoda e poi i genitori italiani di oggi lasciano così tanta libertà ai figli che questi preferiscono restare in famiglia.

grammatica

Indica il verbo corretto.

Chiavi: 1 se **giocassi**/giocherei a tennis più spesso, **sarei**/fossi più bravo.

2 Se **dormissi**/dormirei più ore, non avessi/**avrei** sempre le occhiaie.

3 Se **andassi**/andrei al mare più spesso, forse avessi/**avrei** meno paura dell'acqua.

4 Se **facessi**/faresti più ginnastica, avessi/**avresti** meno pancia.

5 Se **usassi**/useresti più spesso l'italiano, riuscissi/**riusciresti** a parlarlo meglio.

6 Se **cambiassi**/cambieresti taglio di capelli, forse sembrassi/**sembreresti** più giovane.

lessico

Riprendi il sonetto di Cecco Angiolieri...

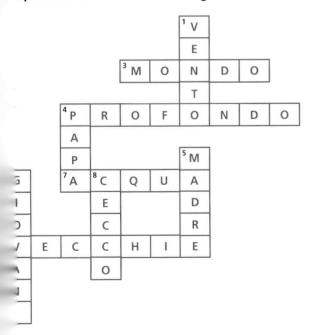

civiltà

Indica le affermazioni che riassumono il contenuto dell'articolo.

Chiave: 2; 3; 5; 6; 7; 9; 10; 11; 12.

Finito di stampare nel mese di ottobre 2001
da Guerra guru s.r.l. - Via A. Manna, 25 - 06132 Perugia
Tel. +39 075 5289090 - Fax +39 075 5288244
E-mail: geinfo@guerra-edizioni.com